Majella Lenzen

FÜRCHTE DICH NICHT!

Mein Weg aus dem Kloster

Die Autorin erklärt, dass die Schilderungen im Buch auf ihren Erinnerungen beruhen. Die Dialoge spiegeln nicht wortwörtlich, sondern sinngemäß das damals Gesagte wider. Einige Namen wurden aus Gründen des Schutzes geändert.

FSC
www.fsc.org
MIX
Papier aus ver-
antwortungsvollen
Quellen
FSC® C083411

Oktober 2013
© 2012 DuMont Buchverlag, Köln
Alle Rechte vorbehalten
Umschlag: Lübbeke Naumann Thoben, Köln
Umschlagabbildung: © thomas rabsch / laif
Satz: Fagott, Ffm
Gesetzt aus der Adobe Garamond
Gedruckt auf säurefreiem und chlorfrei gebleichtem Papier
Druck und Verarbeitung: CPI – Clausen & Bosse, Leck
Printed in Germany
ISBN 978-3-8321-6255-9

www.dumont-buchverlag.de

Für alle ehemaligen Nonnen, die zu den Minderheiten gehören,
die kaum Beachtung finden – trotz ihres heroischen Dienstes
im Namen der Nächstenliebe.
Und für *meinen* Pfarrer, den verehrten Josef Freitag, der plötzlich
und unerwartet am 30.8.2012 verstarb. Keinem war die Situation
von uns Ehemaligen so ans Herz gegangen wie ihm.

Inhalt

Vorwort

Das alles durchdringende Licht der Sonne Afrikas habe ich verloren. Vor siebzehn Jahren ist dies geschehen. Es war der Wendepunkt in meinem Leben, der aus der altgedienten Nonne und Missionarin Maria Lauda wieder eine zivile Person machte. Ich erlebte mich im freien Fall, denn nichts war mehr so wie zuvor, wie es hätte sein sollen. Vierzig Jahre Ordensleben wurden mit dem Entlassungsschreiben, dem Indult, ausgelöscht. Dreiunddreißig Jahre Dienst in Afrika waren damit von einem Tag auf den anderen beendet. Als alleinstehende Frau ohne finanzielle Grundlage und Anbindung an eine Gemeinschaft war es unmöglich, weiter dort zu arbeiten. Ich floh zu meiner Mutter nach Hause. Zurück in eine Heimat, die ich nie als solche erlebt hatte, in eine Familie und zu Freunden, denen ich durch mein Ordensleben entfremdet war. Mit all meinen Verwundungen, die ich selbst kaum wahrhaben wollte, geschweige denn den Mitmenschen im zivilen Leben erklären konnte.

Dennoch wage ich einen Rückblick.

Ich möchte in diesem Buch zeigen, was es heißt, in zwei Welten zu leben: der Welt der Berufung im Dienst Gottes und der Kirche sowie der »normalen« Welt, die für mich darin bestand, mich als Bürgerin in Deutschland zu integrieren – und das in einem fortgeschrittenen Alter. Ich war keine Migrantin, fühlte mich aber wie eine. Der Austritt glich einem Sturz in die Tiefe. Alles zerbrach, und ich musste unter großen Mühen einen neuen Weg für mich suchen. Es fehlte mir sogar die Sprache: Der mir bekannte Text der kirchlichen Liturgie, den gab es nicht mehr in Englisch oder Kiswahili, auch nicht bei den Kirchenliedern. Beim Glaubensbekenntnis musste ich den Text in Deutsch ablesen. Das machte mich betroffen und erzeugte gleichzeitig Heimweh. Selbst die Deutung mancher Wörter verunsicherte mich. Wenn mir jemand aufmunternd bestätigte, ich würde sinnlich von Afrika erzählen, dann erschrak ich und fragte mich, was damit gemeint war. Hatte ich etwas Sexuelles gesagt? Denn Sinnlichkeit war im Orden ein negativ, ja anrüchig konnotiertes Wort gewesen. Und natürlich war mit meinem Austritt auch mein Traum von einem aufrichtigen Christentum geplatzt: von einem Leben nach den christlichen Werten der Nächstenliebe, der gegenseitigen Wertschätzung, der partnerschaftlichen Arbeit in den Ländern der Dritten – oder besser gesagt, der Einen Welt. Alles schien bloße Utopie.

Über die Halt gebenden und erlebnisreichen Jahre meines Lebens im Orden und in Afrika schrieb ich ein erstes Buch: *Das möge Gott verhüten*. Doch was sollte der neue rote Faden in meinem Leben sein? Was meine neue Mission? Im Grunde musste ich mich nur zu dem bekennen, was aus mir geworden war. Ich musste der Stimme meines Herzens folgen. Doch das war leichter gesagt als getan. Dazu brauchte ich viel Mut.

Denn nun stand ich da, ohne meinen Habit und den gewohnten Schleier, und mein bisheriger Wertekompass funktionierte auch nicht mehr. Manchmal glaubte ich, dass es mir niemals gelänge, mich von einer funktionstüchtigen Ordensfrau in eine engagierte Bürgerin zu verwandeln. Die Akzeptanz oder wenigstens Gewöhnung an eine Fremdbestimmung war ideal für das Ordensleben, wurde jedoch zum Hindernis, als ich auf mich allein gestellt war.

Nach dem Tod meiner Mutter – ohne sie hätte ich den Austritt nie bewältigen können, weder emotional noch finanziell – fand ich eine Notiz, die sie irgendwann einmal geschrieben hatte: »Es ist in mir, in meinen Gedanken und ich suche nach einer Lösung. Es wird verdrängt, wieder in den Vordergrund gerückt. Dieser Prozess wiederholt sich öfter, und es kann zu spät sein zur Richtungsänderung, ehe mir etwas ganz klar ist.« Diese Ratlosigkeit, die meine Mutter in ihren Auseinandersetzungen mit meinem Vater, dessen Primat immer Gott galt, offenbarte, überkam auch mich immer wieder, besonders, wenn ich die Taktik der Machtspiele nicht wahrhaben wollte, die mich über meinen Austritt hinaus gefangen hielten.

Neben meiner Mutter war es der Glaube, der mich weiter meinen Weg gehen ließ, mit all seinen Irrungen und Wirrungen, Immer wieder wunderte ich mich über das Leben und die Menschen hier, aber zum Glück war ich als Missionsschwester gewohnt, abenteuerlichen Herausforderungen entgegenzutreten.

Zu den weiteren Überraschungen gehörte, dass ich mit dem Erscheinen meines Buches *Das möge Gott verhüten* zum ersten Mal in meinem Leben Geld verdiente, das auch mir gehörte. Geld, das oft genug darüber bestimmt, wie weit eigenständiges Handeln möglich ist. Ich nutzte diese einmalige Chance aus, um die längst fällige Renovierung meiner Zweizimmerwohnung vorzunehmen. Jetzt konnte ich endlich den dreckigen Teppichboden meines Vorgängers herausreißen, alles weiß streichen lassen, ein neuer heller Schrank wurde angeschafft und mein vollkommen durchgelegenes Bett ersetzt. Dass ein halbes Jahr später die Waschmaschine, die ich von meiner Mutter übernommen hatte, nicht mehr funktionierte und auch noch der Herd folgte, warf mich nicht mehr aus der Bahn. Der Laptop wollte auch nicht mehr, dafür trug das Getriebe meines VW-Lupo mich noch gerade vor die Werkstatt. Perfektes Timing. Dem staunenden Automechaniker sagte ich lachend: »Wenn ich keinen Schutzengel habe, wer dann?«

Das Gefühl, einen solchen Schutzengel zu haben, trug dazu bei, mich außerdem mit der Situation anderer ausgetretener Nonnen auseinanderzusetzen. Im Gegensatz zu mir, die ich die Öffentlichkeit gesucht hatte, um das Schweigen zu durchbrechen, weil sich sonst nie etwas ändern würde, hatten sich die meisten der Ehemaligen in ihr privates Leben zurückgezogen. Und wenn sie sprechen wollten, so fehlte ihnen die richtige Plattform. Auch von dieser Suche werde ich berichten, und noch längst ist sie nicht abgeschlossen.

Letztlich möchte ich mit meinem zweiten Buch allen Menschen, die sich in ihrem Leben gefangen fühlen, Mut machen, neu anzufangen, denn dazu ist es nie zu spät.

Majella Lenzen,
Düren im August 2012

Zurück nach Afrika – ohne »Uniform« und Schleier

In einer Stunde würde es so weit sein – ich wäre wieder in der Luft. Seit Tagen war ich aufregt, und auch jetzt, kurz vor dem Start der Maschine, löste sich meine innere Unruhe nur allmählich. Um mich abzulenken, blickte ich durch die Glasfront des Düsseldorfer Flughafengebäudes. Draußen legte sich die Dunkelheit behutsam über die Erde. Gestern, am 26. Oktober 1997, war die Zeit wieder einmal verschoben worden. Eine seltsame Vorstellung, Zeit verschieben zu können – mir kam es so sinnlos vor, wie die Strafe von Sisyphos, einen Felsblock einen steilen Berg hiaufzurollen, der ihm aber jedes Mal entglitt, bevor er den Gipfel erreichte. Wie auch immer, man hatte also die Zeit um eine Stunde verschoben, daher war es jetzt erst halb sechs und nicht halb sieben wie noch am Tag zuvor.

Das Glas Fanta, das vor mir stand, hatte 3,90 Mark gekostet, und das sündhaft teure Käse-Schinken-Sandwich 14,95 Mark (ein Wahnsinn!); jetzt teilte ich es mir mit meiner Freundin Marion. Sie hatte mich zum Flughafen begleitet und versprochen, sich in meiner knapp dreiwöchigen Abwesenheit um meine Mutter zu kümmern, die an Krebs erkrankt war und mal gute und mal schlechte Phasen hatte. Als wir alles verzehrt hatten, war es an der Zeit, zum Gate zu gehen. Marion und ich verabschiedeten uns mit einer herzlichen Umarmung voneinander, und jetzt war ich völlig mit mir selbst konfrontiert – und schlagartig kam die Aufregung zurück.

Am Gate setzte ich mich wieder auf einen der Hartschalenstühle, hinter mir hörte ich Schweizer Deutsch, das ich von der Mission her noch gut kannte. Warum die innere Anspannung? War es mir nicht möglich, mich auf das Abenteuer, das mir bevorstand, einzulassen? Konnte ich nicht meinem Heiland vertrauen und der tiefen inneren Freude des Wiedersehens mit meinem geliebten Afrika Raum schaffen? Gestern war Missionssonntag gewesen. Jedes Jahr am vierten Sonntag im Oktober wird an die immensen Herausforderungen gedacht, die mit einer kirchlichen Sendung in die Mission, wie zum Beispiel damals die meine, verbunden waren. Aber was bedeutete mir das noch? Jetzt war ich ohne kirchlichen Auftrag unterwegs. Und das hatte seinen Grund: Ich war nicht mehr die Ordensfrau Maria Lauda, ich war die bürgerliche, die zivile, die weltliche Person Majella Lenzen. Ausgetreten aus meinem Orden der Missionsschwestern vom Kostbaren Blut. Von ihm hatte ich 1959, auch im Monat Oktober und nicht ganz einundzwanzigjährig, bei der kirchlichen Aussendung mein Missionskreuz überreicht bekommen. Zwei Monate später flog ich zum ersten Mal nach Afrika.

Meine neue Mission, wenn man es so sagen will, begann nun achtunddreißig Jahre später, und sie bestand darin, weiterhin meine Solidarität zu den Menschen Afrikas zu bekunden und Spendengelder zu afrikanischen Freunden zu bringen, die in Mweka ein neues Sozialprojekt starten wollten, das Rafiki-Aids-Zentrum, und zwar ganz ohne kirchliche Hilfe. Diese Reise würde wohl in einem umfassenden Sinn zu einer persönlichen Bestandsaufnahme werden. Sie war also alles andere als einfach.

Der Umgang mit der Krankheit Aids hatte dazu geführt, dass

14

ich nicht länger mehr Nonne sein konnte. Als ich in dem Prostituiertenviertel von Morogoro, einer Stadt im Zentrum Tansanias, die Verteilung von Kondomen befürwortete und selbst transportierte, provozierte ich einen Skandal. Eine befreundete Ärztin war vom tansanischen Gesundheitsministerium als HIV- und Aids-Beraterin für das gesamte Land akkreditiert worden, und ich leistete ihr in Morogoro nur Hilfestellung. Ich hatte in der von dem Immunschwäche-Virus stark betroffenen Region am Kilimandscharo die Aids-Arbeit in der Diözese Moshi koordinieren sollen. Doch nach dem Diktum der katholischen Kirche sah eine Tätigkeit in diesem Bereich nicht so aus, wie ich sie mir vorstellte. Ich hatte den Eindruck, als sei meine Funktion nur vorgeschoben: Ich stand dafür, dass sich die Kirche um die mit dem HI-Virus Infizierten kümmerte, als Sinnbild für die ewig proklamierte Nächstenliebe – doch im Grunde wurde meine Aufgabe ständig behindert, und es dauerte über ein Jahr, bis ich mit der eigentlichen Präventionsarbeit beginnen konnte. Bis zum Bau eines Zentrums verging weitere wertvolle Zeit. Wollte man in Wirklichkeit gar nichts mit den sterbenden Menschen zu tun haben? Da die Kirche durch das Kondomverbot nicht eingriff, tötete sie. Dieser Vergleich drängte sich mir vor Ort auf. Nun war ich keine Nonne mehr, was aber nichts daran änderte, dass ich die Menschen in Tansania, die unter dieser Krankheit litten, nicht im Stich lassen wollte.

Wenn ich an die vergangenen schweren Wochen und Monate nach meinem Austritt aus dem Orden dachte, fühlte ich eine tiefe Traurigkeit, ja Fassungslosigkeit. Aber auch Hilflosigkeit, denn nach Jahrzehnten im Orden und in Afrika konnte ich nicht einfach einen Schalter in mir umstellen, der mich innerlich zu einer normalen Bürgerin der Bundesrepublik machte. Auch wenn ich nach außen so wirkte. Ich trug lange bequeme Hosen, eine bunte

Bluse, neben mir auf einem Stuhl lag ein schützender Mantel. Aber gewöhnt hatte ich mich noch nicht an diese Kleidungsstücke. Vierzig Jahre lang war ich eine »Uniformierte« gewesen, eine Ordensfrau im Habit. Nun fühlte ich mich schutzlos.

Die aufsteigenden Tränen verdrängte ich, indem ich mich auf die Worte der Bibel konzentrierte, die ich zur Vorbereitung auf den Flug meditiert hatte. Im Buche des nach Babylon deportierten und im Exil lebenden Propheten Ezechiel las ich, wie »der Herr« zu seinem »Hirten Israel« sinngemäß sagt: »Ich führe dich in das Land, das ich dir bestimmt habe«, und weiter: »Ich gebe dir ein neues Herz!« Das war mir wie eine Weisung, zu der die ermunternden Worte meines Bruders passten: »Glaub an dich!« Ja, das wollte ich tun. Hatte ich nicht immer an Gottes Führung geglaubt? Jetzt, in meinem neuen Leben, konnte ich dieses Vertrauen unter Beweis stellen.

Ich erhob mich von meinem Stuhl, um nach einem Telefon zu suchen, von dem aus ich nochmals meine Mutter anrufen konnte. Es beruhigte mich zu hören, dass sie sich gut in dem Heim, in dem sie für eine Kurzzeitpflege untergebracht war, eingelebt hatte. Sie war kontaktfreudig und hatte bereits in der Umgebung eingekauft.

Und dann ging alles ganz schnell und ich befand mich in der Luft. Pünktlich war die Maschine zu ihrer Abflugposition gerollt und gestartet. Dass ich nur bei den Rauchern einen Fensterplatz bekommen hatte, nahm ich in Kauf. Ich wollte die afrikanische Welt bereits von oben aus erleben und mich so wieder an das Land meiner Träume herantasten. Zugleich entdeckte ich mehrere Afrikaner an Bord, darunter einige, die sich in Swahili unterhielten, eine Sprache, die von vielen Ostafrikanern beherrscht wird – und auch von mir. Meine innere Spannung legte sich schlagartig, als ich meinte, einen Arzt unter ihnen zu erkennen. Ein Gefühl von Heimat breitete sich in mir aus. Ich kam nach Hause. In meiner Freude fing ich mit der fast gleichaltrigen Touristin neben mir ein Gespräch an. Sie erzählte mir, dass sie den Winter in Nairobi verbringen würde, dort sei es wärmer als in Deutschland. Eigentlich gehörte sie zu den Touristinnen, die zu ihrem afrikanischen Geliebten flogen. Ich gönnte ihr dieses Erlebnis, konnte aber nicht umhin, sie um Vorsicht zu bitten.

»Und was haben Sie in Afrika vor?«, fragte sie interessiert, vielleicht auch, um das Thema zu wechseln.

»Von Nairobi fliege ich noch weiter nach Dar es Salaam«, erklärte ich. »Ich war in Tansania in der Aids-Arbeit tätig und werde mir jetzt vor Ort ein Projekt anschauen, das mit Spendengeldern unterstützt wird. Dann kann ich hinterher den Sponsoren berichten, ob ihre Gelder auch wirklich ankommen und gut genutzt werden.«

Jetzt sprach sie selbst offen über das berüchtigte Thema, denn sie wunderte sich darüber, dass so viele Reisende aus Deutschland relativ arglos in Bezug auf Verhütung seien. Dabei ständen mittlerweile sogar in kleineren Hotels Kondome kostenlos zur Verfügung. Das alte und immer wieder neue Thema der Aids-Epidemie hatte mich auch in über 10 000 Meter Flughöhe gefunden! Ich war froh darüber.

Früh am nächsten Morgen, um 4.30 Uhr Lokalzeit, leuchtete die Sonne auf. Darauf hatte ich gewartet und mich aus diesem Grund wach gehalten. Obgleich dunkle Wolken den ganzen Horizont überschatteten, gelang es einem feurigroten Strahlenband, durch die dichte Decke zu brechen. Unter mir lag Afrika, ich war wieder daheim. Nur: Dieses Mal war alles anders. Warum, so überlegte ich, verspüre ich nur ständig diese unterschwellige Angst?

Eigentlich war mir doch klar, wie allein ich war – ohne das System der Institution Kirche und ohne den Orden im Rücken. Aber ansonsten konnte ich mich sicher fühlen. Eine Auslandskrankenversicherung hatte ich abgeschlossen, Antimalaria-Medikamente befanden sich im Gepäck, die wichtigsten Impfungen waren alle aufgefrischt worden. Das kostbare finanzielle Polster, die Spendengelder, trug ich, gut versteckt, an meinem Körper. Aber alle diese Maßnahmen genügten nicht, um meine innere Unruhe niederzukämpfen – es ging eben um mehr. Ich war nicht mehr die wohlbehütete, mit einem Schleier als Erkennungszeichen versehene Nonne, sondern eine eigenständige Persönlichkeit, die selbst entscheiden musste, was zu tun war. Das hieß: Ich musste mich auch fragen, welche Erwartungen ich mit dieser Reise verband – es war meine erste zurück auf diesen Kontinent, nachdem ich 1995 aus dem Orden ausgetreten war, auch im Monat Oktober. Genau vierundzwanzig Monate waren seitdem vergangen. Wie würde ich damit umgehen, sollten diese nicht erfüllt werden, nicht erfüllt werden können? Und: Wie würden die Wünsche der anderen aussehen, insbesondere der afrikanischen Projektmitarbeiter? Ob ich diesen gerecht werden konnte oder überhaupt wollte, war die nächste Überlegung. Letztendlich ging es ja darum, wie ich mich bei alldem fühlte – und wie viel ich mir noch zumuten konnte. Denn für mich war es neu, ohne regulierende Oberin im Konvent oder einen Chef im Büro zu arbeiten.

In Ostafrika hatte alles begonnen, hier hatte ich all meine Kraft und mein Können im Einsatz für die Menschen gegeben. Dieser Gedanke gab mir im Flugzeug nach Dar es Salaam den Mut, weiter auf den Gott zu vertrauen, dessen Sohn mich einmal zu seinem Dienst erwählt hatte. »Ich gehöre IHM, ob nun mit oder ohne Schleier«, flüsterte ich mir zu. Er sprach jetzt direkt zu meinem Herzen. Ob ich dieser inneren Stimme folgte, war ganz meine Sache. Bereit dazu war ich. Wozu also Furcht?

Während wir zur Zwischenlandung in Nairobi ansetzten, schrie ein Passagier plötzlich laut auf und brach anschließend zusammen. Über die Bordlautsprecher wurde nach einem Arzt gefragt. Mehrere Personen eilten zu Hilfe, schließlich setzte jemand dem Mann eine Spritze, die ihn wieder stabilisierte. Doch es blieb der Schrecken des Unvorhergesehenen, der nicht von mir weichen wollte.

Als sich die Maschine ein weiteres Mal in die Luft erhob – wir befanden uns noch in der Nähe des Jomo Kenyatta Airport von Nairobi –, erkannte ich, dass wir das Gelände eines Wildreservats überflogen. Sosehr ich meine Augen auch anstrengte, die geliebten afrikanischen Tiere konnte ich nicht sehen. Leider. Dann sah ich von meinem Fensterplatz aus, dass überraschend tiefgraue schwere Wolken über das ausgetrocknete Land zogen.

Die 680 Kilometer von Nairobi nach Dar es Salaam bewältigte die Maschine in einer Stunde. Auch hier war es bei meiner Ankunft grau, aber zugleich sehr schwül, eine Wärme, die man sich oben in der klimatisierten Luft nicht hatte vorstellen können – obwohl es mir ja nicht fremd war. Immer wieder sagte ich mir dankbar: »Du bist angekommen! Du hast afrikanische Erde betreten!« Jetzt war ich wieder in Dar es Salaam, auch »Hafen des Friedens« genannt, der Hauptstadt Tansanias, die mir in der Vergangenheit so wichtig geworden war. Hier hatte ich die Hundertjahrfeier der Christianisierung erlebt, die Kathedrale mit dem benediktinischen, in Deutsch geschriebenen Motto »Bete und arbeite« besucht. Hier war der Sitz des Gesundheitsministeriums und das zentrale medizinische Lager für das ganze Land. Wichtige Anlaufpunkte während meiner früheren Zeit als Leiterin des mitten im Busch gelegenen Turiani Hospital. Was für kostbare Erinnerungen! Weil Turiani 110 Kilometer nord-westlich von Morogoro liegt, konnte ich es während meines ersten Besuchs als Ex-Nonne nicht besuchen.

Mein Herz schlug höher, als ich in die Ankunftshalle trat. Hier erwarteten mich meine Freundin Ida Naiso und Beatrice, die für das ARD-Magazin *Monitor* einen Beitrag über meine Aids-Arbeit und die Reaktion der Kirche auf meinen Austritt gedreht hatte. Erleichterung machte sich angesichts der bekannten Gesichter in mir breit. Jetzt war alles gut. Wir umarmten uns herzlich. Ich durfte einen Kuss auf Idas Wange drücken, den sie lachend erwiderte. Beatrice dankte ich für den beeindruckenden Kurzfilm, den sie gedreht hatte und der im Jahr zuvor, im März 1996, ausgestrahlt worden war. Es war darin auch der Bischof meiner ehemaligen Diözese zu Wort gekommen, der mit erhobenem Zeigefinger betonte, dass er niemals jemanden anstellen würde, der Kondome verteilt. Er war ein Afrikaner vom Stamm der Wachagga, der die Verhältnisse in Tansania und am Kilimandscharo kannte, auch die Gefahr, die ein solches Verbot für die Menschen in einem Land mit einer so hohen HIV- und Aidsrate mit sich brachte. Dennoch betonte er das Einhalten der kirchlich vorgegebenen Normen. Beatrice hatte das Dogmatische, ja Sture trefflich in ihrem Interview mit ihm festgehalten.

Sie schien sich zu freuen, dass ich ihren Beitrag für gelungen hielt, und zeigte sich gern bereit, auch weiter »für uns« zu arbeiten. Als ich dieses »für uns« hörte, klingelten bei mir sofort alle Alarmglocken. Was meinte sie damit? Ich hatte doch nicht, wie früher, eine große und finanzkräftige Organisation hinter mir, für die sich die Menschen interessierten. Was schade war, denn es wäre eine nützliche Aktion für das neue Projekt gewesen.

20

»Komm«, sagte Ida, deren Augen mich hinter ihrer großen runden Brille weiterhin anstrahlten. »Ich habe das Projektauto von Faraja. Es steht draußen auf dem Parkplatz, und wir können gleich mit dem Fahrer nach Morogoro aufbrechen, wenn du dich dazu in der Lage fühlst.«

Ida, die alle nur Naiso nennen, ist eine stämmige Afrikanerin, zehn Jahre jünger als ich. Sie hatte immer über meine hochgewachsene, eher hagere Gestalt gelacht und scherzhaft gefragt, ob die Kirche uns denn nicht genügend zu essen geben würde. Zusammen waren wir ein gutes Team gewesen, sie war sehr engagiert, zumal sie selbst in der Familie einen Angehörigen hatte, der nach einer ungetesteten Bluttransfusion HIV-positiv war. Naiso kümmerte sich um ihn, pflegte ihn, bis er verstarb. Dadurch war sie dazu gekommen, sich mit dieser Krankheit auseinanderzusetzen, vorher hatte sie als Lehrerin gearbeitet und Französisch, Englisch und Swahili unterrichtet. Weil sie angeblich nicht jeden Sonntag in die Kirche ging, hatte ich sie damals, als ich sie kennenlernte und in mein Team holen wollte, nicht auf die offizielle Gehaltsliste setzen dürfen. Mir hatte das wehgetan, weil ich es als heuchlerisch empfunden hatte. Kaum jemand unter meinen Bekannten konnte die Bibel so treffend zitieren wie sie. Und dass die Worte der Heiligen Schrift für sie keine bloße Floskel, sondern gelebte Taten waren, das erfuhr ich häufig an ihrer Seite, wenn wir gemeinsam anstehende Aufgaben erledigten. Und weil ich auf sie – auch wegen ihrer Geradlinigkeit – nicht verzichten wollte, bezahlte ich sie, wenn möglich, über Spendengelder. Als ich weg war, merkte man, dass Naiso sich so gut in das von mir initiierte Rainbow-Projekt hineingearbeitet hatte, dass sie mich am besten hätte ersetzen können. Deshalb hatte die Kirche ihr nach meinem Weggang ganz offiziell einen Arbeitsplatz angeboten, um meine Aufgaben fortzusetzen. Ida Naiso bezeugte ihre Geradlinigkeit auch dieses Mal. »Warum sollte ich jetzt diesen Posten annehmen?«, fragte sie den verblüfften Geistlichen. Er war es gewohnt, dass er hofiert wurde, und schließlich brachte das Arbeitsangebot auch Geld. Naiso stellte jedoch sachlich fest: »Diejenige, die mich gebeten hatte, sie in der Aids-Arbeit zu unterstützen, ist nicht mehr da. Damit erlischt meine Verpflichtung der Diözese gegenüber.« Gesagt, getan.

Durch diese deutliche Abgrenzung machte sie sich gleichzeitig den Weg frei für ihre eigenständige Aids-Arbeit, aus der das Rafiki-Aids-Projekt wurde. *Rafiki* ist das Suaheli-Wort für »Freundschaft«. Es symbolisierte unsere gemeinsame Idee, die uns in Freundschaft zusammenhielt, und zeigte ebenso unsere Solidarität mit den »VIP's« oder *»very important persons«*, wie Naiso liebevoll ihre ganz besonderen Personen oder Klienten nannte. Denn diese HIV-positiven Menschen kamen zu ihr und sagten: »Die weiße Mama (damit war ich gemeint) ist nicht mehr bei dir, aber du kannst das auch. Bitte hilf uns!« Das Rafiki-Zentrum konnte sie nun unabhängig von der Kirche aufbauen, das war auch wichtig, denn ihr war klar, dass ihr das, was mir passiert war, auch jederzeit hätte passieren können.

Damals, bevor ich Tansania verlassen musste, wohnte sie in einem kleinen Zimmer, bei Verwandten zur Untermiete. Sie hörte auf die drängenden Bitten der HIV-Positiven und half, wo sie konnte. So kochte sie zum Beispiel für die erkrankten Klienten einen stärkenden Maisbrei und bot ihnen, wenn nötig, ihr eigenes Bett an, um sich ein wenig auszuruhen, bevor sie den Nachhauseweg wieder antraten. Sie begleitete sie zum Arzt, deckte die Kosten der Untersuchung und Behandlung, erklärte, was zu tun war, und sorgte für das Busgeld für die Fahrt zurück ins Dorf. Denn diese Menschen waren arm, weil sie entkräftet und unfähig zur Arbeit geworden waren. Naiso half, weil sie nicht anders konnte und es so aus der Bibel gelernt hatte. Sie glaubte an das Gute. Da hatten wir beide ja einiges gemeinsam. Bei meinem Weggang von Moshi hatte sie mir tröstend Mut zugesprochen: »Lauda, vergiss nicht, hier wartet immer eine Aufgabe auf dich, auch wenn der Orden meint, dich nicht mehr gebrauchen zu können!«

Jetzt schätzte ich mich glücklich, dass ich meine Unterstützung auch wahr machen und ihr die ersten Spenden bringen konnte. Diese Aufgabe wurde mir mindestens so wichtig wie meine eigene Rehabilitation. Es war ein Segen, dass der Arbeitskreis Dritte Welt Neuenrade e. V. sich für meine ehemalige Arbeit in Tansania interessiert hatte. Nachdem ich mehrmals in Dia-Vorträgen von der Lage der Menschen dort erzählt hatte, machten sie diese erste Projektreise möglich. Der Verein unterstützt das Aids-Projekt bis heute.

»Natürlich will ich sofort nach Morogoro«, sagte ich. Obwohl ich während des Fluges kaum geschlafen hatte, fühlte ich mich nicht müde. Außerdem gab es keinen Grund, länger in Dar es Salaam zu bleiben. Viel wichtiger war es mir, zu sehen, was aus dem Prostituiertenviertel von Morogoro geworden war und wie die Aids-Arbeit dort aussah. Danach wollten wir weitere sechshundert Kilometer fahren – unbedingt musste ich an den Schauplatz zurück, dorthin, wo Naiso und ich das Rainbow Centre (RBC) in Moshi 1991 begonnen hatten, und zu Naisos Geburtsort Mweka, jenem Dorf in Tansania, das 1800 Meter hoch an den bewaldeten Hängen des Kilimandscharo liegt.

»Von mir aus können wir sofort starten«, fügte ich hinzu, und danach wandte ich mich an Beatrice: »Fährst du mit?«

Sie schüttelte den Kopf und sagte: »Ich habe in der Hauptstadt zu arbeiten. Leider kann ich nicht mitkommen.«

Nachdem wir uns verabschiedet hatten, setzten Naiso und ich uns in das Faraja-Projektauto von Dr. Lucy Nkya. Die stämmige Ärztin in den Vierzigern mit dichter schwarzer Kurzhaarfrisur hatte uns für das Diözesane Vorsorgeprojekt in Moshi tatkräftig beraten, wobei mir ihr Engagement in Morogoro zum Verhängnis geworden war. Bei meinem Besuch im dortigen Prostituiertenviertel hatte ich gesehen, in welchem Elend die infizierten Frauen lebten, wie wenig für sie getan wurde. Angesichts der vielen ausgemergelten und dahinsiechenden Frauen hatte ich verstanden, warum Dr. Nkya wieder und wieder darauf verwies, wie wichtig es sei, dass die Prostituierten es lernten und darauf bestanden, keinen ungeschützten Geschlechtsverkehr zu haben. Sie selbst verteilte regelmäßig Kondome an die Frauen. Darin war ich ihr nie gefolgt, aber ich hatte sie in ihrer Tätigkeit unterstützt, indem ich nicht nur die Ärztin, sondern auch diese Kondome ins Rotlichtviertel fuhr – im Auto der Diözese. Ich war überzeugt davon gewesen, dass ich das Richtige getan hatte, auch wenn mein Dienstherr, der Papst und die katholische Kirche, die Verwendung von Verhütungsmitteln strikt ablehnten. Noch heute bereue ich meinen Einsatz nicht. Wer sich in den Slums auskannte, konnte nicht die Augen davor schließen, dass Kondome die einzige Möglichkeit waren, um diese Menschen vor Aids zu schützen. Später hieß es über mich: »Warum hat sie das denn getan? Hätte sie wenigstens dabei das Ordenskleid ausgezogen, dann hätten wir nicht gehandelt. Aber so mussten wir sie ›köpfen‹!« Dabei durften wir als Nonne nicht in Zivil herumgehen. Was für eine elende Heuchelei! Hätte ich bei meiner Aktion keine Kutte getragen, hätte man sagen können: »Na ja, Schwester Lauda war nicht offiziell für die Kirche da, sie trug ja keine Tracht. So aber mussten wir tätig werden.« Diese Doppelmoral war einfach nicht zu ertragen.

Und nun würde ich wieder dieses Slumviertel von Morogoro betreten. Natürlich ohne Uniform, als ganz normale Bürgerin. Es würde dadurch für mich, so nahm ich an, viel leichter sein, mich bei den Prostituierten integriert zu fühlen, sozusagen von Frau zu Frau, ohne das letztlich doch immer Respekt einflößende Habit. Mir war klar, dass diese Uniform einerseits immer einen großen Vertrauensvorschuss bedeutet hatte, aber andererseits war sie wenig hilfreich, wenn man auf einer Ebene mit den Menschen sein wollte. Als optisch eindeutig erkennbare Ordensfrau war ich immer etwas Besonderes gewesen, aber ich hatte dadurch auch den Druck gespürt, alles richtig machen zu müssen. Das verhinderte oft, einfach offen mein Mitgefühl gegenüber Kranken und Hilfsbedürftigen zu zeigen. Sobald ich das Ordenskleid anzog, war ich vorrangig als Ordensfrau präsent und nicht als Mensch – eigentlich eine erschreckende Erkenntnis, dass man natürlicher reagieren kann, wenn man nicht in Tracht seinen Dienst verrichtet. Eine Einsicht, zu der ich nicht kommen konnte, solange ich noch Nonne war. Wie hätte ich auch wissen können, wie es ist, wenn man sich ohne das formale Ordenskleid bewegt? Im Grunde hatte ich nahezu mein gesamtes erwachsenes Leben keine zivile Kleidung getragen – bis auf die vergangenen zwei Jahre nach meinem Austritt. Erst in ihr fing ich an, alles viel genauer wahrzunehmen, was mein gesamtes Dasein betraf.

Nachdem mein Gepäck im Auto verstaut war und ich im Inneren des Fahrzeugs Platz genommen hatte, fragte ich mich im Stillen: Hatte ich die Ordenstracht vielleicht doch noch nötig? Um gegenüber anderen sicherer zu erscheinen? Ich sollte es bald erfahren.

»Drei Jahre haben wir uns nicht gesehen.« Erst sagte ich die Worte auf Englisch, dann auf Swahili, der Landessprache von Tansania. Langsam tastete ich mich an die mir früher so vertraute Sprache heran. Jetzt merkte ich, dass ich meine Kenntnisse dringend auffrischen musste, und mit Naiso an meiner Seite würde mir das sicherlich auch gelingen. »Was ist denn seit meinem Fortgang alles passiert?«

»Na ja«, erwiderte sie und blickte auf einmal ernst und konzentriert. »Es steht nicht unbedingt alles zum Besten in Bezug auf die Aids-Arbeit.«

»Naiso, was willst du damit sagen?«

»Es gibt einfach viele Ungereimtheiten.« Nach einer kleinen Pause wiederholte sie: »Zu viele Ungereimtheiten.«

»Meinst du in Morogoro oder in Moshi?«, bohrte ich weiter. Aber mehr konnte ich im Augenblick nicht von meiner einstigen Mitarbeiterin in Erfahrung bringen. Doch ich ging davon aus, dass ich nach und nach verstehen würde, was sie meinte. Bislang war mir dies immer gelungen. Ich spürte schnell: Auf Naiso konnte ich mich wie früher verlassen, sie hatte sich jedenfalls nicht verändert, Gott Dank.

Morogoro hatte ich seit meiner Versetzung von Turiani 1982 nur noch einmal gesehen, und zwar bei dieser »Kondom-Aktion«. Jetzt musste ich erkennen, dass der damals beginnende Verfall weiter fortgeschritten war. Der Verputz der Gebäude war abgeblättert, die Farben, mit denen sie angemalt waren, verblasst. Längst wäre ein neuer Anstrich nötig gewesen. Die Straßen, nichts weiter als festgetretene Lehmwege, wiesen durch den vielen Verkehr und die heftigen Regenschauer eine Unmenge von Schlaglöchern auf.

In einem Viertel, das ich nicht kannte, brachte Naiso mich zu meinem Erstaunen in einem Hotel unter, das immerhin zwei Sterne hatte. Das Bett war mit einem Moskitonetz versehen, das aber nicht das neueste war und einige Risse aufwies. Ich hoffte, dass die Blutsauger die undichten Stellen nicht als Schlupflöcher benutzen würden. In diesem Moment hörte ich es draußen rauschen, und während ich mich zum Fenster drehte, sah ich, wie es vom Himmel schüttete. Einer der um diese Jahreszeit üblichen Regengüsse sorgte für Abkühlung. Das Eintreffen des lang ersehnten Regens gemeinsam mit dem Besuch einer erwarteten Person wird in Tansania als Zeichen des Segens gesehen. So weit, so gut.

Morogoro ist auch die Stadt, in der ich, nach der Ausbildung in Nairobi, 1963 meinen Missionseinsatz begonnen hatte. Dort, in einer kleinen Schwesternkapelle, legte ich meine Ewigen Gelübde ab. In dieser Stadt wurde meine Patentante, mein stilles Vorbild, auf dem Friedhof des Schwesternkonvents in Mgolole begraben. Als ich die Chance wahrnahm, um mit Naiso nach dem Einchecken im Hotel einen Kurzbesuch bei diesen Schwestern zu machen, meinte die Nachfolgerin meiner Tante Schwester Majellina freudig erstaunt: »Du gleichst ihr aber sehr, ohne Schleier wird das noch viel deutlicher!«

Eine große, tiefe Dankbarkeit erfüllte mich, durfte ich doch noch einmal hier an ihrem Grab sein. Alle unterschwellige Angst und Unruhe waren auf einmal gewichen. Und ich dankte Gott, dass ich mich fast wieder wie daheim fühlte. Oder war es nur Schein? Hatte sich nicht doch manches geändert?

In der ersten Nacht schlief ich fest, die Müdigkeit hatte mich buchstäblich übermannt. Doch trieb mich die Sorge um das Geld, sodass ich morgens früh wach wurde. Wie sollte ich das Hotel bezahlen? Dafür waren die Spendengelder nicht gedacht. Naiso verstand mich sofort, als ich ihr davon berichtete. Aber sie wollte mir die Unterbringung bei ihr nicht zumuten, weil die Fenster ihres Hauses noch nicht mit Moskitodraht versehen waren. Sie sei das gewöhnt, meinte sie, aber mich wollte sie vor einem neuen Malariaanfall schützen, unter denen ich seit meiner Afrika-Mission immer wieder gelitten hatte. Und Frau Dr. Nkya, zu der Naiso und ich nun an diesem Morgen gefahren waren, fand Ausreden, um mir klarzumachen, dass ihr Besuchszimmer belegt sei. Und es waren wirklich Ausreden, das war zu spüren.

Schade, denn sie war die Fachfrau auf dem Gebiet der Aids-Arbeit. Landesweit war sie als Beraterin tätig, und auch für Moshi hatte ich sie damals mehrmals für unsere Seminare engagiert – und gut bezahlt. Als ich noch die kirchliche Aidshilfe leitete, war sie immer sehr gern gekommen. Von ihr hatte ich mir jetzt Hinweise erhofft, wie wir unser Rafiki-Projekt effektiv ausbauen könnten, um den Geldgebern in Deutschland den bestmöglichen Plan vorzulegen, sodass die Hilfe für die Aidskranken in Afrika weiterhin fließen würde. Hatte sie mein »Kondom-Erlebnis«, das zum Austritt aus meinem Orden führte, schon vergessen? Fast schien es so. Und fast schien es sogar, als wäre ihr mein Auftauchen lästig. Vielleicht war ich lästig, weil ich ihr nicht mehr wie früher behilflich sein konnte. Jedenfalls war ich für sie nach meiner Entbindung von den Gelübden unwichtig geworden, ich war eben nicht mehr die Geldgeberin. Deshalb schien auch ihr Interesse an mir geschwunden zu sein. Auf einmal war da nichts mehr, also musste es auch damals nur der Schleier gewesen sein, der für sie gleichbedeutend mit dem Wort »Sponsoring« war, der uns verbunden hatte. Ihr Mann, der in den USA studiert hatte und einen Professorentitel trug, soll, nachdem er von meinem Hotelproblem vernahm, gesagt haben: »Was will die denn hier, wenn sie sich nicht einmal ein Zwei-Sterne-Hotel leisten kann?«

Das erzählte mir Naiso später, um mir zu bestätigen, dass ich mich in meinem Gefühl des Unbehagens, ja des Abgewiesenseins nicht getäuscht hatte. Dabei hatte er diesen Satz sogar in meinem Beisein zu seiner Frau geäußert, doch sie hatten sich in der Sprache ihres Stammes unterhalten, die ich nicht verstand.

Das zu erkennen war erschreckend. Aber es war auch gut, denn nun fragte ich mich selbst: Ja, was wollte ich hier eigentlich? Als ich Ende 1993 von Moshi fortgegangen war, hatte nicht nur Naiso, sondern auch Dr. Nkya mich angespornt, nicht aufzugeben, sondern an die weiter anfallenden Aids-Aufgaben zu denken. Dafür müsse ich keine Nonne mehr sein. Die beiden hatten meine Generaloberin im Rainbow Centre in Moshi erlebt und waren erstaunt gewesen, als das Lob, das sie mir über meine Arbeit aussprachen, von dieser mit Schweigen zur Kenntnis genommen wurde. Damals hatte Dr. Nkya in Morogoro bereits das Faraja-Aids-Projekt (*Faraja* bedeutet in Kisuaheli »Trost«) gegründet. Sie hatte uns, also Naiso und mich, im Glauben gelassen, dass unser Rafiki-Aids-Projekt in Moshi/Mweka ein Zweig von Faraja werden könnte. Aber das Verhalten der Ärztin während meines jetzigen Besuchs zeigte mir, dass sich das Blatt gewendet hatte. Das Gute an der Situation war, dass wir uns fortan klarer auf das Rafiki-Projekt konzentrierten und es so vielleicht auch schneller auf eigene Füße stellten.

Im Laufe des Vormittags erzählte mir meine Freundin, wie sie auf einer Beerdigung in Nairobi die damalige Generaloberin meines Ordens getroffen hatte. Eine entfernte Verwandte von Naiso, eine Ordensschwester, wurde beerdigt. Meine Freundin fiel während der Zeremonie auf, weil sie einer der trauernden Anwesenden zur Unterstützung eilte, als diese vor Kummer zusammenbrach. So kam sie mit der Oberin ins Gespräch und versuchte dabei vorsichtig zu erfahren, was man über mich dachte. Es war ihnen nicht entgangen, so erfuhr Naiso, dass es in Deutschland zahlreiche Zeitungsartikel und Fernsehberichte über mich gegeben hätte. Es hieß, dass ich von Ungerechtigkeiten sprach, die ich erlebt hätte, die gegen mich verübt worden wären. Dadurch hätte ich Kritik am Orden, an der Kirche, ja, am Vatikan geübt. Das müsste wiedergutgemacht werden. Auch wenn das zur Zeit der früheren Generaloberin passiert sei, so könne der Orden das nicht einfach hinnehmen. Naiso bekam aber auch zu hören, dass angeblich keine offene Kritik mehr gegen mich ausgesprochen werden dürfe.

»Jetzt verstehe ich besser«, sagte ich, als meine einstige Mitarbeiterin ihre Ausführungen beendet hatte, »was du mit ›nicht zum Besten‹ gemeint hast und warum du mir nicht gleich nach meiner Ankunft von diesen Dingen berichten wolltest. Oder hattest du etwas anderes gemeint?«

Was ich von Naiso vernommen hatte, zeigte mir, dass zwar etwas von dem Geschehen um mich bekannt war, aber so aus der Ferne gesehen schwer zu entwirren war. Dass ich um Dialog und somit um Verständnis gebeten hatte, schien klar. Doch es war nicht deutlich geworden, dass es mir durch das Bekanntwerden »meines Falles« im Wesentlichen um das Prinzip der Nachversicherung für Nonnen ging. Und darum, dass nicht jede einzelne aus dem Orden Ausgetretene mühsam und unter enormen Problemen dafür kämpfen müsse, dass sie nicht zum Sozialfall wird. Eine statusrechtliche Nachversicherung müsste gesetzlich festgelegt sein. Das schien nicht zur Sprache gekommen zu sein, stellte ich sachlich fest.

Aber jetzt war ich erst einmal in Tansania und damit weit weg vom Schauplatz dieses arbeitsrechtlichen Bemühens. Wichtig war allein, dass Naiso und ich Hand in Hand arbeiteten.

In den Slumvierteln,
in denen der Papst nie war

»Interessiert es dich, das Faraja-Projekt kennenzulernen?« Nach dem ersten kurzen und unerfreulichen Treffen mit Dr. Nkya wollte mir Naiso das »Trost«-Projekt zeigen und seine Arbeitsweise erklären. Da sie das Konzept auf Wunsch der Ärztin erarbeitet hatte, kannte sie sich hervorragend aus.

»Was für eine Frage«, erwiderte ich. »Natürlich.«

Gern hätte ich Dr. Nkya für weitere Erklärungen in unserer Mitte gewusst, aber sie sagte, als meine frühere Mitarbeiterin den entsprechenden Vorschlag geäußert hatte: »Wir sprechen uns später, momentan bin ich mit Klienten beschäftigt.«

Dass dieses »Später« sich den ganzen Tag hinzog, war eine der schwer durchschaubaren Taktiken, die mich gründlich überraschten und die sich mehrmals wiederholten.

Da Naiso die Hauptkraft im Faraja-Projekt war, bekam sie ein festes monatliches Gehalt – dieses Projekt wurde durch die dänische Organisation DANIDA unterstützt –, und sie war froh, mit diesem Gehalt ihre Mutter und Schwester in Mweka versorgen zu können. Außerdem musste sie für das noch unfertige Haus, in dem sie jetzt wohnte, Miete und Strom zahlen sowie ihren Neffen Rafaeli für seine Arbeit in Haus und Garten entlohnen. Für notleidende Bittsteller – sie schien sich da auszukennen – fand sie dennoch weiterhin ein offenes Ohr.

Das machte mich wieder hellhörig für den Alltag, von dem wir im Kloster verschont geblieben waren. Ohne die Präsenz von Rafaeli wäre das Haus in Morogoro schon längst überfallen und ausgeraubt worden (dabei gab es dort kaum etwas zu holen). Aber er baute auch Gemüse im Garten an, bereitete die täglichen Mahlzeiten zu oder erledigte Einkäufe, all dies war eine wichtige Entlastung für Naiso, die abends oft todmüde von der Arbeit zurückkam.

Durch die Verzögerungstaktik von Dr. Nkya konnten Naiso und ich erst am darauffolgenden Tag losfahren, denn wir waren ja auf das Projektauto und den Fahrer angewiesen. Es war niederschmetternd, was ich in den vergangenen zwei Tagen alles vernommen hatte. Was mich trotz dieser Erkenntnisse ermunterte, war die graziöse Leichtigkeit der Menschen hier. Als Naiso und ich wieder im Auto saßen, sahen wir dem Treiben auf Morogoros Straßen zu. Auf dem festgetretenen Sandweg beobachteten wir eine junge Mutter, die eine Blechschale auf dem Kopf balancierte, hoch beladen mit Obst, das schlafende Baby hatte sie sich auf den Rücken gebunden. Wahrscheinlich wollte sie auf den Markt, um ein paar Tansania-Schillinge zu verdienen. Hoffentlich war sie nicht auch eine Klientin von Faraja, schoss es mir plötzlich durch den Kopf. Damals hieß es, dass Aids die Todesursache Nummer eins in Tansania sei. Am gegenüberliegenden Straßenrand erklang helles und fröhliches Lachen.

»Die Menschen stellen hier andere Ansprüche als in Europa, die Erwartungen sind weniger hoch«, bemerkte Naiso, die einige Zeit in Frankreich gelebt hatte, mehr zu sich selbst als zu mir. Ich konnte ihr nur zustimmen und hoffte, dass ich an diesem Ort nach der unentwegten und damit rastlosen Mühe um meine Mutter und meine eigene Zukunft hier vielleicht mehr Zuversicht finden würde. »Die Afrikaner leben im Jetzt. Sie belasten sich bewusst nicht mit einer Zukunft, die nicht vorauszusehen ist. Deshalb begegnen sie dem Augenblick offen, ja fröhlich.« Das war der Kommentar eines Reporters am Rande eines Slumviertels, den ich gehört hatte und der mir in diesem Augenblick wieder einfiel. Er schien recht zu haben.

Naiso erzählte mir von dem Faraja-Projekt, während sie zugleich darauf achtete, dass unser Fahrer in kein größeres der unzähligen Schlaglöcher geriet, denn das konnte gefährlich werden: »Wichtig sind uns die sogenannten Community Peer Educators, sie sind so etwas wie Erzieher und Leitbilder. An drei Tagen in der Woche geben sie für je drei Stunden Aufklärung und Beratung über HIV und Aids, entweder in den einzelnen Familien oder bei örtlichen Versammlungen. Dafür werden sie bezahlt, sie können aber noch nebenbei andere Tätigkeiten ausüben.«

»Und wie findet ihr die?«, fragte ich nach.

»Es werden nur Personen zur Schulung zugelassen, die in ihrem Dorf angesehen sind und somit positiven Einfluss ausüben können. Das Wort ›Peer‹ steht eigentlich für die gleiche Altersgruppe, denn nur so kann Aufklärung auf Augenhöhe geschehen.«

In den nächsten Stunden erlebte ich eine dieser Peer-Frauen, die selbst die Diagnose HIV-positiv bekommen hatte und gerade dadurch, dass sie persönlich betroffen war, an Glaubwürdigkeit gewonnen hatte. Sie war sehr beliebt, denn durch ihr bloßes Dasein machte sie anderen Mut. Ihr Mann hatte sie geschlagen und von ihr verlangt, dass sie sich testen ließ. Als das Ergebnis positiv war, entließ er sie in Schande, dabei war er es, der sie angesteckt hatte. Man ging zu diesem Zeitpunkt davon aus, dass 75 Prozent der monogamen Frauen von ihren Männern, die fremdgingen, angesteckt worden waren.

Das Faraja-Projekt hatte aber nicht nur Community Peer Educators, sondern auch anderes Personal, etwa die Home Care Givers, die keine ausgebildeten Krankenschwestern waren, aber einen Grundkurs in Erster Hilfe und Gesundheitspflege absolviert hatten. Sie arbeiteten sieben Tage in der Woche, waren immer abrufbereit und bekamen ebenfalls einen Monatslohn. Auch ihnen wurde ich von Naiso vorgestellt. Zusätzlich waren zwei ausgebildete Krankenschwestern für Dr. Nkya tätig. Diese beiden Frauen gaben die Medizin aus, die die Ärztin verschrieb. Über zusätzliche Spenden hatte ich bereits für einen Nachschub von Medikamenten gesorgt. Außerdem war ich bereit, ihren großzügigen Projektplan an andere Hilfsorganisationen, die mich noch gut kannten, persönlich weiterzuleiten. Denn da ich ihre Arbeit vor Ort gesehen hatte, hätte ich ihren Nutzen und ihre Seriosität überzeugend bestätigen können. Wenn sie das denn noch wollte. Nach der ersten Wiederbegegnung mit Dr. Nkya war ich mir da nicht mehr so sicher.

Mittags wollten Naiso und ich eine Pause einlegen und etwas essen. Ich war tatsächlich hungrig, aber auch müde, denn das Klima war nach drei Jahren in Europa doch ungewohnt schwül für mich. Dr. Nkya hatte sich immer noch nicht blicken lassen. Auf ihre Essenswünsche mussten wir also keine Rücksicht nehmen, und so entschieden Naiso und ich, in einem »Hoteli«, einem afrikanischen Restaurant, im Grunde eine gehobenere Imbissstube, etwas zu uns zu nehmen. Die Vorhänge des Lokals waren zugezogen, wohl auch deshalb, weil es direkt an der Hauptstraße lag. Vielleicht sollte man nicht sehen, was serviert wurde, ich nahm aber an, dass die Stoffbahnen verhindern sollten, dass zu viel Staub und Sand in den Speiseraum drang. Es gab nämlich keine Fensterscheiben, sondern an deren Stelle nur ein Moskitonetz. Die vorbeifahrenden Autos wirbelten tatsächlich den Schmutz auf, ich spürte schon Sand zwischen den Zähnen.

Während wir uns an einen Tisch setzten, fing es an zu regnen, und zwar so heftig, dass die Tropfen auf dem seit langem aufgebrochenen Straßenasphalt derart laut prasselten, dass sie vom Rauschen des Verkehrs nicht mehr unterschieden werden konnten. Bei dem freundlichen Kellner bestellten wir ein einziges Gericht – Hähnchen mit Reis –, baten aber um zwei Teller mit Besteck, die wir kommentarlos und ohne hochgezogene Brauen gereicht bekamen. Die Portion reichte völlig für uns beide aus, auch wenn der Vogel so mager war, dass man das Fleisch unter der gebräunten Haut mehr ahnen als schmecken konnte. Mir mundete es dennoch köstlich, und ich war wieder einmal dankbar, dass ich mich darüber freuen konnte. Mir war bewusst, dass längst nicht alle Menschen in der Nachbarschaft dieses Hotels täglich so viel zu essen hatten. Ich musste daran denken, wie schnell die Menschen in Deutschland den Hunger der Nachkriegszeit vergessen hatten, mit wie viel Überfluss wir im Westen lebten. Aber es beschäftigte mich noch etwas anderes: Endlich konnte ich jetzt auch realistische Vergleiche ziehen. Durch das Missionsleben war mir das so nie möglich gewesen. Mit einem Leben als Nonne hatte man gleichsam ein lebenslanges Rundumversorgungspaket gebucht – wenn man nicht aus dem Orden austrat. Natürlich hieß das auch, dass man essen musste, was auf den Tisch kam. Sicherheit gegen Freiheit! Wir Nonnen besaßen kein eigenes Geld, um uns etwas zu kaufen, was wir vielleicht einmal probieren wollten.

Jede Tasse süßen Tees – der Kaffee schmeckte hier einfach nicht –, jede Flasche sauberen Wassers kostete Geld, das war eine wichtige Erfahrung, die ich nach meinem Austritt machte. Auch das Essen, das Naiso und ich gerade verspeist hatten, war nicht umsonst. Noch weniger die Übernachtungen im Hotel oder die Fahrten mit dem Projektauto. Alles musste beglichen werden. Im Kloster, als ich noch nicht einmal Taschengeld für eine Reise erhielt und um jede Extraausgabe fragen musste, war es schwer gewesen, sich ein Bild von den aktuellen Kosten zu machen. Nun lernte ich täglich aufs Neue, was wie viel kostete – und fühlte mich annähernd auf gleicher Ebene mit den Menschen, zu denen ich einmal als Missionarin geschickt worden war.

»Das wird dich interessieren«, unterbrach Naiso meine Gedanken. »Im Faraja-Projekt wird die Parole ausgegeben, dass Kondome keine umfassende Sicherheit gegen HIV gewährleisten und beim Sexualverkehr von hundert Personen wenigstens zwei von ihnen sich dabei anstecken würden. Deshalb heißt es auch offiziell: ›*Stamp out AIDS, try conduct, not condoms.*‹ Frei könnte man das so übersetzen: ›Vernichte Aids, indem du es mit deinem Betragen und nicht mit Kondomen versuchst.‹«

Irritiert blickte ich sie an. Doch als zu mir durchgedrungen war, was meine frühere Mitarbeiterin da sagte, rief ich empört: »Das ist ja ungeheuerlich. Das ist eine sehr papsttreue und in meinen Augen unrealistische Parole! Dass Kondome nicht die alleinige Antwort sind, weiß jeder, der Aidsarbeit leistet. Aber ihren präventiven Nutzen anzuzweifeln ist perfide. Wieso lässt Dr. Nkya eine solche Parole zu, sie hat doch selbst Kondome verteilt?«

»Da kann ich dir nur recht geben, sie sind wichtig, um vor Aids zu schützen. Aber auf Letzteres kann ich dir auch keine Antwort geben.« Naiso seufzte, schob ihren Teller fort, doch dann erhob sie sich und fügte lachend hinzu: »Lauda, heute fällt der Mittagsschlaf aus!«

»Du erinnerst dich noch gut, denn als ich Nonne war, gehörte das zu unserem vorgeschriebenen Tagesablauf. Aber jetzt bestimme ich selbst. Natürlich machen wir weiter, wir wollen die Zeit doch nutzen!« Zugleich stutzte ich. Sie hatte mich Lauda genannt, den Namen, den ich mit meinem Austritt aus dem Orden ablegen musste. Ich wandte mich ein wenig zur Seite, damit sie nicht sah, wie ich mir eine Träne wegwischte. Dann dachte ich daran, dass Naiso während unserer Zusammenarbeit nie Kondome propagiert hatte. Als ich sie einmal danach gefragt hatte, erklärte sie: »Lauda, das kann ich nicht, auch wenn ich es befürworten würde. Wenn die Leute hier sehen, dass ich Kondome habe, untergrabe ich meine eigene Autorität. Hier sind die Menschen sehr katholisch, und wenn mir keiner mehr glaubt, kann ich auch nichts mehr ausrichten.«

Ich hatte sie sofort verstanden, denn früher war es mir ja genauso gegangen. Zugleich musste ich daran denken, dass Mitarbeiter im katholischen Gesundheitswesen das Unwort Kondome nicht mehr benutzen, sondern stattdessen von medizinischen Hilfsmitteln sprechen. Ob unser Papst davon schon gehört hat?, überlegte ich. Ich verdrängte den Gedanken, zu sehr regte er mich auf.

Tief atmeten wir durch, als wir draußen vor dem Hotel standen. Der kurze Regenschauer hatte Erfrischung gebracht und belebte nicht nur die Natur. Zwei freche Krähen zankten sich in den blattlosen Ästen des wurzelähnlichen Baobab-Baumes in unserer Nähe. Die dichte Hecke des Hoteli-Geländes bestand aus violettfarbenen Bougainvillea, wie sie in meiner Erinnerung nicht schöner hätten blühen können. Das Hellblau des reingewaschenen Himmels wurde von weißen Wolkenballen durchzogen, die sanften Wattebauschgebilden gleich vorbeischwebten. Wie hatte ich mich nach solch einem Anblick gesehnt. Das gab es nur hier, in der Nähe des Äquators, wenn Regen fähig war, von der schwelenden Hitze zu befreien. Obgleich die sandigen Gehwege im Nu von Pfützen durchzogen waren und sich in matschige Bahnen verwandelt hatten, so passte ich mich den hiesigen Gewohnheiten sofort an und stiefelte durch alles hindurch, als wir uns wieder zum Auto aufmachten. Ein Ausweichen war sowieso nicht möglich, der Schlamm gehörte wie selbstverständlich zum beschwerlichen Alltag der Menschen, so wie er jetzt auch zu meinem gehörte.

»Kannst du mir noch mehr über Faraja berichten?«, fragte ich Naiso, als wir wieder im Auto saßen und der Fahrer, der sein Sandwich im Wagen gegessen hatte, den Motor anließ. Die zweite Runde unserer Besichtigungstour stand an. Nun wollten wir keine Mitarbeiter des Projekts treffen, sondern meine ehemalige Mitarbeiterin hatte die Absicht, Hausbesuche zu machen – und ich durfte sie dabei begleiten.

»Dr. Nkya möchte in Zukunft noch eine eigene Praxis aufbauen – wahrscheinlich ist das der Traum eines jeden Arztes, um mehr Behandlungsmöglichkeiten zu haben.« Naiso hatte einen leicht ironischen Ton in der Stimme, oder täuschte ich mich?

»Vergiss nicht«, gab ich zu bedenken, »in einer Kreisstadt wie Morogoro gibt es die Verlockung zahlender Privatpatienten. Und mit mehr Geld kann sie auch besser ihre Pläne und Visionen umsetzen. Ich würde ihr das wünschen. Das haben wir auch in Turiani so gehandhabt.«

»Bleibt nur die Frage, wie sie die Einnahmen dann verwenden wird. Aber das ist nicht unser Problem, konzentrieren wir uns jetzt lieber auf die Hausbesuche.«

Von Naiso erfuhr ich, dass es in Morogoro und Umgebung kein anderes Projekt gibt, bei dem Hausbesuche gemacht werden. Der leitende regionale Amtsarzt hätte dies hervorgehoben und lobend erwähnt, ihm selbst fehle das nötige Personal dazu.

Die Aids-Patientin, die wir nun besuchen wollten, hatte es versäumt, ihren letzten Arzttermin wahrzunehmen.

»Dafür kann es zwei Gründe geben«, bemerkte Naiso. »Entweder fehlte ihr das Geld oder sie war zu krank, um ihr Zuhause zu verlassen. Beide Gründe sollten aber nicht ausschlaggebend sein, um die Behandlung zu unterbrechen.«

Aber was blieb ihr anderes übrig, wenn das Einkommen fehlte?, überlegte ich. Mangelndes Geld war auch die Ursache, warum so viele Frauen, die keinen Beruf erlernen konnten, in die Prostitution gedrängt wurden. Ich staunte nicht schlecht, als ich plötzlich merkte, dass ich mich wieder in genau dem Slumviertel von Morogoro befand, das ich damals noch als Aids-Beauftragte der Diözese Moshi besucht hatte. Ich musste schmunzeln, denn eigentlich war mir auch durch die sogenannte Kondom-Affäre bewusst geworden, dass es bei Kirchengesetzen oft nicht um den Menschen ging, sondern um die Einhaltung von Ge- oder Verboten. Aber uns ging es hier um den Menschen, dazu noch den leidenden und sterbenden.

Perpetua, die wir besuchten, saß auf ihrem Bett in dem kleinen fensterlosen Raum, für den sie monatlich 4000 Schillinge zahlen musste und weitere 600 für Wasser und Licht. Ich erschrak. Was für Lebensbedingungen. Es war so schwül in dem Zimmer, dass sie ein dünnes Tuch über der Türöffnung befestigt hatte und die Tür selber offen hielt. Es half, einem Filter ähnlich, etwas kühlere Luft hereinzulassen. Gleichzeitig sollte es verhindern, dass jeder von der Straße aus in das Zimmer blicken konnte.

Die Afrikanerin war mager, hatte tief liegende, aber sehr lebendige Augen und eine liebenswürdige Art, uns willkommen zu heißen. Naiso war ein gern gesehener Gast. Das schloss mich selbstverständlich mit ein und tat gut. Perpetuas Vermieterin war zugegen und führte, trotz einer Wunde am Bein, sogar einen Freudentanz auf, um uns zu begrüßen. Sie hatte einmal für Europäer gearbeitet, wie sie sofort erzählte, die ihr dieses kleine Häuschen mit sechs um einen Innenhof gruppierten Räumen hinterließen. In dem Innenhof gäbe es auch einen Wasserhahn, das sei in diesem Land etwas Lebenswichtiges. Durch die Mieteinnahmen hätte sie nun ein regelmäßiges Einkommen.

Mit Perpetua schien die Hausbesitzerin befreundet zu sein, denn beide spielten zusammen Karten, als Naiso und ich den Raum betraten.

»Komm, spiel mit«, wurde ich aufgefordert, nachdem die Vermieterin ihren Tanz beendet hatte.

Ich winkte lachend ab. »Ich kenne das Spiel nicht.«

Sofort wollten sie es mir beibringen, diese Bildungslücke hielten sie für nicht angebracht.

Naiso und auch mir hatten sie einen kleinen Holzschemel angeboten, die beiden Frauen saßen auf dem Bett. Als Nebenverdienst verkaufte Perpetua in ihrer Wohnung Tee und Milch – etwas teurer als im Supermarkt. Konnte sie von dem Erlös Miete und Wasser und Strom bestreiten? Das konnte ich mir kaum vorstellen. Andere Frauen versuchten es mit dem Anbau von Obst und Gemüse, aber für Gartenarbeit war sie zu schwach. Das Startkapital für die Supermarkteinkäufe hatte Perpetua wie auch andere Prostituierte vom Faraja-Projekt bekommen. Bereits 1990 hatte Dr. Nkya mit ihrem Beratungszentrum begonnen, um diese Frauen aus ihrer Zwangslage zu befreien. Da 80 Prozent von ihnen nicht lesen und schreiben konnten und die anderen 20 Prozent auch nur zwei bis vier Jahre lang die Grundschule besucht hatten, bot sie ihnen – nach gründlicher Planung und/oder Schulung – Möglichkeiten zum Schneidern oder die Zucht von Kleintieren wie Hühnern, Kaninchen oder Ziegen an. Auf diese Weise schafften sie es, für einen stabilen Lebensunterhalt zu sorgen, ohne dass sie gezwungen waren, über Freier an Geld zu kommen. Zugleich konnte damit auch die Verbreitung der tödlichen Krankheit eingedämmt werden. Innerhalb von vier Jahren war es immerhin gelungen – so nachzulesen in einem Bericht der *Tansania News* zum Welt-Aids-Tag am 1. Dezember 1994 –, bereits fünfundachtzig Frauen aus der Prostitution zu befreien.

Da das gleiche Prinzip auch beim Rafiki-Projekt zur Anwendung kommen sollte, einschließlich der Hausbesuche, war ich froh, es hier schon einmal in Aktion zu erleben. Nach einem kleinen Plausch holte Naiso die für Perpetua wichtigen Aids-Medikamente aus ihrer Tasche – Perpetua war, wie sich herausstellte, zu schwach gewesen, um sich selbst die notwendigen Arzneimittel abzuholen –, und zudem hatte Naiso für die Kranke Lebensmittel und frisches Gemüse aus dem eigenen Garten mitgebracht. Mit einer herzlichen Umarmung verabschiedeten wir uns.

»Die Frau, die wir jetzt besuchen«, erklärte Naiso, »heißt Hadija. Wie so viele Frauen wurde auch sie von ihrem eigenen Mann angesteckt. Als er dann starb, wusste Hadija nicht, wie sie sich und ihre Kinder ernähren sollte. Um zu überleben, verkaufte sie ihren Körper an Männer.« Hadijas Biografie glich der vieler infizierter Frauen. Manche wurden auch Prostituierte, weil der Ehemann seine kranke Frau einfach aus dem Haus jagte, weil er meinte, sie würde ihn anstecken – dabei war es genau umgekehrt gewesen.

Der Fahrer war nur eine Straße weitergefahren, dann hielt er. Die Hütte, die wir jetzt betraten, war noch viel kleiner als die vorherige. Hadija lag auf einer Pritsche, ausgemergelt und schwach atmend, hin und wieder wurde sie von einem Hustenanfall geschüttelt. Sie würde kaum noch in der Lage sein, jemals wieder

Karten zu spielen oder die Bananen von den Stauden zu ernten, die um ihr Haus herumstanden. Ihre Kinder waren bereits unter den Verwandten aufgeteilt worden, wie ich von Naiso erfuhr, aber ihre älteste Tochter, die bei der Großmutter wohnte, kam jeden Tag, um sie zu versorgen. Dabei war Baraka gerade erst elf geworden. Man ging davon aus, dass Hadija, die kaum dreißig war, bald sterben würde. Mich rührte ihre Gestalt, sie machte mich tieftraurig. Dennoch fühlte ich ebenso Wut in mir aufsteigen, denn Aids konnte verhindert werden, und HIV-positive Menschen konnten mit den richtigen Medikamenten so stabilisiert werden, dass ihr Immunsystem so weit intakt blieb, dass der gefürchtete Brechdurchfall (oder andere typische Krankheitsbilder) für lange Zeit nicht eintrat. Das hatte ich mit eigenen Augen gesehen, aber das waren Erkrankte gewesen, die nicht in Tansania lebten. In diesem Land und zu dieser Zeit hatten nur wenige Patienten Zugang zu amerikanischen Aidsmitteln.

Hadija war kaum in der Lage zu sprechen. Naiso wusch ihren Körper, erzählte ihr Dinge aus der Nachbarschaft, wie es den anderen Frauen ging, fütterte sie mit etwas Maisbrei, den sie mitgebracht hatte, und rief die Tochter Baraka, damit diese sich um die weitere Medikation der Mutter kümmerte. Ich tauschte die verschmutzten Decken aus und gab sie in die dafür bereitgestellte Lösung. Ich war froh, Naiso ein wenig zur Hand gehen zu können. Dabei hatte ich wieder das sichere Gefühl, dass das, was ich damals in diesem Viertel getan hatte, richtig gewesen war. All das Leid, das ich zu Gesicht bekam, bestärkte mich darin.

Warum nur war ich in meinem Ordensleben immer wieder angeeckt? Ich hatte stets versucht zu verstehen, was ich nicht verstand. Das soll heißen, den Sinn hinter Verordnungen zu erkunden. Einfach zu gehorchen, weil eine Regel es erforderte, das fiel mir auf Dauer zu schwer – auch wenn es für manche Mitschwestern vielleicht genügte. Da wir kaum offen darüber sprachen, blieb unser Verhalten und Denken über derlei Dinge unklar. Wie so vieles. Aber durfte ein Mensch, der sich in den Dienst der Kirche gestellt hatte, nichts mehr in Frage stellen? Hatte Christus das nicht auch getan und sogar von jedem Einzelnen gefordert? »Wer nicht für mich ist, ist gegen mich«, sagte er herausfordernd. Das hatte Dr. Nkya exemplarisch bewiesen, indem sie die Prostituierten nicht als sündhafte Frauen verurteilte, sondern sie so lange unterstützend begleitete, bis sie in der Lage waren, eigenständig und unabhängig ihr Leben wieder in Würde zu gestalten. So stellte ich mir karitative kirchliche Arbeit vor, und ganz sicher wird sie auch vielerorts so gelebt. Denn der größte Teil im Gesundheitssektor – auch in Tansania – wird von den Kirchen geleistet. Aber – das genügt nicht.

Wie schade auch, dass meine Kirche ein Problem mit dem Verständnis von Sexualität hat. Im Katechismus der Katholischen Kirche, im Kompendium, das 2005 von Papst Benedikt der ganzen Kirche vorgelegt worden war, steht unter Nr. 487: »Gott hat den Menschen als Mann und Frau mit gleicher personaler Würde geschaffen und ihm die Berufung zur Liebe und zur Gemeinschaft eingeprägt.« Diese Zeilen gelten als Einführung zum sechsten Gebot. Dabei geht es um Ehebruch, Keuschheit, Prostitution und Selbstbefriedigung. Wo findet sich diese gleiche Würde zwischen Mann und Frau im realen Leben der Kirche? Ganz zu schweigen von den erst jetzt bekannt gewordenen Missbrauchsfällen, die die Grundfesten der Kirche erschüttert haben.

2001 wurde von den Missbrauchsfällen an afrikanischen Ordensfrauen in der Presse berichtet. Auch wenn der Vatikan diese

Berichte bestätigte, scheint sich nichts weiter geändert haben. Ein Priester soll angeblich an die hundert Nonnen vergewaltigt haben. Das klingt grotesk! Als die Oberin dieser Schwestern sich beim zuständigen Bischof beschwerte, wurde sie kurzerhand versetzt.

Es gab aber nicht nur Missbrauch und Vergewaltigung, sondern auch Verführung sowie einvernehmliche Beziehungen sexueller Natur. Ich hatte einen Bischof kennengelernt, der angeblich zwei Töchter hatte – die kamen dann in die Internatsschule, die, abgelegen in den Usambara-Bergen im Nordosten von Tansania, von uns Schwestern geleitet wurde. Immer wieder hörten wir solche Geschichten, und keine von uns zweifelte an ihrem Wahrheitsgehalt. Es war zu offensichtlich, wenn ein kranker Priester Besuch von seiner Geliebten mit Sohn bekam, der ihm wie aus dem Gesicht geschnitten glich. Das Fatale an diesen Tatsachen ist nicht, dass sie passieren, sondern dass die betroffenen Frauen und vor allem die Kinder keine Anerkennung finden, keine Anerkennung finden dürfen.

Könnte sofort offen über solch eine missliche Lage gesprochen werden, wäre sie schon halb gelöst. Wir dürfen nicht vergessen, dass diese jungen afrikanischen Frauen und Nonnen noch so erzogen wurden, dass sie sich der Autorität des Mannes zu unterwerfen haben, wie sie es in ihrer eigenen Kultur, oft genug bei der eigenen Mutter erlebt haben. Zusätzlich stehen Priester für sie auf einem Sockel, denn diese sind gebildet und gelten als Träger des Glaubens, als Abgesandte des »Heiligen«. Durch ihre Weihe und ihren Dienst in der Nachfolge Christi scheinen sie etwas Besonderes zu sein. Deshalb wird ihnen vertraut. In der persönlichen Beichte kann sich so ein Vertrauensverhältnis weiterentwickeln. Und dann finden sich immer Möglichkeiten, die über die Beichte hinausführen. Es widerstrebt mir, auf Einzelheiten einzugehen oder zu spekulieren, denn damit beginnt bereits die Entwürdigung.

Die Orden verlangten ohnehin, dass sich ihre Anwärterinnen vor der Aufnahme einem HIV-Test unterzogen. Die Ärzte, die den gesundheitlichen Eignungstest für die jungen Kandidatinnen vornahmen, machten ihn anonym, auch das war empörend. Und das Resultat war eindeutig: Nur negativ getestete junge Frauen durften aufgenommen werden. Somit war es in Zeiten von Aids auch »gefahrlos«, mit ihnen zu schlafen. Wäre offen mit ihnen über diese Tatsachen gesprochen worden, hätten sie sich viel effektiver wehren können – und es sicher auch getan. Und wie war damit umzugehen, wenn eine HIV-Infektion bei einer schon Aufgenommenen durch kontaminiertes Blut erfolgt war? Wurde sie dann in Schande entlassen?

Ich selbst hatte nie erwogen, dass Sexualität etwas Sündhaftes ist, wie es uns beigebracht wurde. Was konnte zum Beispiel der junge männliche Patient dafür, den ich als Schülerin während der Ausbildung im European Hospital in Nairobi zu waschen hatte, dass er während des Vorgangs eine Erektion bekam? Er wurde knallrot – und ich war perplex, und dabei blieb es. In englischer Höflichkeit schwiegen wir beide darüber. Er wurde Wochen später als geheilt entlassen. Ein anderer Patient, ein katholischer Geistlicher, den ich auch waschen musste, wurde bereits rot, wenn ich ihm den Rücken versorgte. Er war wohl noch schüchterner als ich. Später erlebte ich ihn als Exerzitienmeister und hoffte, er hätte vergessen, dass ich einmal seine Pflegerin gewesen war. Es gab auch Geistliche, die ungezwungener mit »dem Unterschied der Geschlechter« umgingen; das hatte etwas Befreiendes. So ließ mich der kräftige Kuss eines bärtigen Jesuiten auf meinen Mund kurz zusammenzucken, doch sah ich seine lachenden Augen und hörte: »Das hast du nicht erwartet, Lauda, nicht wahr? *Happy birthday to you!*« Er stand in der Reihe mit anderen Jesuiten, die mir so oder mit ähnlichen Gesten gratulierten und dadurch zeigten, dass sie es gut fanden, dass es mich gab. Sie hatten keine unnatürlichen Berührungsängste und machten dadurch alles lebendig.

Dass wir vielfach nur an Geistlichen das andere Geschlecht besser kennenlernten, liegt auf der Hand, da wir täglichen Umgang mit ihnen hatten. Je komplizierter durch vielerlei Ver- oder Gebote dieser jedoch gestaltet wurde, umso eher konnte es zu tragischen und eigentlich ungewollten Folgen kommen. Die Leidtragende war immer der weibliche Part, denn sie galt als die Verführerin – unabhängig davon, ob es sich um eine Liebesaffäre oder einen Missbrauch handelte –, und sie konnte die Schwangerschaft, wenn es dazu kam, irgendwann nicht mehr verbergen. Die betroffenen Priester wurden in der Regel versetzt, und wenn sie »Glück« hatten, erfuhr niemand, dass sie Vater geworden waren. Wenn auch sie zu dem Kind beziehungsweise zu der Liebe standen, was selten genug vorkam, weil es unter diesen tragischen Umständen ja gar nicht zu einer reifen Liebe kommen konnte, dann war ein finanzielles Desaster vorprogrammiert. Denn die Institution reagierte gekränkt und strafte durch die Mittel ihrer Macht: Entlassung ohne standesgemäße Besoldung. Das war die eine Seite der »falsch« verstandenen Liebe, obgleich solch eine Begegnung auf der anderen zu einer erfüllten Liebe führen könnte, wie manches Paar bewiesen hat, das nach dem Austritt wirklich zueinanderfand.

Aber es geht bei dem Thema Sexualität noch um Weiteres. Was wäre, würden all die verschwiegenen Liebesbeziehungen und – noch schlimmer – Missbrauchsfälle in unseren eigenen Reihen aufgedeckt werden? Wenn schon im zivilen Leben, wie man heute weiß, Jahrzehnte vergehen, bis die leidenden Menschen, die Opfer, den Mut und die Kraft finden, um sich zu melden und um Hilfe zu suchen, so werden in klösterlichen Gemeinschaften diese Erlebnisse fast immer mit ins Grab genommen. Wem soll man sich auch anvertrauen? Die Beichte kann sogar eine Falle sein, denn genau derjenige, der einen verführt, kann ja auch die Absolution geben.

Einmal habe ich einen alten Jesuiten in einem Seminar erklären hören, dass ein Orgasmus so ähnlich sei wie die Erleichterung beim Wasserlassen, wenn man lange nicht urinieren konnte. Die Schwester, die gefragt hatte, was denn das sei, ein Orgasmus, akzeptierte die Antwort, die mir selbst missfallen hatte. Er hatte sich mit diesem lapidaren und unpassenden Vergleich der Debatte entledigt. Auf das Glatteis, wie die Kirche Sexualität bewertet, hatte er sich offenbar nicht begeben wollen.

Eigenartig war auch eine Situation in den Anfängen meiner Krankenhausarbeit im Busch. Wir hatten nur einen Arzt und ich war als bestausgebildete Krankenschwester praktisch seine rechte Hand, das heißt, wir erledigten alle Aufgaben gemeinsam, ob bei der Visite, im OP, beim Röntgen, im Labor oder in der Ambulanz. Auch besprachen wir die anfallende Korrespondenz sowie die Arbeitsabläufe, waren also von morgens bis abends zusammen. Eines Tages wurde ich wie aus heiterem Himmel vor ein Ordensgremium berufen, um mich zu verantworten. Der Vorwurf: »Sie laufen unserem Doktor nach. Das geziemt sich nicht für eine Ordensfrau!« Heute kann ich das als absurd abtun, damals wurde ich dadurch jedoch verunsichert und erlebte das mir entgegengebrachte Misstrauen als schmerzlich. Angeblich war diejenige, die mich angeklagt hatte, »nur« eifersüchtig, wie es später hieß. Sie gehörte auch nicht unserer lokalen Gemeinschaft an, doch wurde die Anschuldigung als ernst genug erachtet, um mich in meine Schranken zu weisen. Aber wie sollte ich dem Arzt nicht »nachlaufen«, denn die Arbeit blieb die gleiche. Als mir Jahre danach, als Provinzoberin, von meinen höchsten Vorgesetzten angetragen wurde, ich hätte Schwester Honorata zu warnen, weil sie anscheinend in einen Priester verliebt wäre, weigerte ich mich, es sei denn, ich könnte mit ihr wie auch dem Priester sprechen, um auf diese Weise herauszufinden, ob es nur eine Verliebtheit von Schwester Honorata war oder die beiden tatsächlich ein Verhältnis hatten. Eine Verwarnung, die nur auf Vermutungen basierte, hatte ich nicht aussprechen wollen. Doch eine offizielle Anhörung beider Parteien wurde mir verboten. Also machte ich es auf Umwegen. Dadurch, dass ich diese Freundschaft, die anfangs nicht sexueller Natur gewesen war, nicht verteufelte, kam sie erst zum Tragen. Aber genau damit eckte ich an.

»Wo bist du mit deinen Gedanken?« Naiso schubste mich ein wenig am Arm. »Verabschiede dich von Hadija. Wir müssen weiter.«

Erschrocken sah ich meine frühere Mitarbeiterin an. »Ja … ja«, schluckte ich. »Das mache ich natürlich gern.«

Als wir wieder im Auto saßen, fragte ich: »Naiso, kannst du dir vorstellen, warum ich im Orden immer wieder solche Probleme hatte? Ich weiß, das ist eine schwierige Frage, aber gibt es für dich eine Erklärung? Hat es etwas mit meinem Charakter zu tun?«

»Das kann ich dir nicht sagen. Aber aus meiner Erfahrung hat es etwas mit Gruppen zu tun. Dein Orden ist eine solche Gruppe, sogar eine sehr geschlossene Gruppe, und in jeder derartigen Struktur scheint es immer eine Person geben zu müssen, die stigmatisiert, die zum Feind erklärt wird, damit die anderen ihre Gemeinschaft fühlen und als die besseren Menschen dastehen können.«

Ich überlegte eine Weile, dann erwiderte ich: »Da magst du recht haben. Gleichsam wie die Ziege, die in die Wüste geschickt wurde.«

»Wie meinst du das? Denkst du dabei ans Alte Testament?«

»Ja, genau das tue ich. Dort überträgt Aaron die Sünden der Gemeinde auf den Ziegenbock und treibt ihn anschließend in die Wüste. Einer muss für alle herhalten. Kennst du diesen Ausdruck nicht – Sündopfer?«

Naiso nickte. »Natürlich. Aber genau so ist es: Du musstest ausgeschlossen werden, damit die Mitglieder deines Ordens deine kritischen Anmerkungen abtun und sich weiterhin als die Überlegenen fühlen können. Wärst du ein widerspruchsloses Mitglied deiner Gruppe geblieben, es wäre nie dazu gekommen.«

Das stimmte. Aber mit dieser Rolle hätte ich mich nie begnügen können. Außerdem: Ein Orden bemüht sich in ganz besonderem Maße, gottgefällig zu leben. Mit diesem Anspruch lässt sich in meinen Augen die Ausgrenzung des Andersdenkenden – um nicht zu sagen des Denkenden – nicht vereinbaren. Und diese Ignoranz und mangelnde Toleranz auch noch als Dienst am Orden zu sehen, halte ich für fatal, da es jeden Wandel, jede Neuerung unterbindet.

Während wir weiter durch Morogoro fuhren, auf dem Weg zurück in mein Hotel, erkannte ich am Hauptkreisverkehr der Stadt einen Mann, einen Goanesen, der vor vielen Jahren Bankmanager gewesen war und den ich häufig für den Ausbau des Buschkrankenhauses in Turiani konsultiert hatte. Jetzt schien er hier an einer Tankstelle zu arbeiten.

»Bitte, halten Sie hier an«, bat ich den Fahrer. Er stoppte sofort.

Ich ging auf den Goanesen zu und stellte mich als Schwester Lauda vor, meinen weltlichen Namen kannte er ja nicht. »Können Sie sich noch an mich und an Turiani erinnern?«, fragte ich weiter.

»Ja, das kann ich.« Seine Antwort klang verhalten.

Ich erwartete, dass er noch mehr sagte, aber es kam nichts. Schämte er sich, nicht mehr seine frühere Position zu haben? Oder war er über meinen Ordensaustritt informiert?

»Lauda, wir müssen weiter«, rief Naiso.

Es war nicht genug Zeit, um mehr von dem Mann zu erfahren. Das war schade, dennoch freute ich mich, jemanden getroffen zu haben, den ich einmal gekannt und dem ich vertraut hatte. Das genügte mir. Turiani, das war meine liebste Einsatzstelle als Missionsschwester in Tansania gewesen – und zugleich eine große Herausforderung. In diesem Buschkrankenhaus musste ich zeitweilig die ganze Verantwortung alleine tragen und als Leiterin den gesamten Betrieb aufrechterhalten. Immer war ich am Limit meiner körperlichen Kräfte, doch niemals suchte ich die Schuld bei meinem Orden oder der Institution Kirche, wenn etwas schiefging oder nicht ganz so funktionierte, wie man es sich vorgestellt hatte. Das »Versagen« suchte ich stets bei mir. Und dann hatte ich noch zu hören bekommen, dass ich nicht genug beten würde. Wo hätte ich die Zeit dazu hernehmen sollen und wo die Kraft? Noch heute kann ich kaum begreifen, was da von mir gefordert wurde. Oder richtiger, welchen Anforderungen ich mich selbst unterworfen hatte.

Unterschwellig blieb ich jedoch immer auf der Suche nach innerer Zufriedenheit, nach der richtigen Balance. Nach Turiani wurde ich in Zimbabwe eingesetzt. 1982 war ich als Provinzoberin nach Zimbabwe gekommen, zwei Jahre nach Erlangung der

Unabhängigkeit dieses Landes. In Tansania hatte ich bereits zwanzig Jahre Aufbau eines freien Landes erfahren, sogar in einem gewissen Rahmen mitgestaltet. Dann trat 1983 das neue Kirchenrecht in Kraft, das eine größere Selbstständigkeit der einzelnen Ordensgemeinschaften anregte, ja forderte. In Tansania hatte ich diese finanzielle Abhängigkeit von männlichen Oberen und Bischöfen nicht erlebt, ganz anders nun hier. Und schließlich waren durch die Bürgerkriegsfolgen in diesem Staat die positiven Impulse des Zweiten Vatikanischen Konzils von 1962 bis 1965, in denen es um Erneuerungen in der Kirche ging, noch nicht einmal wahrgenommen worden.

Das Land war noch geprägt durch eine Apartheidpolitik, die ich zuvor nie erlebt hatte. Die Mehrzahl unserer Schwestern in der Provinz waren jüngere einheimische Schwestern, während die Älteren aus Europa als Missionarinnen gekommen waren. Natürlich gebürte ihnen schon allein wegen ihres Alters Respekt, gleichzeitig verfestigte diese Struktur auch in unseren Reihen das ungleiche Verhältnis zwischen Schwarz und Weiß. Die Jüngeren rückten fast automatisch in die Rolle der Dienenden und Untergebenen. Nicht nur in den eigenen Reihen, sondern ebenfalls bei den männlichen Leitern der Pfarre und des Bistums. Ich war erschüttert, als eine Schwester mir anvertraute, dass ich der erste weiße Mensch sei, bei dem sie sich voll angenommen fühlte. Ich glaubte auch in diesem Zusammenhang, einen Großteil des Problems dadurch beheben zu können, wenn nicht so vieles vertuscht und verschwiegen werden würde. Aber wie, wenn alte Muster bis jetzt als richtig galten?

So wie sich die Kirche im Besitz der Wahrheit sieht und schon allein deshalb immer im Recht zu sein scheint, so ähnlich erlebte ich es bei den Schwestern. Und genau bei dieser Grundhaltung setzte ich an. Es sollte nicht mehr über die Köpfe der Einzelnen hinweg diskutiert, be- und verurteilt werden, sondern nur noch im offenen Dialog. Immer sollten beide Seiten gehört werden – oder die Anklage wurde fallengelassen. Nachrichten beziehungsweise Wissenswertes wurden regelmäßig offiziell, zum Beispiel in Rundbriefen mitgeteilt, das nahm den Nährboden für Spekulationen. Aufgabenbereiche wurden in der Kommunität klar beschrieben und waren für jede einzelne Schwester verbindlich. Mit jedem Bischof, in dessen Diözese wir arbeiteten – es waren insgesamt drei –, wurde ein separater Vertrag abgeschlossen, was dazu führte, dass wir Schwestern über unsere eigenen Einnahmen verfügen konnten und dadurch lernten, mit Geld realistisch umzugehen. Als Basis für unsere Kommunikation ging es mir im Wesentlichen um eine gegenseitige Wertschätzung. Man sollte meinen, dass dies eine Selbstverständlichkeit im Ordensleben ist. Solange das Hauptkriterium unseres Handelns jedoch auf dem Befolgen von Gesetzen beruhte, stimmte die Basis nicht. Das war in meinen Augen eines der Hauptprobleme. Der Wille Gottes kann nicht »nur« in Paragraphen festgehalten werden.

Nachdem ich fünf Jahre dieses Amt ausgeübt hatte, wurde eine Wiederwahl verhindert. Meine Schmerzgrenze war erreicht. Es ging mir nicht um den Posten, sondern um die Nivellierung und Vernichtung all dessen, was ich in den Jahren meiner Amtszeit aufgebaut und angestrebt hatte. Ich erlebte es wie einen Schlag ins Gesicht, als während einer öffentlichen Schwesternversammlung von der Generaloberin die Rücknahme meiner Neuerungen verkündet wurde. So wurde zum Beispiel die Hausordnung wieder auf fünf Uhr morgens zurückgestellt, und zwar für alle, und jede Schwester hatte pünktlich um 5.30 Uhr in der Kirche zu erscheinen. Wir hatten das geändert, damit überarbeitete Schwestern länger schlafen konnten. Weitere entmündigende Regeln folgten, die der »Einheit« dienen sollten. Ich war so aufgewühlt, dass Rücksicht oder ängstliche Vorsicht von mir verdrängt wurden. Es reichte mir. Ich konnte und wollte das alles nicht mehr hören, weil es deutlich machte, dass ich mit meinem Konzept der Erneuerung unseres geistlichen Lebens gar nicht gewollt war.

Deshalb entschied ich mich Ende 1987 für die Exklaustration, für eine Auszeit. Ich hatte dieses Jahr der Beurlaubung nötig, um mich zu fangen und neu zu besinnen. Es war mir für ein Jahr genehmigt worden. Mir wurde aber befohlen, in ziviler Kleidung nach Hause zu fliegen. Dadurch war ich nicht mehr als Nonne erkenntlich. Obgleich die Gelübde noch nicht aufgehoben wurden, war ich von jetzt an auch finanziell auf mich selbst gestellt. Das Flugticket samt nötigem Taschengeld bekam ich noch überreicht. So war sichergestellt, dass ich Zimbabwe verließ.

Benötigte ich die Auszeit, um meinen Protest offenkundig zu machen? Stellte ich mich dadurch nicht selbst ins Abseits? Vielleicht, aber diese von mir nun eingenommene Position wurde auch nicht korrigiert – im Gegenteil: Sie spiegelte die Sicht wider, die die Generaloberin, die Oberen ohnhin auf mich hatten. So verhinderte die Generaloberin, was mir geholfen hätte, mich zu fangen. Keine einzige Zukunftsperspektive, keine Kurse, kein Sabbatjahr; ich war in meine Schranken gewiesen worden, die mir symbolisch zeigten, dass ich es nicht mehr wert war dazuzugehören. Das war der Schock, den sie in mir ausgelöst hatte und den ich auch mit der Exklaustration ausdrücken musste. Das war gleichzeitig jedoch in meinem tiefsten Inneren auch der Weckruf für eine ungewöhnliche Kraft, die sich nicht auslöschen lassen wollte. Es folgte der langwierige Prozess der Selbstfindung und des Zu-mir-Stehens.

Meine Mutter wurde zum rettenden Hafen. Ich hoffte, bei ihr wieder zu meiner Mitte zu finden, denn an meiner Berufung zur Ordensfrau wollte ich nach wie vor festhalten. Ihre Vermieterin in Düren erlaubte, dass ich für meine einjährige Auszeit die Zweizimmerwohnung mit Küche und Bad mit ihr teilte. Zum Glück hatte meine Mutter einen Sessel, den man ausziehen und als Bett benutzen konnte – eine weitere improvisierte Hilfe. Da wir in der Mission auch nicht krankenversichert sind, übernahm der Orden die Kosten und sorgte für eine temporäre Aufnahme in einer Krankenversicherung. Ich versuchte zu arbeiten, zum Beispiel als Arzthelferin, und verdiente dabei sogar als Aushilfskraft in einer Praxis in Aachen, aber das war keine feste Anstellung. Ein anderer Versuch war, das Studium der Homöopathie aufzunehmen. Er scheiterte an dem benötigten Darlehen. Wer investiert schon gern in »eine gescheiterte Nonne«. Schade, denn ich wäre meinem ehemaligen Traum vom Arztberuf näher gekommen. Als Entwicklungshelferin für NGOs (Nicht-Regierungs-Organisationen) hätte ich sofort mehrere lukrative Stellen in Afrika annehmen können. Das zog mich an, und ich musste mit mir ringen, die Angebote abzulehnen. Ich wollte Ordensfrau bleiben, und das war gut so.

Während meiner Exklaustration hatte ich ein Gespräch mit der einfühlsamen Oberin eines anderen Ordens. Wir hatten uns während eines Krankenhausaufenthalts kennengelernt und ähnliche Erfahrungen gemacht. Das tat gut. Es war ihr ein Bedürfnis, zu sehen, wie ich mit meiner jetzigen Lage fertig wurde. Auch das berührt mich heute noch, denn aus den eigenen Reihen war es nicht möglich, mir zuzugestehen, dass ich ein Recht auf meine Suche und Entscheidung hatte. Im Gegenteil. Eine ältere Mitschwester schrieb damals an eine Freundin: »Die Schwester Lauda muss schon Schlimmes getan haben, sonst würde sie nicht so von den Vorgesetzten behandelt werden!«

Als ich später, 2011, von einer mir fremden Ordensfrau angerufen wurde, schmerzte es mich zu erfahren, dass sie während ihrer Exklaustration von der Generaloberin offiziell aus dem Orden entlassen wurde. Was ihr dabei am stärksten wehtat, drückte sie so aus: »Müssen wir denn immer wie Schwerverbrecher behandelt werden?« Sie erfuhr durch ebenjene Rundbriefe, dass alles, was zu diesem Ausschluss geführt hatte, angeblich von ihr ausgegangen war ... So, wie ich sie verstand, hatte sie begonnen, gängige Gepflogenheiten in Frage zu stellen, auch hatte sie mehr Eigenverantwortung gefordert.

Für mich ist diese Art des Umgangs miteinander ein Machtmissbrauch – der Kirche, des Ordens. Solange wir »funktionieren«, sind wir vollwertige Mitglieder. Wir haben ein Dach über dem Kopf, setzen uns an den gedeckten Tisch, fügen uns ein in den Tagesablauf der jeweiligen Gemeinschaft und tragen durch unsere erfolgreiche Arbeit zum Verdienst und Aufstieg der Gesellschaft bei. Und zwar in doppeltem Sinn, unserer Ordensgemeinschaft und der Menschen, denen wir durch unseren Dienst helfen, wie in der »Dritten Welt«. Das geschieht unter dem Banner der Nächstenliebe und der Missionsarbeit im fernen Land. Aber wehe, wenn eine Ordensfrau Fragen stellt und sich selbst Gedanken macht. Zeugt es nicht von Missbrauch, wenn das Leben der Einzelnen, ihre Würde und Selbstständigkeit nicht mehr gewährleistet sind, weil es ihrem inneren Wesen nach nicht mehr möglich ist, sich weiter so versklaven zu lassen? Wenn sie austritt, wird sie fallengelassen und muss am Existenzminimum darben. Auch durch diese missachtete Nächstenliebe verliert unsere Kirche an Glaubwürdigkeit in der heutigen Gesellschaft. Erst dadurch, dass wir das Schweigen brechen, können wir uns wenigstens Gehör verschaffen.

Am stärksten suchte ich aber in dieser Zeit nach einer spirituellen Komponente. Als ich zufällig eine Pilgerreise nach Jerusalem am Schwarzen Brett unserer Dürener Kirche annonciert sah, sprach mich das sofort an, doch wusste ich nicht, wie ich den Wunsch umsetzen sollte. Für meine Mutter war es selbstverständlich, auch hier tätig zu werden. Gern brachte sie das finanzielle »Opfer«, um mir dadurch die Reise zu ermöglichen. Der Franziskaner, der die Reise leitete, sprach mir bereits am Telefon gut zu. Später erfuhr ich, dass seine leibliche Schwester auch aus ihrem Orden ausgetreten war und jetzt mit einer weiteren Ehemaligen zusammenlebte. Gemeinsam führten sie ihr Ordensleben weiter, mit Chorgebet und aktiver Caritas in ihrem Beruf. Sie luden mich ein. Aber wollte ich diese Art von Gemeinschaft leben? Nicht wirklich. Mir war es meine Berufung in meinem Missionsorden wert, nochmals einen Neuanfang zu wagen. Dennoch: In der wunderschön gestalteten Kirche der Heimsuchung Marias in Ain Karem, zirka sieben Kilometer vom Jaffator in der Altstadt Jerusalems entfernt, dort, wo von der Mutter Jesu das Magnificat gesungen wurde, schüttelten mich unterdrückte Tränen, sodass ich mich in eine Ecke zurückzog – und den Ausbruch zuließ. Gerade dieser Lobpreis hatte zu meinem Motto gehört, deshalb hatte ich ja den Namen Maria-Lauda gewählt, um Gott zu loben wie die Mutter Jesu Christi, die dem Wort des Engels als Bote Gottes so vertraut hatte, dass sie ihr ganzes weiteres Leben danach ausrichtete. Und was war mit mir? Ich fühlte mich allein gelassen und wusste im tiefsten Inneren nicht weiter. Also blieb ich dem Versprechen, das ich einmal gegeben hatte, treu. Ich veränderte nichts, weil ich keine wirkliche Alternative in der Zeit meiner Exklaustration gefunden hatte.

Nach Abschluss des Beurlaubungsjahrs folgte ich dem telefonisch mitgeteilten Gebot der Generaloberin, ins Mutterhaus nach Holland zu kommen. Wieder gab es eine Trennung. Jedes Mal ließ ich eine älter werdende Mutter zurück. Sie war tapfer, wie immer. Zeigte sie ihre Gefühle genauso wenig, wie wir es im Kloster gelernt hatten? Oder blieb ihr nichts anderes übrig, weil sie mich ja einmal fortgegeben hatte? Wir beide waren so vom Primat Gottes überzeugt, dass wir glaubten, dass ER das Recht hat, Opfer von uns zu fordern, auch wenn sie im Grunde »ungesund« sind, und zwar für uns beide.

Erst als sie fünf Jahre später – ich war bereits wieder in Afrika, diesmal in Moshi, meinem zweiten Einsatzort nach meiner Exklaustration – anrief und mir sagte, sie sollte operiert werden, war ich bereit gewesen, die Initiative zu ergreifen. Meine einundachtzigjährige Mutter sollte operiert werden, und damit war für mich der Zeitpunkt gekommen, sie an erste Stelle zu setzen. Auch dadurch wurde unbewusst der Entlassungsprozess eingeleitet. Solch eine tiefe Wunde zu heilen bedarf eines langen Prozesses.

Doch nun war meine Auszeit erst einmal vorüber, und die Generaloberin teilte mir, ebenfalls telefonisch, mit, dass ich zunächst durch Fahrdienste eine Versorgungslücke füllen sollte. Zu meinen regulären Autofahrten gehörte die Route nach Mönchengladbach, zum Sitz der Generalprokura und Missionsprokura des Ordens und einer weiteren Niederlassung, ganz in der Nähe, die modern renoviert wurde und in dem auch ein Altenheim untergebracht werden sollte. Damals herrschte ein reger Austausch zwischen diesen Häusern. Und jedes Mal, wenn ich Schwestern zum Ferienheim unseres Ordens nach Heimbach fuhr, mussten wir direkt durch Düren fahren, fast parallel zu der Straße, in der meine Mutter wohnte; oft blieb es bei dem stillen Gruß meines Herzens. Was mir während dieser Prüfungszeit half, war, dass ich gerne am Steuer saß. Ich hatte es in der Hand, es folgte meiner Anweisung, und die Fahrten verschafften mir immer wieder Abstand zu der Künstlichkeit, Sterilität und Enge des Klosteralltags. Auf langen Strecken, etwa zum Flughafen von Amsterdam, wurde ich an die langen abenteuerlichen Straßenpisten in Afrika erinnert. Ob ich sie je wiedersehen würde? Ich hoffte es und ließ mir meine Zuversicht nicht nehmen. Während dieser Zeit im Mutterhaus schrieb ich kleine »Notizen« als »Augenblicke des Glücks« für unsere Missionszeitschrift. Das war meine Art der Integration in diesem neuen »Missionsfeld«:

Der holländische Himmel ist mit Wolken verhangen. Doch bei genauem Hinsehen nehme ich die Schattierungen, von samtenem Grau zu dunklem Blau, wahr. Im Hintergrund immer wieder hellere Zonen; ein bewegtes Wolkenspiel. Die jungen Tannen durchfährt der Morgenwind mit erwartungsvoller Erregung. Das zarte Rosa der blühenden Geranien in den hängenden Töpfen leuchtet auf, als sich die Sonne für Sekunden einen Weg durch die Wolken bahnt. Ihr Licht spiegelt sich in den glasrunden Gartenleuchten wider. Es ist, als wären überall kleine Sonnen aufgebrochen und ihr Glanz senkt sich behutsam in mich hinein.

Wir fahren an alten Fachwerkbauten vorbei, sehen Inschriften aus dem 12. Jahrhundert und erleben, wie sich die Dorfgemeinschaften um eine Kirche aufgebaut haben. Wenn es wahr ist, dass der Mensch in der Kunst sein tiefstes Wesen ausdrückt, dann geht es in der sakralen Kunst zentral um seine Beziehung zu Gott und die seines Gottes zum Menschen. Das wird in den leuchtenden Glasfenstern alter Kathedralen durch Motive aus der Heiligen Schrift leben-

dig zum Ausdruck gebracht. In den Ländern Afrikas, die ich erlebt habe, wird der Schwerpunkt auf die Zusammengehörigkeit der Gemeinschaft von Mensch zu Mensch gelegt, die sich als Ganzes von einer höchsten Autorität geleitet weiß und verbunden fühlt. Ihre Kultstätten wuchsen aus der Natur, so wie der riesige Baobab-Baum auf dem Weg nach Morogoro, in dessen wurzelartigen Ästen der sinkende Sonnenball wie gehalten wirkte und dessen Stamm Wasser gegen die Dürre speicherte. Er schien ein würdiges Lob auf den fürsorglichen Schöpfergott zu singen und drückte symbolhaft durch sein vielfältiges Geäst die Vielfalt der Menschen in der Einheit der Gemeinschaft dar.

So ist jede Zeit geprägt von der ihr eigenen Kultur.

Oder:

Wir fahren auf der Autobahn, und ich achte genauestens auf die Ausschilderung. Große gelbe Tafeln als Wegweiser – und doch ist es nicht leicht, den richtigen Weg zu finden. Hier ein Autobahnkreuz, dort ein Ring, dann wieder Nebenstrecken. Nur wenn mir die Richtung klar ist und ich die nächstgrößere Stadt anpeile, bleibe ich auf der rechten Bahn. So ist es wohl auch im Leben. Die kleinen Orte können locken, aber auch verwirren. Allein das ferne Ziel ist wegweisend.

Unsicher im Vertrauten

Naiso hatte ihre ganz persönliche Art, mit den Eigenheiten des Lebens umzugehen. Das zeigte sich einmal mehr, als uns das Projektauto in den nächsten Tagen nicht mehr zur Verfügung stand. Sie sagte: »Weißt du, Lauda, es ist besser, dass ich nicht bevorzugt werde, wenn es dadurch unseren Patienten besser geht!« Ich traute meinen Ohren nicht, aber sie war bereit zu akzeptieren, dass das Projektauto bewusst an uns vorbeifuhr – es werde für andere Touren eingesetzt, so wurde uns lapidar zu verstehen gegeben – und wir morgens und abends die je fünfundvierzig Minuten zu Fuß durch Staub und Hitze zum Faraja Zentrum laufen mussten. Für mich schien es selbstverständlich, dass wir mit dem Auto mitfuhren, solange Patienten dadurch keine Nachteile hatten. Ich empfand es als demütigend, wenn das leere Faraja-Auto – nur der Fahrer saß hinter dem Steuer – achtlos an uns vorbeifuhr. Aber ich hatte hier nichts mehr zu sagen, und Naiso musste mit diesen Gegebenheiten leben, und sie hatte offenbar ihren Weg gefunden. War es Demut oder war es Weisheit?

Ich entschied mich für Letzteres. Naiso war eine starke Frau, und während eines Gesprächs erklärte sie: »Für mich ist der Glaube wie ein fester Pfad. Er muss den Füßen Halt geben können!« Ihre Maxime hat sich in den langen Jahren, in denen sie das Rafiki-Projekt leitete, bewährt.

An dem Abend unseres ersten Fußmarsches schrieb ich in

mein Tagebuch: »Vieles ist verworren, weil jeder versucht, aus der jeweiligen Situation das Beste für sich zu machen, um genug zum Überleben zu haben. Das ist sicher eine erdrückende Wahrheit! Das Ganze hier ist mit den Wegen oder Straßen zu vergleichen, die ausgewaschen, voller Löcher, wellenartiger Hügel und Niederungen sind. Die Autos müssen sich vorsichtig herantasten und sich den Ausbuchtungen anpassen, wenn sie nicht in den Schlaglöchern hängen bleiben wollen oder unten so anstoßen, dass sie ›verletzt‹ werden und schließlich fahrunfähig sind.« War das Philosophie auf afrikanische Art?

Die nächste Etappe unserer Reise war die lange Fahrt von Morogoro nach Moshi. Erst ging es wieder zurück in Richtung Dar es Salaam, dann aber, in Chalinze, bogen wir nördlich ab nach Same und Usangi. Wir nahmen die einstigen Highways, hoch gebaut und frisch asphaltiert, mit ausgezeichnetem Weitblick auf den herannahenden Verkehr, aber sehr schmal, einspurig und deshalb bei unzähligen riskanten Überholmanövern lebensgefährlich. Heute tragen diese Highways dazu bei, HIV weiterzuverbreiten, denn ein Truckdriver ist tage-, wenn nicht gar wochenlang von seiner Familie getrennt und sucht unterwegs häufig die eine oder andere Prostituierte auf. Hier kann die Ansteckung nur mit Kondomen unterbunden werden, und dies wird auch stark propagiert.

Früher hatte ich selbst am Steuer gesessen, wenn wir diese gut 400 Kilometer lange Strecke von Turiani aus fuhren. Alois, mein treuer Fahrer, und ich hatten uns regelmäßig abgelöst. Aber bei dem Fahrer von Dr. Nkya, dessen Name schwer auszusprechen war, wagte ich erst gar nicht zu fragen. Es war eine vollkommen andere Atmosphäre. Wir waren ja schon froh, Auto und Fahrer nach der vorherigen Weigerung überhaupt zur Verfügung gestellt zu bekommen. Doch wir mussten auch dafür bezahlen, nicht nur das Benzin, sondern auch für jeden einzelnen Kilometer, den wir fuhren. Zudem, so war es verabredet, sollten wir auf der Rückfahrt die schmackhaften Bananenstauden und anderes Gemüse vom Kilimandscharo für Dr. Nkya mitbringen.

Während der Fahrtwind uns Kühlung schenkte, ließ ich die unzähligen Bilder der so bekannten Landschaft an meinen Augen vorbeiziehen. Hin und wieder winkten uns lachende Kinder von ihrem Dorf aus zu. Jeden Gruß war ich bemüht zu erwidern.

Verschwitzt und todmüde von all den Eindrücken und Erinnerungen trafen Naiso und ich am späten Nachmittag unversehrt in Moshi ein. Ich war wieder hier, in der Stadt, in der ich die letzten vier Jahre meines Afrika-Einsatzes gelebt hatte, die Hauptstadt der Verwaltungsregion Kilimandscharo. Rund 130 000 Einwohner, die zum größten Teil vom Volk der Chagga sind, lebten hier. Ja, ich war wieder am Fuße des Kilimandscharo, von diesem Ort aus hatte mein Exodus begonnen. Es war wunderbar, nochmals einige Tage hier verbringen zu können – auch um das Vergangene zu verarbeiten.

Als Erstes suchten wir ein Quartier und fragten im Uhuru Hostel nach. Zwei Einzelzimmer waren noch frei, und Naiso bekam als Einheimische den günstigeren Tarif. Gott sei Dank wieder eine Sorge weniger. Der Herbergsbetrieb war einmal von Deutschen geleitet worden, nun befand er sich in der Hand von Engländern und strahlte eine herzliche Atmosphäre aus. Früher hatte ich in diesem Hostel selbst Gäste untergebracht oder an Tagungen teilgenommen. Ein Wohlgefühl breitete sich in mir aus, als ich mein Zimmer betrat. Nur eines fehlte noch: Der Abendhimmel gab den Blick auf meinen geliebten Kilimandscharo, den »Berg Gottes«, noch nicht frei.

Naiso traf ich im Speisesaal wieder, und wir erholten uns bei einem nahrhaften Essen – wieder gab es Hühnchen, aber in einer anderen Variante – von den Strapazen der Reise. Dazu belebte uns heißer süßer Tee, der durch Zugabe von Kardamom eine ganz eigene Note bekam. Sehr schmackhaft. Plötzlich, während des Essens, blieb mein Blick auf dem Rücken eines Mannes haften. Er beugte sich gerade über die Schüssel mit Wasser zum obligatorischen Säubern der Hände. Wie gebannt fixierte ich ihn, und als er sich langsam aufrichtete, kam es wie von selbst über meine Lippen: »Mr. Urasa!« Ja, er war es wirklich, mein früherer, von mir sehr verehrter Kreisarzt, der als hervorragender, in London ausgebildeter Chirurg im Staatsdienst von Tansania blieb und zu dessen Tätigkeitsfeld das Buschkrankenhaus in Turiani gehörte.

Er erkannte mich sofort und fragte: »Schwester Lauda, was tun Sie hier?«

Ja, was tat ich hier? Da war sie wieder, diese Frage, die mich Tag für Tag beschäftigte.

»Ich besuche meine alte Heimat«, antwortete ich. In meiner Überraschung hatte ich nach allgemeinen Worten gesucht, denn ich wusste, dass ich mit Informationen vorsichtig sein musste. Die Diözese in Moshi betrachtete mich weiterhin argwöhnisch, nicht anders Naiso, und deshalb war es besser, so wenig wie möglich zu sagen, schon gar nicht, etwas von sich preiszugeben.

»Das glaube ich Ihnen nicht, Schwester Lauda. Ich kann mir nicht vorstellen, dass Sie dem schönen Tansania nur einen Besuch abstatten.«

»Doch«, behauptete ich nachdrücklich, aber schmunzelnd. Wir kannten uns zu gut. »Natürlich will ich auch sehen, was aus dem damaligen Aids-Projekt geworden ist, aber nur interessehalber.«

Was Mr. Urasa in der Herberge tat, danach fragte ich ihn nicht. Wir freuten uns beide über das Wiedersehen nach mindestens fünfzehn Jahren. Aber – er war nicht nur sehr gealtert, sondern auch schwer an Krebs erkrankt, wie er mir nun mitteilte. Es war nicht zu übersehen. Sein ehemals sehniger Körper war jetzt abgemagert, und die Haut hatte einen ungesunden gräulichen Ton. Wahrscheinlich ließ er sich hier im benachbarten KCMC, dem Kilimanjaro Christian Medical Centre, mit seinen zahlreichen auch ausländischen Experten ambulant behandeln.

Nachdem wir gegenseitig noch gute Wünsche ausgetauscht hatten, ging ich zurück an unseren Tisch.

»Du hast ihm viel zu verdanken«, sagte Naiso leise.

Ich nickte. »Ja, sehr viel. Durch seine professionelle Begutachtung erhielt ich die Anerkennung als Leiterin des Turiani-Krankenhauses, auch als kein Arzt anwesend war. Er hat immer an mich und an Turiani geglaubt. Das konnte ich ihm gegenüber auch zum Ausdruck bringen.«

Ich war zurück an den grünen Hängen des Kilimandscharo, und als würde es diese Herzensgegend hervorbringen, gab es während der nächsten Woche noch weitere denkwürdige Erlebnisse. Tags darauf konnten Naiso und ich in den Konvent der Assumption-Schwestern umziehen; er lag mitten in der Stadt, ganz in der Nähe einer Moschee mit Muezzin, einer lauten Autoreparaturwerkstatt und eines kleinen, von Indern betriebenen Supermarkts. So seltsam es auch klingen mag: Wie war ich froh, wieder in einem Kloster zu sein und am selben Tisch mit den Schwestern an den Mahlzeiten teilnehmen zu dürfen. Die Oberin kannte mich gut und wusste noch um die finanzielle Hilfe, die ihr damals durch meine Unterstützung für eine ihrer Schulen zugesichert worden war. Doch wahrscheinlich hätte man mich hier auch ganz einfach um Naisos willen aufgenommen, denn sie unterrichtete die Novizinnen in Französisch, da das Mutterhaus dieser Schwesterngemeinschaft in Paris ist.

Bei den Ordensfrauen der aus Frankreich kommenden Kongregation fühlte ich mich auf eine doppelte Art angenommen, weil ich zunächst ungefragt da sein durfte. Schon allein das tat gut. Dann kannten sie mich nicht wirklich, so wie meine Mitschwestern es immer zu tun glaubten. Sie ließen mir Zeit, mich einzugewöhnen. Früher war ich das eine oder andere Mal im Besuchszimmer dieses Konvents gewesen, aber nie im privaten Bereich. Jetzt rief das mir zugewiesene Zimmer die einstige eigene Klosterzelle in Erinnerung. Sie war mir, wenn ich abends allein in ihr war, ein schützender Raum gewesen. Aber gleichzeitig warf das Dasein an diesem Ort auch die Frage nach meiner Berufung zum geistlichen Leben wieder stärker auf. Das machte mich wehmütig, denn ich war immer mit meinem ganzen Sein »Jüngerin Christi« oder Ordensfrau gewesen. Durch die offizielle Auflösung der Gelübde im Oktober 1995 war mir das genommen worden, verfügt durch die Ermächtigung des Vatikans. Jetzt, zum ersten Mal zurück in Tansania, musste ich alles auf dem Hintergrund dieser Erfahrung anschauen. Einen eigenen Antrieb zu haben, in Eigenverantwortung, das war etwas ganz Neues für mich.

Was aber noch wichtiger war: Mich im Dialog mit meinen afrikanischen Gastgeberinnen auseinanderzusetzen. Denn auch sie fragten sich, wie ein Mensch, den sie als Nonne schätzen gelernt hatten, jetzt ohne das »äußere Zeichen« des Schleiers und ohne einem Orden anzugehören weiterexistierte. Sie alle lebten ihre Berufung gemäß ihrer Ordensregel, und sie taten das bewusst. Da ihre Oberin Psychologie studiert hatte, betrachtete sie das heikle Thema gründlicher. Sie erinnerte ihre Mitschwestern an die Unterweisung eines Jesuiten, eines Inders, der ihnen ihre mangelhafte Entwicklung vor Augen geführt hatte. Allein das Leben nach den Regeln des Ordens sei eingeübt und gefördert worden. Alle anderen Facetten des Daseins – etwa die spirituelle oder die menschliche Entwicklung – seien sträflich vernachlässigt worden. Am fatalsten äußere sich das in der individuellen Entwicklung, besonders wenn nicht für berufliche Perspektiven und theologische Ausbildung gesorgt wurde. Mir selbst hatte dieser indische Jesuit einmal gesagt, dass er es bedaure, dass die Orden »ein Haus zu bauen« versuchten, indem sie ein kostspieliges Dach auf die äußere Fassade setzten, aber das grundlegende Fundament, die persönliche Entwicklung ihrer Mitglieder, sträflich vernachlässigten.

Mir half dieser Vergleich sehr. Für mich nahm ich in Anspruch, mich jetzt selbst um »mein Haus« zu kümmern. Damit war meine innere Einstellung der grundlegende Wert meines Lebens geworden; er war mir geblieben, ja er vertiefte sich, denn jetzt kam aus dieser Quelle mein ganzer Halt.

Im Konvent der Assumption-Schwestern war es selbstverständlich, dass wir – ob mit oder ohne Schleier – in der Kapelle nebeneinander knieten. Hier ging man anders mit mir um, mit solch einem Ereignis, das ich verursacht hatte. Die Schwestern akzeptierten mich, wie ich war. Sie waren in manchem einfacher, aber auch lockerer. Nicht so aufs Äußere bedacht wie bei uns preußisch gedrillten Missionarinnen. Als ich später Mrs. Urasa in ihrem Büro in Moshi traf, umarmte sie mich liebevoll und sagte lachend: »Ach, Schwester Lauda, was hilft der äußere Schleier, wenn die innere Gesinnung allzu menschlich und oberflächlich ist? Mein Neffe war Ordensmann und trat aus. Wie er sich jetzt für Minderbemittelte einsetzt, ist vorbildlich. Auch Sie werden das nicht ablegen können, was Sie einmal gelebt haben!« Diese

Worte waren wie Balsam für meine Seele, denn noch ließ ich mich sehr von dem beeinflussen, was andere über mich dachten.

Zusammen mit Ida Naiso gründete Basilisa Urasa 1999 in Moshi den Verein NAFGEM. NAFGEM ist die Abkürzung für »Network Against Female Genital Mutilation«, ein Netzwerk, das gegen den grausamen Brauch der Genitalverstümmelung arbeitet. Gesetzlich war die Beschneidung von Frauen zwar bereits verboten, aber das änderte wenig an der Praxis. Genauso wie bei der HIV- und Aids-Aufklärung ist der Schutz der Mädchen ein mühsamer Prozess, der an der Wurzel des Übels ansetzen muss. Es ging um die Würde und Rechte der Frau. Naiso wollte mir das Dilemma mit der Tradition ausführlich erklären. »Hast du nicht schon ältere Personen gesehen, denen vorne zwei Zähne fehlen?« Ich nickte bestätigend, denn ich hatte angenommen, dies sei ein Stammeszeichen. Dies teilte ich auch Naiso mit.

»Nein«, erklärte sie. »Hierbei geht es um eine hygienische Maßnahme. Beim Wundstarrkrampf oder Tetanus war es überlebenswichtig, in den Mund einen Strohhalm einführen zu können, als es noch keine Infusionen gab. Deshalb zog man Frauen und Männern vorbeugend die Zähne.« Ich nickte. Als noch junge Missionsschwester im Buschkrankenhaus in Turiani hatte ich einige Male mit dieser Krankheit gerungen – und den Kampf verloren; die Patienten starben. Ich wusste, wovon sie sprach; es war grauenhaft, da machtlos zuzuschauen. »Es hat lange gedauert«, fuhr Naiso fort, »bis man verstand, dass es nicht mehr nötig war, den Frauen die Vorderzähne zu entfernen, dass man sich gegen diese schreckliche Krankheit impfen lassen kann.«

»Aber was willst du mir damit sagen, Naiso?«

»Menschen neigen nicht unbedingt dazu, Veränderungen sofort zu akzeptieren oder gar willkommen zu heißen.«

68

»Und du meinst, dass die Genitalverstümmelung von Mädchen und Frauen zu jenen Traditionen gehört, die Menschen nur aus Gewohnheit fortführen? Ehrlich gesagt, Naiso, ich glaube das nicht. Das hat auch mit der traditionellen Macht der Männer, insbesondere der Dorfältesten zu tun. Meiner Meinung nach wissen sie ganz genau, wie grausam das ist, was sie da ungerührt weiter proklamieren. Wenn sie das fordern, heißt das nur, dass sie die weibliche Sexualität ausmerzen wollen. Es ist ein Mittel, Mädchen zu traumatisieren.«

»Keine Frage, so ist es, da würde ich dir auch nicht widersprechen wollen. Aber in den Stämmen wurde es den Frauen nie als qualvolles Ritual oder gar menschenwidriges Verhalten verkauft, sondern es ging in erster Linie um Hygiene, um absolute Reinheit. Welches junge Mädchen wollte nicht rein sein? Dabei kann nach einer Beschneidung jeder Gang zur Toilette mit Schmerzen verbunden sein. Und was das für die körperliche Liebe bedeutet – na ja, das kannst du wohl kaum nachvollziehen.«

»Oh doch«, versuchte ich sofort zu berichtigen. »Ich habe eine Patientin entbunden, bei der dieses Ritual vorgenommen worden war. Ihre Vagina war mehr oder weniger verschlossen. Wir mussten sie regelrecht aufschneiden, damit das Kind aus dem Geburtskanal schlüpfen konnte. Ohne diese Maßnahme wäre die Scheide vollkommen aufgerissen worden.« Ich musste erst Luft holen, bevor ich fortfahren konnte: »Glaub mir, Naiso, ich sehe dieses entsetzliche Bild auch heute noch vor meinem inneren Auge!«

Naiso seufzte und blickte sorgenvoll zu einem Punkt in der Ferne.

»Hast du das selbst erlebt?«, fragte ich vorsichtig.

»Nein, ich habe es verstanden, dagegen anzukämpfen. Aber meine Mutter hat mehrere Versuche zugelassen, bei denen mich meine Onkel dazu zwingen wollten, dieses Ritual an mir durchführen zu lassen, selbst als ich schon die Universität in Dar besuchte. Du siehst, es ist nicht leicht, mit Traditionen zu brechen. Aber dadurch, dass ich bei meiner älteren Schwester erlebt hatte, dass sie daran beinahe verblutet wäre, weil man unsachgemäß bei ihr vorging, konnte mich nichts von meiner Weigerung abbringen.«

Das Gehörte ließ mich erschauern, dennoch interessierte mich ein weiterer Aspekt. »Du setzt dich dafür ein, dass die weibliche Genitalverstümmelung verboten wird« – in den meisten afrikanischen Ländern, die noch Frauenbeschneidungen durchführten, wurde diese Tradition erst im Jahr darauf, 1998, als gesetzeswidrig anerkannt –, »aber gibt es da auch einen Zusammenhang mit HIV-Infektionen?« Naiso war ja durch ihren an dem Virus erkrankten Neffen zu ihrem Aids-Engagement gekommen, aber gab es vielleicht noch einen anderen Grund?

»Viele der beschnittenen Mädchen«, erklärte meine Freundin, »sind insgesamt anfällig für Krankheiten ihrer Geschlechtsorgane. Durch die Wunden können auch die Viren die Schleimhäute schneller durchdringen. Oder, was noch schlimmer ist, manchmal werden unsaubere, blutige Instrumente gebraucht, die das HI-Virus direkt übertragen!« Sie war gut informiert.

Viele Jahre später, 2011, erinnerte sich Naiso an unser Gespräch über Beschneidung während meines ersten Afrika-Besuchs nach dem Austritt und erzählte mir eine aktuelle Geschichte, die die Macht der Tradition einmal mehr illustrierte. Die Menschen hatten stets an Wunderheilungen und an die Kraft der Medizinmänner geglaubt, und als Naiso 2011 mit mir telefonierte, sagte sie: »Bei Aids gibt es jetzt auch ein Beispiel, das demonstriert, wie schwierig es ist, alte Gebräuche zu verändern. Hier, im Norden

Tansanias – du kennst die Hauptstrecke von Arusha aus –, im Dorf Samunge, agiert Babu Mwasapile, ein ehemaliger lutherischer Pfarrer, der weit über siebzig ist. Er bietet eine Tasse Tee aus der Wurzel des Mugariba-Busches als Heiltrunk an – er nennt ihn Kikombe (Kisuaheli für: »Tasse«) – und weckt dadurch Hoffnungen, Aids heilen zu können. Die Warteschlange aus Bussen, Lkws und Pkws erstreckt sich teilweise zu einer Länge von zwanzig, dreißig Kilometern, und das auf nicht asphaltierten Straßen. 6000 Menschen sollen da schon zusammengekommen sein. Der Andrang ist so riesig, dass er über Zeitungen verlauten lässt, wann sich wieder HIV-Infizierte zu ihm aufmachen können. Es ist nämlich bekannt geworden, dass viele Aids-Kranke während des Wartens starben. Auf der sandigen Straßenpiste, die zu dem Dorf Samunge führen, gibt es noch nicht einmal sanitäre Anlagen, auch kein Trinkwasser. Nicht einmal eine Art Kiosk, wo man sich so etwas kaufen könnte. Polizisten werden sogar schon eingesetzt, um die Menschenmassen in diesem Areal unter Kontrolle zu halten.« Naiso war während ihrer langen Ausführung richtig wütend geworden, eine solche Empörung kannte ich sonst nicht bei ihr. Aber sie war zu Recht zornig, denn Wunderheilungen standen quer zu den Bemühungen, Aids-Aufklärung in den Dörfern zu betreiben. Wenn eine Tasse Tee gegen Aids half, dann brauchte man auch keine Präventionsmaßnahmen.

»Bist du noch am Telefon?«, fragte Naiso.

»Ja, ja«, erwiderte ich, »ich hatte nur gerade darüber nachgedacht, was du mir berichtet hast.«

»Okay«, fuhr Naiso fort. »Aber im Grunde erstaunt es mich nicht, dass da so einer auftaucht. Schon seit einigen Jahren treibt der Mann sein Unwesen. Und je gefährdeter unser Körper durch Krankheit ist, umso intensiver suchen wir nach Mitteln, die Heilung herbeizuführen. Wunderheiler wie Mr. Mwasapile passen in die Tradition der alten Medizinmänner, der *witchdoctors*, auch wenn diese vielfach ein wirkliches Heilwissen hatten; du hast sie ja in Turiani kennengelernt. Wahrscheinlich hat dieser Babu auch deshalb so viel Zulauf, weil er nicht nur eine einfache Lösung anbietet, sondern auch noch ein Geistlicher ist.«

»Das könnte gut stimmen«, pflichtete ich ihr bei. »Aber verhindert niemand dieses Vorgehen?«

»Nein, auf jeden Fall nicht die Regierung. Unser Premierminister Mizengo Pinda verkündete, dass er keinen Grund sehe, die Tätigkeiten von Mr. Mwasapile zu stoppen. Dabei nimmt er für eine Tasse Tee 500 Tansanische Schillinge.« 500 Tansanische Schillinge, so überlegte ich, das waren ungefähr 30 Cent, erst einmal nicht viel, aber für afrikanische Verhältnisse auch nicht wenig. Viele Afrikaner verdienten nicht einmal einen Euro am Tag.

»Und auch nicht der Gesundheitsminister? Tansania war doch immer stolz darauf, ein vorbildliches und modernes Gesundheitssystem zu haben, das weiß ich doch noch aus meinen Missionszeiten in Turiani und Moshi.«

»Ja, zu deiner Zeit; das war einmal«, sagte Naiso. »Gesundheitsminister Haji Hussein Mponda vertritt den Kurs des Premierministers. In einem Fernsehinterview sagte er sogar, dieses Angebot würde für die ganze Gesellschaft etwas Heilsames haben. Es ist nicht zu fassen. Selbst Regierungsmitglieder ließen sich behandeln. Das erklärt vieles.« Am anderen Ende der Leitung hörte ich ihr empörtes Aufbegehren.

»Naiso, das tut mir leid, denn das behindert deine Arbeit ja ganz massiv. Hat dieser einstige Pfarrer und angebliche ›Wunderheiler‹ auch noch eine Geschichte parat, mit der er die Leute einfängt?«

»Selbstverständlich. Gott ist diesem Heiler nachts im Traum erschienen und gab ihm die Weisung, den hilfesuchenden Menschen diese Tasse Tee persönlich zu reichen. Nun sind im ersten Halbjahr 2011 vier Millionen Hilfesuchende zu ihm gekommen, das konnte er natürlich nicht mehr allein bewerkstelligen. Er legte sich ein Dutzend Helfer zu, um die Kikombe schneller austeilen zu können.«

»Verursacht der Trunk denn Schaden?«, fragte ich.

»Das wohl nicht«, erklärte Naiso. »Aber Schwerkranke bleiben in der Warteschleife unversorgt oder kommen genauso geschwächt wieder in ihre Dörfer zurück. Viel furchtbarer aber ist: HIV-Positive, die bereits in medizinischer Behandlung waren, brechen diese abrupt ab, nachdem sie in Sumanga den Trank zu sich genommen haben. Ich brauche dir nicht zu sagen, wie schädlich das für das Immunsystem ist.«

»Dazu fallen mir nur die Worte Jesu aus der Bibel ein: ›Mich erbarmt des Volkes!‹«

»Ja, es ist wirklich gruselig, was die Leute da für Strapazen auf sich nehmen. Ihr Aberglaube ist so mächtig, dass die Vernunft nicht mehr dagegen ankommt.«

»Ich glaube eher, dass die Hoffnung so stark ist, dass sie keine Gegenargumente zulässt. Denn wenn selbst die Regierung es nicht wagt, dieses Pflänzchen Hoffnung niederzumachen, muss sie sehr hilflos sein.«

»Mich erschüttert es immer wieder zu erleben, wie Einzelne die Notlage anderer missbrauchen können.« Damit legte Naiso auf. Im Tansania-Informationsdienst vom Februar 2012 konnte ich die Einzelheiten nochmals nachlesen.

Wiederbegegnung
mit dem Regenbogen-Zentrum

Das normalerweise kühlere, weil höher gelegene Moshi erlebte ich noch schwüler als Morogoro, auch die Moskitos waren eindeutig aggressiver. Naiso erschlug eine auf meinem Arm; es gab einen roten Flecken, denn die Stechmücke hatte sich bereits vollgesaugt. Na ja, das Medikament Lariam als Malaria-Prophylaxe hatte ich bereits geschluckt; hoffentlich genügte es.

Eines Vormittags, wir hatten gerade dem KCMC einen Besuch abgestattet und der deutsche Facharzt hatte uns erklärt, dass die Hälfte aller Patienten in der Abteilung für Hauterkrankungen HIV-positiv sein würden, entdeckten Naiso und ich beim Hinausgehen meine frühere Oberin. Sie saß im Auto des uns bekannten Waisenhauses Upendo, und ich näherte mich ihr mit langsamen Schritten, um sie zu begrüßen. Auch sie erkannte mich sofort, als sie sich meiner Gegenwart bewusst wurde. Stürmisch sagte sie »Hallo«, dabei zerrte sie meinen Kopf durch das geöffnete Fenster und wollte wissen: »Wie nennt man dich denn jetzt?« Hätte ich einen Schleier auf dem Kopf gehabt, er wäre bei dieser Aktion heruntergefallen.

»*Upendavyo* – wie es dir beliebt«, war meine Antwort. Lauda war der einzige Name, unter dem sie mich kannte und mit dem auch ich meine Ordenszeit verband.

»*Karibu* – komm doch vorbei.« Es klang etwas salopp, als sie die Einladung vorbrachte. »Aber nicht gleich. Erst muss ich den Kinderarzt ins Waisenhaus bringen. Vielleicht am Nachmittag? Du weißt ja, um 16 Uhr ist bei uns Kaffeezeit und danach Chorgebet, also vorher.« Vorsichtiger fügte sie hinzu: »Aber – ich bin nicht mehr die Oberin.«

Damit bezeugte sie, dass sie im Orden »nichts mehr zu sagen« hatte, ihre Einladung auch deshalb nicht viel bedeutete. Ich hatte ihre Unsicherheit gespürt, deshalb auch die heftige Begrüßung, eine Flucht nach vorn. Aber unabhängig von all diesen emotionalen Verwirrungen auf beiden Seiten war tief in mir eine Sehnsucht nach Versöhnung. Sie war so groß, dass ich es unbedingt versuchen wollte. Ich wollte spüren, wie es war, wieder im Kreis meiner früheren Mitschwestern zu sein. Also beschloss ich, die Einladung anzunehmen.

Vor der Gebetszeit fuhr ich mit Naiso vor den Haupteingang des Schwesternhauses. Ich sah noch, wie das frühere Hausmädchen, das quasi Wache gestanden hatte, davonrannte. Dann war Stille. Jeder musste die Anfahrt des Wagens auf den knirschenden kleinen Steinen gehört haben, das war schon immer so gewesen. Ich schaute auf und betrachtete das Schulgebäude und den Kindergarten, ließ meinen Blick über die farbenfrohen Bougainvillea streifen und weiter in die Ferne, dorthin, wo das glänzende Weiß des Kilimandscharo hervorleuchtete. Endlich war sie zu sehen, die Schnee- und Eiskappe, der uralte Gletscher. »Keine Angst, Lauda«, beschwichtigte ich mich selbst. »Ich kann und darf das hier tun. Ja, ich bin sogar eingeladen worden!«

Beherzt drückte ich auf die Klingel, der schrille Ruf ließ mich zusammenzucken. Erneute Stille. Als endlich geöffnet wurde, stand Schwester Fabiana, eine Westfalin, in der Tür und schaute mich prüfend an. Sie war jetzt über achtzig Jahre alt. Wir hatten uns während meiner Schwesternzeit gemocht, weil ich ihre Erfahrung und Hingabe geschätzt hatte. Jetzt umarmte sie mich zwar, blockierte aber gleichzeitig den Eingang. Es war ein kurzer schmaler Gang, an dem rechts das Besuchszimmer und geradeaus der Speisesaal der Schwestern lag. Offensichtlich wollte sie mir mit dieser Geste zu verstehen geben, dass ich diesen Ort nicht mehr betreten durfte. So versuchte ich es mit einem Trick und fragte nach der Toilette. Da ich wusste, dass es eine Besuchertoilette gab, konnte sie mir diesen Wunsch nicht verwehren. Und tatsächlich – sie machte mir den Weg frei.

Tief holte ich Luft, dann trat ich ins Innere des Schwesternhauses und ging erst einmal zur Toilette. Doch als ich aus ihr heraustrat, wurde der Weg abermals versperrt. Wie aus dem Nichts wurde ich mit der neuen Oberin konfrontiert, die mich angespannt betrachtete. Oder kam mir das nur so vor?

»Ich bin nur gekommen, um Hallo zu sagen.« Mit diesen Worten wollte ich die Spannung, die so offensichtlich war, abmildern. Sie war sogar so unerträglich, dass ich für Sekunden erwog, mich umzudrehen und diesen Ort zu verlassen.

In diesem Moment sagte die neue Oberin: »Folgen Sie mir ins Besucherzimmer.« Als sie die Tür zu dem Raum öffnete, fragte sie: »Wen kennen Sie noch hier?« Ich schaute Schwester Fabiana an, die uns begleitet hatte, sie musste die Antwort wissen. Ob mich nur die sehen durften, die mich kannten, war mir egal. Um sie ging es mir ja auch.

Die Atmosphäre war weiterhin unerträglich angespannt. Naiso war draußen geblieben, sie hatte sich von vornherein geweigert, mich bei diesem außergewöhnlichen Auftritt zu begleiten. Vielleicht hatte sie einen Abstecher ins Waisenhaus gemacht? Wie gern wäre ich jetzt bei ihr und den Kleinen, die jedes Gesicht über sich anstrahlten, dachte ich. Sie waren noch unbedarft. Aber was war aus uns Erwachsenen geworden?

Endlich traten die ersten mir bekannten Schwestern in das kleine, mir früher einmal vertraute Besuchszimmer ein. Mit ernsten, fragenden, auch vorwurfsvollen Gesichtern blickten sie mich an; es schien, als musterten wir uns gegenseitig.

In der Zwischenzeit hatte man mir einen Sessel zugewiesen, es war, als würde ich darin festkleben. Die Oberin war verhältnismäßig jung, um die fünfzig. Ich hatte sie schon während meiner kurzen Zeit als Fahrerin im Mutterhaus gesehen, und diese Begegnung sprach sie auch an, als sie erzählte, sie sei im ambulanten Pflegedienst in Holland tätig gewesen. Aber wir hatten nie miteinander gearbeitet. Bestimmt war das hier ihr erster Einsatz in Afrika. Jetzt setzte sie sich seitlich auf die Lehne eines zweiten Sessels, der mir gegenüberstand, ein Bein leicht angehoben, mit dem anderen auf dem Boden, fast sprungbereit und mich dauernd beobachtend.

»Und was haben Sie hier zu tun?«, fragte sie mit der Stimme einer Oberin.

Meine eigentlichen Beweggründe wollte ich nicht offenbaren, es hätte keinen Sinn gemacht, also sagte ich, kurz angebunden: »Ich bin auf der Durchfahrt.« Die Gesichtszüge der Oberin entspannten sich, es war ihr anzumerken, dass sie über meine Erwiderung erleichtert war.

Die jüngeren afrikanischen Schwestern waren vorbildlich in weißer Uniform im Besuchszimmer erschienen. So wie es sich gehörte, alle gleich, so wie ich es gewöhnt war. Sie wirkten adrett, aber befangen. Bis auf die jüngste, Schwester Franziska. Sie freute sich, mich zu sehen, und machte kein Hehl daraus. Ihre Umarmung war herzlich, kein bloßes Ritual. »Schwester Lauda, wie schön, dass du da bist!« Das tat gut und kam so unerwartet, dass ich beinahe vor schmerzhafter Freude aufgeschrien hätte, aber eben nur beinahe, denn Gefühle zu unterdrücken war eine meiner leichteren Übungen gewesen. Als danach die älteste Schwester, die an Malaria erkrankte Schwester Angelita mit ihren sechsundachtzig Jahren, am Arm der früheren Oberin hereinkam, durchzuckte es mich erneut. Ich hatte gebeten, sie in ihrem Zimmer aufsuchen zu dürfen, aber das war nicht erlaubt worden. Ich spürte deutlich: Für meine ehemaligen Mitschwestern war ich zu einer Fremden geworden, die kein Recht mehr auf freien Zutritt in das Schwesternhaus hatte. Hier herrschte dieses Recht, weil man sich im rechten Glauben wusste. Auch ich hatte mich lange Zeit hinter diesem Recht und den damit verbundenen Regeln versteckt, bis ich begriff, dass man nicht Christin und schon gar nicht Ordensfrau sein musste, um ein guter Mensch zu sein.

»Jeden Tag bete ich für Sie«, sagte Schwester Angelita bei unserer Begrüßung.

Ihr glaubte ich das. »Danke«, sagte ich. Ich war berührt, aber nur für einen kurzen Augenblick. Schwester Angelitas Worte und die liebevolle Umarmung der jüngsten Schwester konnten das beklemmende Gefühl der Schwere, die uns umgab, nicht verscheuchen.

Schließlich traten zwei mir unbekannte junge Schwestern in das Zimmer, die noch in der Probezeit waren. Auch sie schienen neugierig. Das entlockte mir ein Lächeln. Ich wollte nicht gegen das Ordensleben wirken. Ich träumte jedoch von einem »Menschen im Ordenskleid« und nicht von einem »Funktionär«, dem die Regel- oder Gesetzestreue vielleicht wichtiger war als die Annahme der eigenen Wesensart. Doch bei genauem Hinsehen verschlug es mir den Atem. Eine dieser jungen Frauen litt an einer Art Depigmentation der Haut, die im Gesicht so ausgeprägt war, dass es mich an eine Maske erinnerte. Ich fühlte eine starke Empathie für die gezeichnete Schwester. Zugleich aber erschien mir das maskenhafte Gesicht dieser jungen Frau wie ein Sinnbild für die Nonne an sich, die ihre Individualität verstecken muss. Oder war sie, als Gezeichnete, die Einzige, die ihr wahres Gesicht offen zur Schau trug? Ich grübelte darüber nach. Hatten diese sogenannten Jungprofessen die Gelübde abgelegt, gehörten sie nicht mehr sich selbst, sondern Gott, den die Mutter Oberin vertrat. Nicht sie durften entscheiden, welche Berufe sie erlernten, welche Tätigkeiten sie ausübten, welche Kleider sie trugen oder was es zu essen gab. Nie würden sie einen Menschen wirklich lieben dürfen, nur platonisch, das war weniger gefährlich. Eigentlich nicht einmal platonisch, denn selbst eine Freundschaft durften sie nicht pflegen – denn das konnte das Gemeinschaftsgefühl untergraben. Die Kirche hat ein feines Gespür dafür, was unser Ich-Gefühl stärkt.

Eine Maske kann helfen, das wahre Innere, auch die Trauer und Sehnsucht zu verbergen. Denn dem vorgegebenen Ideal des Ordenslebens kann die Einzelne nie ganz Genüge leisten. Das hatten andere vor uns versucht und versagt. Dennoch: Vielen, die im so gelebten Ordensleben ihre Berufung und Erfüllung finden, haben ein Recht auf ihre Lebensweise und verdienen dafür Anerkennung.

Schließlich verabschiedete ich mich von allen. Naiso, die mich schon erwartete, als ich das Schwesternhaus verließ, sprach klar aus, was sie dachte: »Hier ist Judas, und der hat ein Problem!« Als ich ins Auto stieg, wiederholte sie laut und deutlich die gleichen Worte. »Hier ist Judas, und der hat ein Problem!«

»Was willst du damit sagen?«, fragte ich nach. Deutete sie dieses problematische Treffen als Verrat der Schwestern an mir? Oder war es im umgekehrten Sinne nicht auch ein Zeichen, dass die Mitschwestern sich von mir verraten fühlten, denn ich hatte mich außerhalb des Weges gestellt, der uns im Ordensleben als der allein seligmachende vorgestellt wird?

Sie zuckte die Achseln und meinte: »Ich denke, du wirst wissen, was ich damit zum Ausdruck bringen wollte.«

Mir saß der Schock dieser Stunde im Upendo Home Convent so heftig in den Knochen, dass ich noch in der Nacht einen Malariaanfall mit Durchfall hatte. Derart heftig, dass ich es nicht mehr zur Toilette schaffte, das war neu für mich – und machte mich betreten.

Ein weiteres Treffen mit den Schwestern meines Ordens, bei meinem nächsten Afrika-Besuch einige Jahre später, verlief vollkommen anders, sogar herzlich. Denn die Einladung kam von einer afrikanischen Oberin, die mich noch persönlich kannte und frei genug war, sich für mich zu entscheiden. Sie zeigte keine Befangenheit oder Ablehnung, im Gegenteil, sie wusste es zu schätzen, dass wir uns trafen. Sie zögerte nicht, mich überall herumzuführen. Sie zeigte mir auch die Neuerungen im Waisenhaus, die sie bereits vorgenommen hatte oder die noch in Planung waren. Wir sprachen darüber, als sei ich soeben aus Turiani angereist und könnte sie als ältere Mitschwester beraten und gleichzeitig bestätigen, denn genau das tat ich auch in diesem Moment. Zu meinem Erstaunen grüßten auch die anderen, wenn wir uns gerade begegneten. Es gab nichts Künstliches oder Erzwungenes. Wir nahmen uns in dieser momentanen Situation gegenseitig an. Das war gut und half, die früheren Wunden zu heilen. Gleichzeitig wurde mir bewusst, dass ich die Hoffnung auf Verständigung nie aufgeben durfte und meine Angst vor solchen Treffen ablegen musste. Naiso hatte recht gehabt: Ich hatte mich bei der ersten Begegnung schuldbewusst wie ein Judas verhalten.

Während die Malaria in mir tobte, las ich in meinem Tagebuch, das ich bei meinem letzten Einsatz in Moshi geschrieben hatte. Ich hatte es in den Koffer gepackt, weil es mir half, die damalige Zeit wachzurufen und zu befrieden. Während ich darin blätterte, blieb mein Blick auf einem Eintrag haften, den ich im Mai 1990 niedergeschrieben hatte: »Noch immer habe ich nicht zu mir gefunden. Wenn ich meinen Gefühlen freien Raum gebe, dann möchte ich einfach nach Hause. Damit meine ich – irgendwohin, wo ich geborgen bin in meiner momentanen Verwundbarkeit; wo ich sein darf – ungeachtet meiner Empfindungen und Ängste; wo keine Ansprüche gestellt werden, keine Be- oder Verurteilung; ich darf mich freuen und bewegen, ja springen, wie ein kleines Kind; ich darf die Tränen zulassen und es werden erlösende Bäche fließen und ich werde erfrischt und gestärkt danach aufstehen; ich darf mich ausstrecken und bewegen – in das Angenommensein des verstehenden, wissenden, heilenden Freundes, Vaters, Bruders, Christus – der bereits alles weiß, der mich im Blick und in der unsichtbaren Berührung seines Daseins belebt … Ausgestreckt und doch in mir gehalten, kann auch ich berühren, halten, begleiten und stärken, diejenigen, zu denen ich gesandt bin: die Aids-Patienten oder die Mitschwestern oder die Arbeitskollegen … Ich bin wieder ruhig und weiß mein Herz in Seiner Hand. Amen.« Das waren Momente des Gebets, der Aussprache, die mir damals geschenkt waren. Ich hielt sie in einer bunten Zeichnung fest. Langsam wurde ich wieder ruhiger und fand zu einer inneren Balance. Auch jetzt betete ich.

Als Ordensfrau hatte ich Gott überwiegend als »unseren Herrn und Meister« wahrgenommen. Das war mir jetzt zu streng und fordernd geworden. Diese Anrede passte zur Vergangenheit, in der ich mich an den aufgestellten Regeln orientiert hatte. Das war jetzt nicht mehr nötig und ich wollte es auch nicht mehr. Stattdessen wählte ich den Namen »Heiland«. Er gemahnte mich an das wunderbare Vermächtnis des heilenden Christus, der von der barmherzigen Liebe seines Vaters sprach und das Gesetz von der Gottes- und Nächstenliebe wie auch das der Liebe zu uns selbst in den Vordergrund gerückt hatte. Ihm vertraute ich mich immer wieder an – selbst jetzt unter Tränen. ER war eigentlich alles, was mir geblieben war. Deshalb waren meine Tränen, während ich auf meinem Bett saß, gleichzeitig von Zuversicht erfüllt. Nur allmählich konnte ich weiter zu mir selbst vordringen, mich wieder neu entdecken und mich mit Hilfe meines »ehemals geliebten Bräutigams« Schritt für Schritt wieder annehmen. Entwicklungsprozesse, so sollte ich begreifen, kommen und gehen, ähnlich wie Ebbe und Flut oder das Dunkel der Nacht, das vom Licht des Tages eingeholt wird. Sie bleiben im Fluss.

Der Besuch im Regenbogen-Zentrum am nächsten Tag berührte mich am stärksten. Als wir losfuhren, sagte Naiso: »*God of Lauda bless this day!*« Ich horchte auf und musste gleichzeitig schmunzeln. In meinem Herzen bestätigte ich, was meine Freundin gesagt hatte: Gott würde diesen Tag segnen.

Als wir in den letzten Kreisverkehr bogen, schaute ich noch schnell einmal nach Nordosten, ob der »Kili«, wie der Kilimandscharo liebevoll von den in seiner Nähe wohnenden Menschen genannt wird, auch unverdeckt blieb – und so war es. Schon ging es nach rechts ab, direkt neben einer Tankstelle, und wir waren auf der Hauptstraße. Die steinerne Umzäunung des kirchlichen Komplexes sowie die sonntäglich mehrmals gefüllte Kathedrale wurden jetzt gut sichtbar, und bald darauf hatten wir das Rainbow Centre erreicht. Herzklopfend schaute ich auf mein Symbol – den gemalten Regenbogen. Er war noch da, wenn auch anders platziert. Das freute mich, sprach jedoch ebenso für Veränderung. Hatte ich es anders erwartet?

Am hoch gelegenen Eingang – diese Treppe hatte einst zu einer Kirche geführt – stand Mr. Mushi, der von mir zuletzt angestellte ältere und gewissenhafte Pfleger, der von den weiteren Mitarbeitern und den Patienten gleichermaßen geschätzt wurde. Unvoreingenommen wie er war, lachten wir uns freundlich an. Er war nicht an meine Kirche gebunden, das machte ihn wohl freier. So konnte ich auch – im Gegensatz zum Schwesterhaus – meinen früheren Arbeitsbereich ohne Schwierigkeiten besuchen. Das Poster »Licht leuchtet nur im Dunkel« – es kündigte eine Ausstellung des Stuttgarter Theaterfotografen A. T. Schaefer im Museum Ludwig in Köln an und war auch ein Symbol für meine damalige Zeit – hing noch in meinem ehemaligen Büro, ebenso standen die zahlreichen Aktenordner an ihrem alten Platz. Eigenartig. Es wirkte fast so, als hätte ich es erst gestern verlassen und nicht schon vor vier Jahren. Aber – das Faxgerät war abgestellt, der Fotokopierer funktionierte nicht mehr, Computer und Printer waren entfernt worden, der Kühlschrank war ebenfalls nicht in Betrieb, und die eingebauten Schränke über der Treppe, die vom unteren Flur zu meinem Büro führte und einst Babysachen, Altkleider, Verbandmaterial, Vitamine oder Spielsachen enthielten, waren leer. Bibliothek und Videothek – beides hatte ich aufgebaut, um über die Krankheit Aids informieren zu können – waren wiederum in ihren Beständen sichtlich geschrumpft. Neue Werke oder Unterrichtsfilme waren nicht hinzugekommen. Ich suchte nach den Schnelltests, mit denen wir feststellen konnten, ob ein Klient HIV-positiv war, aber die gab es auch nicht mehr. Zu teuer, erklärte Mr. Mushi.

Die Raumaufteilung war jedoch identisch geblieben, die gleichen bunten Batikbilder hingen – wenn auch schief – noch genauso da, auch das MISEREOR-Hungertuch zum Thema »Biblische Frauengestalten – Wegweiser zum Reich Gottes« leuchtete weiter in eindringlichen Symbolen von der Hauptwand. Das war mir wichtig gewesen, denn es ging bei der Aids-Prävention ja im Wesentlichen um die Stellung der Frau. Schade war, dass ich kein Personal vorfand, deshalb schien alles leer. Gab es keine Mitarbeiter mehr – oder hatten sie nicht kommen dürfen? Angemeldet waren wir. Wozu spekulieren? Ich hatte das Meinige getan, im Heute hatte ich nichts mehr zu sagen.

Es war ein eigenartiges Gefühl, als ich feststellte, dass ich zwar traurig war und alles bedauerte, zumal die Aids-Problematik in Tansania immer weiter in die Gesellschaft vorgedrungen war. *Ukimwi* ist das Kisuaheli-Wort für Aids und bedeutet ungefähr »viel beschwiegener Tod«. Überall war es auf Plakaten zu lesen, und es war auch ein Hinweis darauf, dass sich durch diese Verschwiegenheit der tödliche Virus noch schneller ausbreiten kann. Und so kam es mir jetzt auch im Rainbow Centre vor.

Mr. Mushi lud uns zu einer Tasse hinter der hochgewachsenen Bougainvilleahecke ein. Sie stand noch, aber der Kiosk war geschlossen, das war das Augenfälligste. Einst war er ein lebendiger Ort gewesen, hier konnte man Rast machen, für wenig Geld einen Softdrink zu sich nehmen, Samosas essen, mit gewürztem Gemüse gefüllte Teigtaschen, oder hartgekochte Eier bestellen. Hier hatten sich früher Gesunde und HIV-Positive, Afrikaner und Europäer getroffen. Das war auch meine Absicht gewesen, damit das

Stigma der an Aids Erkrankten wegfiel. In diesem lebendigen Treiben fiel nicht auf, ob einer da nur saß, um sich zu erfrischen oder zu stärken, ober ob einer nach einer Pause ins Zentrum ging, um sich behandeln zu lassen. Genau das war mein Ziel gewesen, als ich diesen Kiosk ins Leben gerufen hatte. Es sollte kein kleines Café für HIV-Positive sein, sondern war als Ort für alle gedacht.

Mr. Mushi schenkte uns süßen Milchtee aus einer Thermoskanne aus, so wie ich es von früher gewöhnt war. Ich ließ ihn mir schmecken. War die Zeit doch stehen geblieben? Oh nein, denn die Probleme wurden jetzt erst richtig sichtbar.

»Werden eigentlich noch Schulungen gemacht?«, fragte ich.

»Nein, im Moment nicht«, erwiderte Mr. Mushi, ohne dass ich ihm ansehen konnte, was er dachte. »Als Mr. Minja, der medizinische Assistent, den du noch zur Weiterbildung geschickt hast, zurückkam, übernahm er deinen Posten. Aber du hattest ihn ja nicht einführen können, also konnte er auch nicht wissen, was alles zu tun war.«

»Stimmt, denn ich durfte ja nicht offiziell Abschied nehmen. Mein damaliger Chef und Leiter der medizinischen Belange der Diözese, Father Benedikt, hatte es so gewollt. Glaub mir, das ist mir nicht leichtgefallen, aber mir waren die Hände gebunden.«

»Schwester Lauda, wir haben deine Briefe bekommen, die Antworten auf unsere Schreiben. Du hast dich wirklich bemüht, Ratschläge aus der Ferne zu geben. Deshalb stehen ja auch die ganzen Ordner noch hier, in denen deine Korrespondenz in englischer Sprache mit den Geberorganisationen nachzulesen ist. Trotzdem gehen die Spenden zurück.«

Das Rainbow Centre war auch ein MISEREOR-Projekt gewesen, geplant für drei Jahre. Mr. Minja fehlte leider der Überblick, und als zudem der holländische Projektkoordinator im April

1994 seine Arbeit für die Diözese Moshi beendete, fehlte auch diese Stütze. Alle bemühten sich, genauso weiterzuarbeiten, wie wir es gemeinsam angestrebt hatten, doch ohne die Spendengelder war das unmöglich.

»Und überhaupt bräuchten wir wieder ein Auto, um in die Dörfer zu gelangen«, holte mich Mr. Mushi aus meinen Überlegungen, »doch das steht uns nicht mehr zur Verfügung.«

»Ihr wart sicher sehr enttäuscht«, sagte ich erschrocken darüber, dass es so weit gekommen war. Das war es also gewesen, was Naiso mir nach meiner Ankunft in Tansania angedeutet, aber nicht näher hatte ausführen wollen.

Der Pfleger schüttelte den Kopf. »Das waren wir, aber man hatte uns gesagt, dass man den Wagen anderweitig benötigte. Wer unsere Hilfe braucht, muss nun selbst kommen. Außerdem gibt es zum Glück noch in jedem unserer drei Krankenhäuser die Aids-Beauftragten.«

»Lauda, meinst du nicht, wir müssten bald aufbrechen?« Naiso hatte wohl geahnt, was in mir vorging, und mit ihrer Frage brachte sie mich wieder vollends zur Vernunft.

Ich nickte und erhob mich von meinem Stuhl.

Längst wieder in Deutschland, erreichte mich ein Brief von Schwester Ubalda, welche die Leitung des Regenbogen-Zentrums übertragen bekommen hatte. Sie bat um Hilfe, besonders, um die leeren Schränke wieder zu füllen. Mit ihr hatte ich vorbildhaft zusammengearbeitet und hätte sie gern unterstützt. Aber nun gehörte meine ganze Hilfe dem Rafiki-Projekt.

Es war davon auszugehen, dass auch Schwester Ubalda die Sponsoren fehlten. Europäische Organisationen achteten sehr genau darauf, wem sie ihr Vertrauen schenkten – und durch meinen Weggang war dieses Vertrauen vielfach erschüttert worden. Schon damals, als das Krankenhaus in Turiani ausgebaut wurde, hatte man dem Projekt Gelder bewilligt, weil ich dort gearbeitet hatte. Ein Umstand, der sich mir auch erst später erschloss. Jetzt schien dieses in mich gesetzte Vertrauen zu Lasten des Rainbow Centre zu gehen. Traurig war das. Dabei hatten wir in den vier Jahren, in denen ich mich dort engagierte, ein lebendiges Aids-Zentrum auf die Beine gestellt, das von den Menschen in Moshi und am Kilimandscharo gut angenommen worden war.

Vater Staat und Mutter Kirche, so sprechen wir doch von den beiden großen Instanzen in unserem Leben, die es weitgehend bestimmen, dieser Gedanke kam mir wie ein Geistesblitz, als ich mit Naiso zum Auto ging. Und mit beiden setzte ich mich nun auseinander in meiner Suche nach Gerechtigkeit. Ich musste laut lachen, denn ich kam mir vor wie der Junge David vor dem Riesen Goliath.

»Was hast du denn?«, fragte Naiso verdutzt.

»Keine Sorge, ich lache über mich selbst«, erwiderte ich.

»Denke lieber darüber nach, wie wichtig Rafiki wird.«

»Du hast recht, ich sollte nach vorne schauen.« Das Rafiki-Projekt musste eine Zukunft haben, und die Chancen standen gut. Naiso wusste um die Flucht der jungen Leute in die Stadt, auf der Suche nach Arbeit und Vergnügen; erst nach der Ansteckung kamen sie wieder nach Hause. Diesen Kreislauf wollte sie durch Aufklärung und Vorsorge unterbinden. Für das Rafiki-Zentrum mussten wir monatlich 2000 Mark aufbringen, um es so in Gang zu halten, wie es uns vorschwebte. Für mich als Einzelkämpferin war das aber nahezu unmöglich.

Vor dem Rainbow Centre lag ein junger Mann zusammengekauert im Gras. Eigentlich konnte von Gras keine Rede sein, es war etwas Grünland mit vielen sandigen Löchern. Das hatte vor vier Jahren auch ganz anders ausgesehen. Zwar hatte das Stück Grasland keineswegs mit einem englischen Rasen konkurrieren können, aber wir hatten es gepflegt, mit Wasser gesprengt, sodass es stets in einem frischen Grün leuchtete. Der zusammengekauerte Mann war offensichtlich krank. Sein Anblick schockierte mich. Da war ein Mensch, der nicht mehr weiterwusste und sich einfach dort niedergelassen hatte, weil ihn seine Kräfte verlassen hatten. Er war vielleicht Ende zwanzig, Anfang dreißig und lag vor der roten Ziegelsteinmauer. Genau an der Stelle hatte ich einmal an einen Durchbruch gedacht, um hinter ihr eine Auffangstation zu bauen, in der wir mittellose Patienten betreuen konnten, eine Art Herberge. Wir hielten diese Maßnahme für notwendig, weil es in den Krankenhäusern in Moshi, in denen Aids-Behandlungen durchgeführt wurden, keine Möglichkeit einer Nachversorgung gab. Deshalb hatte ich die Zwischenstation für sinnvoll erachtet – so hätten sich die Patienten, bevor sie sich, meist durch die Krankheit ohnehin entkräftet, auf den meist langen Heimweg in ihre Dörfer machten, noch etwas erholen können, von uns versorgt und aufgepäppelt. Ich hatte auch daran gedacht, dass es für einige Patienten eine Art Hospiz werden könnte. Dies war damals ein Traum von mir gewesen, und damit er Wirklichkeit wurde, hatte ich in einem Hospiz in Nairobi schon einen Facharzt ausfindig gemacht, der uns in Moshi in der Sterbebegleitung schulen wollte. Die Hospizgründung war vereitelt worden, dennoch hatte mich der Gedanke an eine solche nie losgelassen. Mr. Mushi, der uns zum Auto begleitete, sprach jetzt davon, dass in Zukunft eine Art Altenheim nötig werden würde, die jungen Familienmitglieder, die sich normalerweise um die alt gewordenen Eltern kümmerten, starben ja an Aids. Genau dieser Gedanke beschlich mich, als ich diesen mageren jungen Mann traurig betrachtete. Was hätte man nicht alles anpacken müssen und auch können, um den Menschen zu helfen!

»Naiso, es sind so viele Aufgaben zu erledigen«, sagte ich mit einem tiefen Seufzer. »Wenn ich das alles hier sehe, all die Notwendigkeiten erfasse, dann drängt es mich, einfach etwas zu tun. Das war es doch, warum ich in den Orden eintrat. Genau aus dem Grund, dass ein Mann wie dieser hier doch nicht einfach im Staub liegen bleiben kann.« Ich war so voller Emphathie, es erschütterte mich, der Realität ins Auge zu sehen. »Warum unternimmt denn hier niemand etwas?« Da war sie wieder, die »Unvernunft«.

»Ich sorge für ihn«, sagte Mr. Mushi.

Verstohlen drückte ich ihm beim Abschied einen Geldschein in die Hand, so wie ich es einst selbst oft als Hilfe erlebt hatte. Als ich zu Naiso ins Auto stieg, erwiderte sie meine Frage nüchtern: »Das können nur die Leute aus deiner einstigen Diözese beantworten, Lauda. Seien wir froh, dass wir mit Rafiki etwas Eigenes aufbauen können.«

Ja, das wollte ich, ich wollte froh sein. Trotz der schwülen Luft atmete ich tief durch.

Als ich bei der Abfahrt noch einmal zu dem Todgeweihten zurückblickte, musste ich daran denken, dass ich in dem ersten Jahr, in dem ich in Moshi die Aids-Arbeit machen sollte, auch nichts für die Erkrankten hatte tun können. Stattdessen hatte ich mich rund um die Uhr um Vorbereitungen für den Papstbesuch von Johannes Paul II. kümmern müssen, der mehrere afrikanische Länder bereisen und zur Krönung seiner Tour zur Hundertjahrfeier der Diözese Moshi im September 1990 kommen wollte. Was war für ein ungewöhnlich hoher Aufwand dafür betrieben worden, das hatte mich schon sehr erschreckt. Ein Sicherheitsbeamter kam extra aus dem Vatikan nach Tansania geflogen, um nach dem Rechten zu sehen. Sogar das Papamobil wurde für den Pontifex vorgeschickt. Unglaubliche Gelder wurden verschwendet – und das in einem Land, in dem unzählige Menschen hungerten.

Zur Ehre Gottes einen staatlich anmutenden Event zu zelebrieren gehörte nicht gerade zu den Möglichkeiten der Glaubensvertiefung, die mir 1990 vorschwebten. Nicht, solange die lokale Bevölkerung kein Mitspracherecht hat. Damals mussten die Gläubigen in Moshi nämlich die anfallenden Kosten für den Besuch von Johannes Paul II. mit einem festgelegten Beitrag mitfinanzieren. Taten sie es nicht, fielen sie in Ungnade. Man konnte nicht behaupten, dass dadurch das Herz der Einzelnen sichtbar angesprochen wurde, obwohl die Sehnsucht der Menschen nach vertiefter Glaubenserfahrung spürbar war. Sie war einfach da.

Aber durch diesen Event war ich nicht in der Lage gewesen, eine viel wichtigere Arbeit auszuüben, nämlich das HIV- und Aids-Projekt in Angriff zu nehmen, um die Krankheit einzudämmen und den positiv HIV-Getesteten zu helfen. Ich war nicht in einen Orden eingetreten, um als Eventmanagerin zu arbeiten.

Ähnlich erlebte ich später den Besuch von Papst Benedikt XVI. im September 2011 in Deutschland. Es mutete in meinen Augen wie eine großartige Show an, beinahe, als wäre er dem heutigen Aufheben um Popstars und Fernsehgrößen angepasst worden. Mehr als 25 Millionen Euro ließ sich die Kirche den viertägigen Besuch des Papstes in Deutschland kosten. Eine Nonne meinte, für Gott sei »das Beste« gerade gut genug. Sie war für das Nähen der liturgischen Gewänder zuständig gewesen. Aber findet dieses »Beste« seinen Ausdruck in einem äußeren Gewand oder nicht doch eher in der Wertschätzung Menschen gegenüber?, dachte ich, als ich diese Show im Fernsehen verfolgte. Hätte man das Geld nicht besser für Menschen verwenden können, die gerade in Not waren? Dann hätte Papst Benedikt XVI. das Wunder der Speisung der Armen am See Genezareth, das Jesus vor 2000 Jahren bewirkte, einmal am eigenen Leib erfahren können. Manche mögen das für einen utopischen Traum halten. Die Propheten früherer Zeiten ließen sich jedoch von ihren Visionen leiten. Und auch heute ist Träumen von einer radikalen Erneuerung erlaubt. Oder etwa nicht?

Es schmerzte mich, die hochintellektuellen Reden unseres Papstes zu hören, umrahmt von dem äußeren Geschehen der traditionellen Kulthandlungen. Alles war bis ins Kleinste geplant, wurde minutiös zur Schau getragen. So geschickt, dass manches nicht zu übersehen war. Die roten Schuhe des Pontifex verschmolzen förmlich mit der roten Farbe des Teppichs, bei jedem Schritt, den er tat, sah es so aus, als ob er schwebe!

Während ich das alles auf dem Bildschirm verfolgte, wurde mir kalt ums Herz. Ich konnte das Gezeigte nicht länger ertragen und schaltete das Gerät aus. In meiner Enttäuschung kam ich nicht umhin, mich zu fragen, was aus der Botschaft Christi geworden war. Schon die ersten Jünger in der Nachfolge Christi erlebten durch seinen Tod eine tiefe Erschütterung, fanden aber zurück zur Wurzel ihres Glaubens, zu Jesus Christus, dem Auferstandenen. Auch heute suchen viele von uns neue Wege zu einem lebendigen Glaubensverständnis. Nicht umsonst forderte das Zweite Vatikanische Konzil in den sechziger Jahren, dass die Kirche, das Volk Gottes, aus einem neuen und zeitgemäßen Verständnis heraus das Wort Gottes verkündigen sollte. Über fünfzig Jahre waren seit der Aufforderung zur Erneuerung der Kirche vergangen. Es war der Versuch gewesen, zu zeigen, dass Christen ihren Glauben im Heute lebendig leben und sich bewusst sind, verkrustete Traditionen brechen zu müssen – ja, verkrustete Traditionen gab es eben nicht nur in der afrikanischen Kultur. Würde das nicht geschehen, so würde etwas im Leben des modernen Menschen und im Leben der Kirche kaputt gehen.

Für mich ist der misslungene Kampf der Kirche gegen Aids zum Zeichen für das »verpasste Konzil« geworden. Denn dieser junge Mann, der da zusammengekrümmt auf dem vernachlässigten Stück Rasen lag, widersprach alldem, was einst mit dem Zweiten Vatikanischen Konzil beabsichtigt gewesen war. Kirche war auf der einen Seite vorbildlich in ihrer Versorgung erkrankter Menschen, auf der anderen Seite verhinderte sie die effektive Eindämmung der Krankheit durch ihr Festhalten an überkommenen Traditionen und Denkweisen. Was für ein Paradox. Dadurch macht sie sich unglaubwürdig, und zwar in den Augen sehr vieler Menschen weltweit, die an diesem Festhalten kranken und dabei sind, sich von der Kirche zu befreien. Beinahe so, als entledige man sich einer Last, wenn man zum Beispiel keine Kirchensteuer mehr zahlen will, im Herzen aber weiterhin seinem christlich geprägten Gewissen folgt.

Naiso brachte mich nach unserem Aufenthalt in Moshi nach Mweka, ihrem Geburtsort und dem zukünftigen Platz für das Rafiki-Zentrum. Er lag zwanzig Kilometer oberhalb von Moshi. Ich staunte nicht wenig, als es über einen steilen und mit ausgewaschenen Steinbrocken versehenen Weg ging. Besonders das letzte Stück erforderte eine wahre Akrobatik des Fahrers, aber durch viel Übung schien er diese Fähigkeit zu besitzen. Dann sahen wir eine dichte Bougainvilleahecke und hatten das Grundstück erreicht, auf dem das neue Zentrum entstehen sollte.

»Naiso, diese so prachtvoll bunte Hecke dient sicher nicht dem schönen Anblick, sondern soll das Grundstück schützen, oder liege ich da falsch?«

Naiso lachte. »Ja, du bist noch immer im Bilde. Gut so. Die Hecke habe ich bereits damals gepflanzt, als meine Mutter mir das Grundstück vermachte. Und als Erstes wurde dahinter Mais angepflanzt. Du weißt ja, es ist unser Grundnahrungsmittel und hilft gleichzeitig, den Boden zu befestigen. Komm, wir gehen höher hinauf. Siehst du die langen Holzstümpfe dort hinten?«

Es war unglaublich, was sich meinen Augen offenbarte. Die Fundamente waren bereits ausgehoben worden, und die teilweise hochgezogenen Mauern ließen erahnen, wie groß die einzelnen Zimmer wurden und was alles für die Fertigstellung geplant war. Ich gratulierte meiner Freundin, sie konnte wahrlich stolz auf ihre Initiative sein. Dennoch war der Bau nur langsam vorangegangen, wie Naiso erzählte. Es war Schwerstarbeit gewesen, da der Boden bei heftigem Regen nicht weggespült werden durfte. Dafür mussten Steine, die reichlich auf dem Grundstück vorhanden waren, bearbeitet werden, um den Bau zu festigen und durch eine Art Vorbau und Plattform abzusichern. Alles war zwar bis aufs Kleinste durchdacht und die Ausgaben genau berechnet, damit niemand sie übers Ohr hauen konnte. Aber letztlich arbeitete sie noch in Morogoro, und die Wachposten, die sie vor Ort aufgestellt hatte, solange das Baumaterial nicht eingeschlossen werden konnte, waren ein schwacher Behelf. Stehlen schien eine besondere »Begabung« der Wachagga zu sein, wie sich die Mitglieder des hier beheimateten Chagga-Volks nennen. Ich bewunderte den Fleiß, aber auch die praktische sowie visionäre Vorausschau meiner Freundin. Alles, was wir im Rainbow Centre begonnen hatten, wurde jetzt hier auf 1800 Metern Höhe in die Tat umgesetzt.

»Warst du so sicher, dass ich mein Versprechen halten würde, vielmehr konnte?«, fragte ich beim ersten Rundgang vor Ort.

»Ach, Lauda, kennen wir beide uns nicht gut genug? Genauso wenig wie ich mich der Not der Klienten entziehen kann, genauso hättest du erst dann Ruhe gefunden, wenn du Unterstützung für uns mobilisiert hättest«, stellte sie lächelnd fest. Das freute mich. Da ich mir früher kaum erlaubt hatte, meine Gefühle wahrzunehmen, versuchte ich nun zuzulassen und zuzugeben, wie gut mir ihre Worte taten. Naiso fügte danach hinzu: »Als Erstes musste ich jedoch meine Pension als Lehrerin auflösen und für den Bau verwenden. Aber jetzt bist du da, und ich weiß, dass du und unsere Freunde in Übersee uns weiter gut gesonnen sein werdet.«

»Versprochen«, bemerkte ich, und im nächsten Moment zog Naiso mich am Arm und sagte: »Und jetzt bringe ich dich zu meiner Mutter. Es ist höchste Zeit, dass du sie kennenlernst, dann weißt du auch, warum ich so bin, wie ich bin.«

Antworten konnte ich nicht, so schnell führte sie mich einen haushohen Bananenhain entlang, der erstaunlichen Schatten bot. Am Ende dieses natürlichen Tunnels lagen ein wenig versteckt die Hütte ihrer Mutter, ihre eigene Geburtshütte, die ihrer alleinstehenden Schwester und, etwas davor, die der Familie ihres Bruders. Eine Hütte für die Kuh und die Ziege fehlte auch nicht.

Naisos Mutter schien uralt, aber sehr interessiert und liebenswürdig. Mir ging das Herz auf, als sie mir zu verstehen gab, dass sie wusste, wer ich sei, Naiso hätte ihr schon viel über mich berichtet. Auf Kichagga (der Sprache des Chagga-Volkes) erklärte sie, dass sie mich wie ihre eigene Tochter akzeptieren würde, denn schließlich würde ich bereits seit Jahren mit ihrer Tochter zusammenarbeiten. Und das würde ich ja auch in Zukunft tun, wie sie erfahren hatte. Das sei richtig, erwiderte ich. Ich wusste, dass ihre Worte zutrafen. Es war offensichtlich, dass Mutter und Tochter einander zugetan waren. Naisos ältere Schwester Vicky hatte es sich zur Aufgabe gemacht, jetzt für die Mutter zu sorgen, um dadurch meine Freundin zu entlasten. Naiso hatte mir einmal erzählt, dass sie mehrere Jahre lang an der Brust ihrer Mutter trinken durfte und dass sie das vermutlich so stark gemacht hatte.

Nach einer Weile sagte sie: »Lauda, es wird dunkel und wir müssen zum Übernachten in die Stadt zurück. Hier sind wir noch nicht dafür ausgerüstet. Tut mir leid, aber es gibt eben noch viel zu tun, wie du selbst gesehen hast.«

Auf der kurvenreichen Rückfahrt den Berg hinunter sprachen wir weiter über unser Projekt. Zum Gelingen war eine regelmäßige ausführliche Berichterstattung nötig. Doch genau hier lag ein Schwachpunkt, denn der kleine Ort Mweka verfügte nicht über ein starkes Telefonnetz. Die Kabel würden immer wieder gestohlen, hatte man Naiso in der Telefonzentrale in Moshi als Begründung für die schlechte Verbindung gegeben. Die einfache Landlinie war für Überseetelefonate noch zu schwach, auch später für E-Mails. Von Moshi aus klappte es in den nächsten Jahren zu telefonieren, aber um zu mailen, musste man in die nach und nach entstehenden Internet-Cafés. Also machten wir das Beste aus dieser Situation, die Schwierigkeit der verzögerten Kommunikation kannte ich ja gut aus meiner Zeit im Buschkrankenhaus.

Am nächsten Tag musste ich mich noch einem anderen Problem stellen: der hiesigen Neigung zum Diebstahl. Es machte mir Angst, weil ich selbst schon zweimal bestohlen worden war. Dennoch hatte ich mich als Nonne weniger »verwundbar« gefühlt. In Moshi hatte mir bei einer zufälligen Begegnung eine befreundete Schweizerin, die fließend Kisuaheli sprach und bereits Jahrzehnte im Land war, erzählt, dass sie am helllichten Tag auf dem Markt überfallen worden war. Man hatte ihr die Tasche entwendet. Deshalb blieb ich auch im geschlossenen Auto sitzen, als Naiso vor unserer Rückfahrt nach Morogoro auf dem Markt einkaufte, denn noch immer hatte ich die Spendengelder bei mir. Nun fühlte ich mich wie in einem Papamobil, als ich dem geschäftigen Treiben durch die Scheiben unseres Autos aus zusah, nur waren diese nicht kugelsicher. Das hätte ich mir als Nonne nie träumen lassen.

»Naiso, wir müssen das Geld endlich auf die Bank bringen«, sagte ich, als sie mit ihren Einkäufen zurückkehrte. »Ich habe mich nie in Afrika ausgesperrt gefühlt – und das soll jetzt auch nicht anfangen.«

»Du hast recht«, sagte sie. »Aber ich vermute, es wird etwas kompliziert, denn wir müssen es vorher noch umtauschen, bevor wir es auf einem Konto anlegen können.« Mit ausreichend Geduld und ein wenig Humor überstanden wir dieses umständliche Manöver in Moshi.

»Es ist nicht so viel Geld, wie ich mir gewünscht hätte, denn einiges mussten wir ja bereits verbrauchen«, erklärte ich. »Aber es bleibt genügend übrig, um den Bau fortzuführen. Und ich verspreche dir, es wird nicht meine letzte Reise sein. Ich werde für weitere Spenden sorgen und wiederkommen.« Und ich hielt mein Versprechen.

Die knapp drei Wochen in Tansania vergingen wie im Fluge. Zum Abschied durfte ich mich im Kochen üben und lernte, den hiesigen Spinat – auch Mchicha genannt – in heißem Öl mit angerösteten Zwiebeln zu vermengen. Dann wurde Gehacktes, das jeden Tag neu aufgekocht wurde, weil Naiso keinen Kühlschrank hatte, daruntergemengt. In den Reis kamen wiederum kleine rote Mohrenstückchen, und alles schmeckte erstaunlich gut. Naiso ruhte sich dabei auf ihrer Matratze aus, denn sie plagten starke Kopfschmerzen. Nach den Strapazen der vergangenen Zeit war das nicht weiter verwunderlich.

Als ich wieder das Flugzeug nach Deutschland bestieg, begann in dem Moment, in dem ich auf meinem Platz saß, wieder dieses schreckliche Heimweh, das mich immer befiel, wenn ich Afrika verlassen sollte. Diesem Kontinent fühlte ich mich zugehörig, hier wollte ich etwas für die Menschen tun, so vielen wie möglich zu einem besseren, eigenständigeren Leben verhelfen. Das war auch etwas, was mir immer in meiner Missionsarbeit vorgeschwebt hatte: Unterstützung zur Selbsthilfe, sodass sich die europäischen Nonnen nach und nach aus Afrika zurückziehen konnten. Alles war ohnehin in Afrika da: die Einsatzbereitschaft, die Intelligenz sowieso, es gab ausreichend Kapazitäten, nur manchmal zu wenig Bildung, eigentlich fehlte immer nur das Geld. Und weil dies so war, hatte ich es auch immer lohnenswert empfunden, in der Mission tätig zu sein.

Gleichzeitig empfand ich Trauer, darüber, dass ich glaubte, nicht mehr erwünscht zu sein. In einem doppelten Sinn ausgestoßen – von meinem Orden und von Menschen wie Dr. Nkya. Schwermut befiel mich, als ich mir das vergegenwärtigte. Ich rief mich selbst zur Ordnung. Naiso braucht dich, schimpfte ich mit mir. Der Orden hatte dir ein klares Korsett vorgegeben – und du hattest es als zu eng empfunden. Sieh jetzt zu, dass du eine ähnliche Eigenständigkeit entwickelst wie Naiso. Sie hat ihr Pensionsgeld in das Rafiki-Zentrum gesteckt. Sie hat eine Vision, sie will, dass dieses Zentrum zu einem Selbsthilfeprojekt für Frauen wird. Und du wirst ihr dabei helfen.

Ich war auch überzeugt davon, dass sie das Projekt zum Erfolg führen würde, denn sie war eine Persönlichkeit, eine Art Übermutter – auch wenn sie selbst nie geheiratet und keine eigenen Kinder hatte, stattdessen waren alle die, die Hilfe benötigten, ihre Kinder; niemanden würde sie je abweisen. Naiso besaß diese Stärke. Auch ich hatte diesen Willen immer wieder in mir gespürt, er war es ja gewesen, der mir im Orden Probleme bereitet hatte: Ich war nicht demütig und dienstbeflissen gewesen, sondern war für andere eingetreten und hatte versucht, eigene Ideen zu verwirklichen. In einer anderen Zeit wäre mein Traum, Ärztin und Pilotin, ein Flying Doctor, zu werden, vielleicht wahr geworden. Dennoch – es war müßig, so zu denken. Auch wenn ich keine Ärztin hatte werden können, ich hatte in meiner Vergangenheit viel für die Menschen bewegen können.

Entspannt lehnte ich mich jetzt in meinen Sessel zurück. In Dar es Salaam hatten Naiso und ich noch vor meinem Abflug bei den Schweizer Missionarinnen aus Baldegg logiert. Dort hing ein Poster mit den Worten nach Jesaja 43: »Du bist mein, ich habe dich erschaffen, ich kenne und liebe dich!« Das war es, was für mich zählte. Auch diese Schwestern gaben mir mit auf den Weg: »Lauda, es genügt, dass Gott weiß, warum du ausgetreten bist. Uns bist du immer willkommen.« In meinem Koffer hatte ich eine schwarze Giraffe aus Ebenholz, geschnitzt von den Makonde, einem Bantuvolk aus dem Südosten Tansanias, das für sein außergewöhnliches Kunsthandwerk bekannt ist. Auf dem Weg nach Turiani hatte ich einen Makonde-Schnitzer bei der Arbeit unter einem Baum sitzen sehen. Afrika musste ich mir eben nach Düren holen.

Sehnsucht nach Gerechtigkeit

Auf dem Weg nach Köln musste ich an jemanden denken, der in dieser Stadt zur Welt gekommen war und nicht weit von ihr entfernt starb: Heinrich Böll. Mein Vater hatte ihn 1982 noch einmal gesehen. Er war nach Langenbroich gefahren, dem letzten Wohnsitz des Literaturnobelpreisträgers, und es war ein außergewöhnlicher Gang für meinen Vater gewesen. Böll hatte ihn in seiner Funktion als Diakon empfangen, also in seiner klerikalen Robe. Später erzählte mein Vater, es sei nicht zu übersehen gewesen, dass der Schriftsteller schwerkrank war. Anfangs begegneten sie sich vorsichtig, denn mein strenggläubiger Vater hielt an den Dogmen der Kirche fest, ohne Wenn und Aber. Bei Böll stand die Kirche nicht gerade im Vordergrund seines Lebens. Er war sogar aus der katholischen Kirche ausgetreten, hatte aber seinen Glauben nicht aufgegeben und sich mehr für eine allgemeine Barmherzigkeit eingesetzt. Doch im Laufe des Gesprächs kamen sich die beiden Männer näher, und ich konnte mir ausmalen, wie Heinrich Böll meinen Vater betrachtete und einschätzte, diesen hageren Menschen mit seinen durchdringenden Augen, mit anderen Vorstellungen, aber dennoch ebenso engagiert für seine Ideale. Es war keine lange Unterredung, denn dazu war Böll nicht fähig. Gern hätten sie die Unterhaltung fortgesetzt, aber dazu sollte es nicht mehr kommen. Denn es war mein Vater, der noch vor Heinrich Böll im Jahr 1985 verstarb.

Weil ich mich dem Literaten durch diese Begegnung verbunden fühlte, war ich froh, nach dem Tod meines Vaters einige seiner Romane beim Aussortieren zu finden. Ich wählte den doppeldeutigen Titel *Wo warst du, Adam?*, und begann fast heimlich – denn als Ordensfrau war nicht jede Lektüre erlaubt – in diesem Werk zu lesen. Es war ein Antikriegsroman, und mich faszinierte seine Sprache, seine Beobachtungsgabe, die Offenheit, mit der Böll das Leben beschrieb. Ebenso begeisterte mich sein politisches Engagement, sein Einsatz für die Friedensbewegung, für sowjetische Dissidenten.

So wie er wollte auch ich auf Dinge aufmerksam machen, die ich für veränderungswürdig hielt, und da gab es eine Menge Themen: die Rechte der Frauen, die Solidarität mit Aidskranken und die finanzielle Absicherung von Nonnen nach ihrem Austritt. Um gegen die skandalös schlechte Absicherung von Ex-Nonnen arbeiten zu können, musste ich erst einmal die genaue rechtliche Lage kennen. Noch wusste ich nicht, wie ich das anstellen sollte, aber ich war überzeugt davon, auf die richtigen Spuren geleitet zu werden.

Felder in tiefem Schwarz glitten nun am Zugfenster vorbei. Hier und da entdeckte ich weiße Flecken, übrig gebliebene Schneehaufen, hauptsächlich vereist und deshalb widerständiger gegen die Sonne. Der Himmel hing tief, schwere dunkle Wolken kündigten Regen an. Ein Blick in die Tasche und ich hatte mich vergewissert: Da lag auf dem Grund ein Regenschirm.

Es war der 6. Februar 1996, fast eineinhalb Jahre vor meiner ersten Reise nach Afrika ohne Habit, und neben mir saß Gudrun Menge, die ÖTV-Vorsitzende des Kreisfrauenausschusses von Düren. Kennengelernt hatte ich die kluge, sympathische Gewerkschaftsfrau durch einen Rat von Josef Freitag. Der Studiendirektor und Berufsschulpfarrer im Ruhestand war nun »mein« Pfarrer. Er hatte mich gedrängt, nach dem Austritt aus dem Orden unbedingt in eine Gewerkschaft einzutreten – welch ein Wechsel! –, um rechtlichen Beistand zu bekommen.

Gudrun war sehr einfühlsam und zeigte viel Verständnis für meine »erlernte Hilflosigkeit«, wie man meine Situation wohl nennen konnte.

Sie hatte erfahren, dass ich bereits früher, in Tansania, der einzigen dortigen Frauenpartei Umoja ya Wanawake beigetreten war. Somit stand meiner Zugehörigkeit zum Kreisfrauenausschuss in Düren nichts entgegen. Durch ihn lernte ich nicht nur meinen politischen Blick zu schärfen, gleichzeitig wurde mir dieser Ausschuss zum Sprungbrett ins neue zivile oder besser gesagt profane Leben. Außer unseren regelmäßigen Sitzungen trafen wir uns hin und wieder auch freundschaftlich. Sie interessierten sich für jeden rechtlichen Fortschritt (oder Stillstand) bei mir. Aber von ihnen hörte ich auch, wie man ungezwungen über Freud und Leid in der Partnerschaft reden konnte. Wir amüsierten uns sogar über Kontaktanzeigen und Antworten, die aus dieser Runde kamen – etwas für mich früher Unvorstellbares. Über Liebe und Zuneigung spricht man doch nicht so freimütig …

Gemeinsam fuhren Gudrun und ich nun nach Köln, zu einem informellen Treffen und Mittagessen des Deutschen Juristinnenbunds der Regionalgruppe Köln. Die Gewerkschafterin gehörte zu ihrem Vorsitz, von ihr wusste ich, dass dreizehn Juristinnen an der Einladung teilnehmen sollten. Treffpunkt war der altehrwürdige Ratskeller am Alten Markt, nicht weit entfernt vom Rhein.

Vom Bahnhof gingen wir zu Fuß. Wir kamen trocken an, der Regenschirm blieb in meiner Tasche. Ich war sehr aufgeregt, sollte ich doch vor dieser hochkarätigen Frauengruppe über meine Arbeit in Afrika sprechen und davon, wie es zu meinem Austritt gekommen war. Aber die Juristinnen hörten interessiert zu, und sie sprachen mir, nachdem ich meine Ausführungen beendet hatte, ihre Anerkennung über meinen Einsatz aus. Als ich sie dann mit klopfendem Herzen zur rechtlichen Lage von Ausgetretenen befragte, konnten sie mir keine Ratschläge geben. Sie waren davon überzeugt, dass es keine juristische Handhabe gegen die erniedrigend geringe Rentenversicherung gäbe. Gudrun Menge wurde jedoch ermutigt, im Rahmen der Gewerkschaft mir weiter so gut wie möglich rechtlich beizustehen.

Ich fühlte mich sehr beklommen und ahnte, dass es hier um schöne Worte des Zuspruchs ging, die aber nichts brachten und letztlich wertlos für mich waren. In den Augen der Juristinnen würde sich auch in Zukunft nichts an der Gesetzeslage ändern, den Eindruck hatte ich nach dieser Begegnung gewonnen.

Die dunklen kalten Mauern des Gebäudes aus dem 16. Jahrhundert und die kunstvoll spärliche Beleuchtung des Saales erinnerten mich an dunkle Verliese. Das System Kirche konnte sich auch unsichtbare Gefängnisse erlauben, die darin bestanden, dass wir als Ausgetretene durch unsere »finanzielle Fußfessel« nicht nur ständig an unsere »Schmach« erinnert wurden. Wir hatten einmal Armut gelobt, jetzt sollten wir diese Armut leben, obgleich das Gelübde offiziell aufgehoben worden war. Was für eine absurde Realität. Zugleich wurden so die Nonnen, die mit ihrem Orden in inneren Konflikt gerieten, von dem Schritt, aus dem Orden auszutreten, abgehalten.

Einige der Juristinnen gaben mir beim Weggang die Hand und versuchten erneut etwas »Erbauliches« zu sagen. Ich hatte das Gefühl, dass sie sich nicht wohl dabei fühlten. Sich tatsächlich juristisch mit der Kirche anzulegen, dazu wäre offensichtlich keine bereit gewesen.

Und wie ging es mir damit? War dieser mir selbst auferlegte neue Auftrag, nämlich mich um die rechtliche Situation von uns ausgetretenen Ordensfrauen zu kümmern, nicht langsam und unmerklich Teil meines Lebens geworden? Das konnte ich bejahen. Hatte ich vielleicht Angst davor? Nein. Aber ich war ratlos. Und diese Ratlosigkeit hatten die liebenswürdigen Frauenrechtlerinnen mir nicht nehmen können.

Doch es musste weitergehen, ich konnte es einfach nicht bei dem belassen, was ich im Ratskeller gehört hatte. Und ich stellte fest, dass ich sogar äußerst bereit war, mich im Sinne Bölls zu engagieren. Und weil es so war, ging es auch weiter. Es gab doch noch eine vierte Macht im Staat, nämlich die Presse. Also gab ich dem weisen Rat von Pfarrer Freitag nach und ging mit meinem Anliegen an die Öffentlichkeit. Genau drei Wochen nach dem Zusammentreffen mit den Juristinnen erschien im *Kölner Stadtanzeiger* der erste ausführliche Zeitungsartikel, geschrieben von Sabine Steinwender, der großes Aufsehen erregte und »meinen Fall« bekannt machte. Nicht ohne Folgen: Bereits am 7. März brachte das ARD-Magazin *Monitor* einen gründlich recherchierten Beitrag über mich, bei dem sie auch Aufnahmen und Interviews aus Afrika zeigten – kommentiert wurde er von dem damaligen Moderator Klaus Bednarz. An dem Tag, als dieser ausgestrahlt wurde, hatte ich zur gleichen Zeit einen Live-Auftritt bei Margarethe Schreinemakers, in ihrer Talkshow *Schreinemakers live*, der mit einem Spendenaufruf für mich verbunden war.

Der Tag war eine große Angstpartie. Sosehr ich auch wollte, dass die Öffentlichkeit von den Missständen bei uns Ordensfrauen, die von ihren Gelübden entbunden wurden, erfuhr, sosehr hatte ich nun doch Furcht davor, wie die Kirche darauf reagieren würde. Diese unterschwellige Angst ist – fast reflexartig – bis heute noch vorhanden.

Freunde fuhren mich zum Kölner Studio. Ich weiß noch, wie ich in das Fernsehstudio der Moderatorin Margarethe Schreinemakers regelrecht geschubst werden musste – ich hatte wohl dagestanden, als wäre ich festgeklebt. Im Stillen sagte ich mir: Lauda, du hast dich dazu durchgerungen, nun verliere nicht den Mut. Du musst keine Angst vor deiner Courage haben. Es war wirklich nicht so leicht, mutig zu sein, denn ich hatte von Anfang an gemerkt, wie schwierig es war, über ein Leben zu sprechen, über das die meisten Menschen nicht einmal eine annähernde Vorstellung hatten – nämlich über ein Leben im Orden. Und wie sollte ich dieses jetzt den Zuschauern darstellen, in dem Wissen, dass mir nur wenige Minuten zur Verfügung standen? Was sollte ich preisgeben, was nicht? Konnte nicht auch durch das, was ich sagte, durch diese öffentliche Zurschaustellung etwas beschmutzt werden? Oder war meine Vorsicht einfach nur das Ergebnis jahrzehntelanger »Dressur«?

Die Talkmasterin begrüßte mich freundlich, stellte mich als ehemalige Nonne vor, die aufgrund finanzieller Not bei ihrer Mutter leben müsste, und meinte, dass sich über das Leben von Nonnen nach dem Austritt bislang wohl kaum einer Gedanken gemacht habe. Wie selbstverständlich ginge man davon aus, dass die von der Kirche propagierte Nächstenliebe bei den Ausgetretenen greifen würde. Letztlich stellte Schreinemakers klar, dass dem nicht so wäre. Schließlich fragte sie nach meiner Aidsarbeit. Ich erzählte, es hätte für mich den Anschein, als wäre diese für die Kirche nur ein Alibi gewesen, sie hätte dadurch demonstriert, dass sie sich auf dem Gebiet einsetzen würde. Der nahezu zeitgleich gesendete Kommentar von Bednarz war da viel deutlicher, doch damals hätte ich selbst es nicht so formulieren können: Der Papst würde nicht nach draußen gehen, nicht in das Leben der Menschen, die der Krankheit Aids ausgesetzt sind. Sich gegen Kondome zu stellen sei menschenverachtend; angesichts der starren Haltung, könne man nur von »den Betonköpfen dort in Rom« sprechen.

Zurück zu Margarethe Schreinemakers: Zum Schluss kam sie noch einmal auf meine prekäre finanzielle Situation zu sprechen und startete für mich überraschend einen Aufruf zur »Hilfe für Majella«, denn sie empörte sich regelrecht darüber, dass ich ein Leben lang für andere dagewesen sei und dennoch nach vierzig Jahren Ordensleben von Sozialhilfe leben müsse. Und noch grotesker sei es, dass erst der Austritt vollzogen sein muss, damit man ein Recht auf diese Sozialhilfe habe. Eigentlich schämte ich mich in diesem Moment und empfand es als demütigend, mich gewissermaßen als Bettlerin zu erleben. Es war doch nicht meine Schuld, dass ich als Ordensmitglied, das das Gelübde der Armut abgelegt hatte, kein persönliches beitragspflichtiges Einkommen erhalten hatte. »Deshalb« – so steht es im Band 26 der Staatskirchenrechtlichen Abhandlungen von Andreas Sailer – »erfolgt die Berechnung der Nachversicherungsbeiträge nach der gesetzlich festgelegten Mindestbeitragsbemessungsgrundlage. Dies führt dazu, dass die nach Durchführung der Nachversicherung auszahlbare Rente im Regelfall auf Sozialhilfeniveau liegt.«

Betrachte ich heute die Videoaufzeichnung von diesem Auftritt, sehe ich, wie befangen ich damals noch war. Aber das war auch kein Wunder. Mein ganzes Leben lang hatte ich den Orden als etwas Besonderes gesehen, als ein Dasein im Dienste Gottes, das ich unbedingt aufrechterhalten wollte. Aber das Perfide an der

Kirche ist – ich wähle bewusst diese Worte –, dass dieses Heilige, für welches diese Institution steht und das wir Nonnen zu leben versuchten, von vielen Würdenträgern als Legitimation genutzt wird, um ihre Macht aufrechtzuerhalten und auszuüben. Und das »System Kirche«, wie ich es nenne, hat sich nach meiner Wahrnehmung bis heute nicht verändert. Dieser Machtmissbrauch betrifft und trifft besonders die Frauen, die für die Kirche tätig sind. Würden diese geschlossen streiken und sagen: »Wir gehen jetzt einfach nicht mehr in die Kirche, putzen und schmücken sie nicht mehr und verweigern unsere vielfältigen ehrenamtlichen Dienste, eine Woche lang, einen Monat oder noch länger, bis sich etwas ändert«, wäre das nicht fantastisch? Es käme einer Revolution gleich, und die Männer in der Kirche würden dann vielleicht endlich einmal einsehen, dass es so nicht weitergehen kann. Aber wir Frauen werden eine solche Revolution niemals anzetteln – aus Angst, wir würden damit das Heilige angreifen. Heute unterscheide ich deutlich zwischen dem Heiligen meines Glaubens, meiner Kirche und dem menschlichen Machtmissbrauch in meiner Kirche. Dennoch bleibt es für mich unverständlich, warum die Kirche uns Frauen zur Seite schiebt. Hatte sie nicht selbst aus der Mutter Gottes eine Königin gemacht? Und waren Königinnen nicht mächtige Frauen? Maria wäre mit Sicherheit erschrocken gewesen, hätte sie gewusst, wozu man(n) sie stilisierte; sie hatte sich immer nur als Mutter, nicht als Herrscherin, ihres Sohnes gesehen.

Dass die Ablehnung von Kondomen in dem *Monitor*-Beitrag und in der Talkshow *Schreinemakers live* im Mittelpunkt stand, zeigte mir, dass es tatsächlich fast unmöglich war, Menschen in der heutigen Zeit vom Sinn und Wert des Ordenslebens zu überzeugen. Letztlich kommt es darauf an, auf das zu hören, was man innerlich selbst leben möchte, und nicht auf das, was einem von außen vorgegeben wird.

Zwei Tage nach der Ausstrahlung beider Sendungen gab es eine Stellungnahme der Katholischen Nachrichten-Agentur (KNA), in der man sich gegen meine Darstellung wehrte. Kurz darauf wurde die Stellungnahme von der Generaloberin vom Kostbaren Blut, Schwester Manuela Randerath, an alle Ordenshäuser und Klöster in Deutschland gefaxt. Ich bekam diese nicht von meinem ehemaligen Orden, sondern von einem Journalisten zugespielt. Die Gegendarstellung meiner Verlautbarungen verhalf nicht zu einem Dialog, weil es dabei um Teilwahrheiten – wie ich es nannte – ging. Der Orden nannte Zahlen, aus seiner Sicht. Ich, als Betroffene, erzählte von meinen Erlebnissen. Doch unabhängig davon war das Echo enorm, ich erhielt viel Zuspruch, ja sogar Unterstützung – doch im ersten Augenblick war ich hauptsächlich wie vor den Kopf gestoßen. Da der Aufruf »Hilfe für Majella« in *Schreinemakers live* mit der Einblendung einer Telefonnummer verbunden war, riefen viele Menschen an, die alles Mögliche an Unterstützung anboten. Einer der Anrufer wollte mir eine Wohnung anbieten, doch so wie er es formuliert hatte, glaubte ich, er hatte die Absicht, mir eine Immobilie zu veräußern. Wieso denn das, überlegte ich, ich besaß doch überhaupt kein Geld. Ich hatte nicht verstanden, dass der Makler mir nur eine günstige Mietwohnung angeboten hatte. Andere sprachen von kostenloser Wohngelegenheit, erwarteten aber im Gegenzug, dass ich mit meiner Mutter zu ihnen zöge, um deren Angehörige zu pflegen. Das empörte mich sogar. Ich ließ mich nicht mehr als preiswerte Krankenschwester verhökern. Außerdem hatte meine Mutter ein Recht auf ihre eigene Wohnung, die für sie nach dem Tod meines Vaters eine wichtige Heimat geworden war. Und schließlich hätte ein solches Angebot bedeutet, dass ich mich erneut in eine Abhängigkeit begeben hätte.

Ähnlich war es mit Gebrauchtkleidern, die man mir schickte. Selbst wenn diese noch in einem guten Zustand waren, wurde mir durch das meist drängende Angebot klar, wie schwierig es ist, den Schenkenden begreiflich zu machen, dass es jetzt für mich wichtig war, selbst wählen zu können. Dass so etwas zum Lernprozess und zum Selbstständigwerden dazugehört. Natürlich war es gut, durch diese Hilfen die Anfangszeit zu überbrücken, aber das konnte kein Dauerzustand sein. Es ging um mehr. Es tat mir weh, zu erleben, dass Menschen zwar helfen wollten, aber gewissermaßen nur zu ihren Konditionen – dasselbe Gefühl müssen auch Afrikaner häufig haben. Deutlich wird diese Haltung in dem Satz: »Wenn ich Ihnen helfen kann beziehungsweise wenn Sie Hilfe nötig haben, brauchen Sie es nur zu sagen!« Schon wieder diese Demütigung, selbst wenn es dem Fragenden nicht bewusst war. Betteln, das konnte ich früher gut für andere. Aber jetzt für mich? Da erlebte ich mehr Solidarität bei einem älteren Herrn. Wir trafen uns an einer Autobahnraststätte, tranken gemeinsam einen Cappuccino, und beim Abschied drückte er mir verstohlen einige Scheine in die Hand. Das war eine selbstlose »Bescherung«, und ich fühlte mich beschenkt und verstanden.

Ein anderer Herr wollte mich beerben, doch sollte es zunächst zu einem Treffen kommen. Ich war das Wort ver- und nicht beerben gewöhnt und konnte mir nicht vorstellen, worum es ging; also schob ich das Ganze lange hinaus. Als es schließlich doch zu einer Begegnung kam, wurde ich mit einem Mann konfrontiert, der mich am Bahnhof abholen wollte. Als Erkennungszeichen gab er an, er trüge eine Trachtenjacke. Er führte mich in ein vegetarisches Restaurant – nicht unbedingt meine erste Wahl, aber mich anzupassen hatte ich ja gelernt. Zunächst war ich neugierig und wollte sehen, was auf mich zukam. Der Appetit verging mir, als mein Gegenüber selbst nichts aß und mir nur zuschaute. Lapidar meinte er nur, »er hätte schon vorgesorgt«. Was auch immer er damit meinte.

Nachdem ich mühsam mein Gemüse mit Reis herunterbekommen hatte, fuhr er mit mir in seinen Schrebergarten, wo er mir jetzt mit entblößtem und sonnengebräuntem Oberkörper seine Lebensgeschichte erzählte, inklusive seine Erfahrung im Lazarett und als Sanitäter während des Zweiten Weltkriegs. Nach meinem Empfinden war das nicht gerade ein passender Gesprächsstoff während eines Kennenlerntreffens, aber als gelernte Krankenschwester war ich ja einiges gewöhnt.

Die nächste Station war seine Wohnung, die ganz in der Nähe des Bahnhofs lag. Also fuhren wir wieder in die Stadt zurück. Der einstige Sanitäter erklärte, dass in seinem Haus neue, schalldämmende Fenster eingebaut werden sollten, im Moment würden sie jedoch noch auf jeder Etage herumliegen. Ich staunte nicht schlecht, als er mir erklärte, dass er auf der unteren Etage wohnen würde, meine Mutter könne darüber einziehen und ich ganz oben. Das Haus war sehr beengt, soweit ich mich erinnere, nur ein größeres Zimmer je Etage. Ich überflog die Lage und fand alles sehr sonderbar. Wobei das wirklich Eigentümliche noch kam: Er meinte, ich würde zusätzlich noch zehn Mark Taschengeld pro Woche für meine – nicht näher ausgeführten – Arbeitsleistungen erhalten. Sex gäbe es keinen, es sei denn, wir würden uns zuvor hinknien und beten.

»Wie bitte?« Mehr konnte ich nicht sagen. Wie verrückt war die Welt denn? Die anderen Details seines Beerbungs-Arrangements waren unbedeutend. Ich wollte nichts mehr als weg, nur noch zurück nach Hause. Im Zug fühlte ich mich sterbenselend, vor lauter Brechreiz wusste ich nicht, wohin mit mir. Doch auch das ging vorüber. Seither möchte ich nie mehr beerbt werden!

Positiver war dagegen eine andere Erfahrung nach meinem Fernsehauftritt. So wurde ich von einem wunderschönen Strauß Blumen, überbracht durch Fleurop, überrascht. Er kam von jemandem – auch einem Mann –, der solch einen Missionseinsatz wie den meinen selbst einmal während eines Arbeitseinsatzes in Afrika mit eigenen Augen erlebt hatte. So konnte er sich wohl besser in meine Lage hineinversetzen und versprach, mich zu unterstützen. Aber gleichzeitig war es ihm wichtig, mir seine Wertschätzung durch diesen üppigen Blumenstrauß zu demonstrieren. Und genau das war es, was ich nötig hatte. Dass ich es einem fremden Menschen wert war, mir seine Hochachtung mit dieser verschwenderischen Blumenpracht zu demonstrieren, das brachte mich ein wenig aus der Fassung. Ein einziges Mal traf ich ihn und konnte mich dadurch auch persönlich bedanken, doch sein wahres Anliegen galt allein der Unterstützung – was man bei dem Schrebergarten-«Verehrer» nicht gerade behaupten konnte. Er hatte verstanden, dass die »kirchliche Strafe« mein Selbstwertgefühl angegriffen hatte. Dem wollte er entgegenwirken. Und tat es mit Erfolg. Heute erfreue ich mich meiner eigenen Blumen auf der kleinen Veranda; ich kann sie mir selbst aussuchen und auch pflegen. Wie diese wunderschönen Bougainvillea, die mich an meine Afrikazeit erinnern und die ich deshalb besonders liebe. Jede einzelne violette Blüte mit dem zentralen weißen Blütenstängel zeigt mir, dass sie auch unserem Klima gewachsen ist. Manchmal schenke ich mir selbst eine langstielige orangefarbene Rose – denn ich habe es inzwischen gelernt, auch mir selbst manchmal Wertschätzung entgegenzubringen.

Geldspenden nach Schreinemakers Aufruf wurden – bis auf jene des Herrn von der Autobahnraststätte – direkt auf ein Bankkonto überwiesen, zum Beispiel 50 Mark oder sogar 100 Mark. Aber die entwürdigende Prozedur des sich Rechtfertigenmüssens machte mich sehr betroffen. Aufgrund dieser Beträge meinte mein Orden, ich bräuchte jetzt ja keine weitere Unterstützung, ich hätte ja welche von den Leuten bekommen, die bei Schreinemakers anriefen. Wenn fremde Menschen mich unterstützten, reichte das ja, da konnte der Orden sich das Geld sparen. Da ging es knallhart um wirtschaftliche Gründe, die weit entfernt von verständnisvoller Mitschwesterlichkeit schienen.

Mit den Fernsehauftritten hatte ich selbst aber etwas anderes verbunden als eine individuelle Hilfemaßnahme – auf die hatte der *Monitor*-Beitrag auch nicht abgezielt. Es war mir ja um ein Recht gegangen, um eine grundsätzliche Besserstellung ausgetretener Nonnen. Aber rechtlich wurde erst einmal wieder nichts erreicht. Als Einzelne zu kämpfen genügte nicht, das musste ich erfahren. Und das hatte der Orden wohl auch so erwartet. Warum auch hätte die Kirche mir beipflichten sollen, im Sinne von: »Ja, stimmt, das haben wir nie richtig beachtet, das hätten wir schon längst machen sollen. Gut, dass Sie uns daran erinnert haben, Frau Lenzen.« Mir war bewusst, dass eine Nachversicherung eine viel weitreichendere Konsequenz haben konnte, nämlich den Austritt von unzähligen Nonnen. Ich war mir sicher, dass eine hohe Anzahl von Ordensfrauen ihr Kloster verlassen würden, gäbe es diese Alternative einer finanziellen Überlebenschance außerhalb der kirchlichen Mauern. Doch solange die nicht gegeben war, konnte es so bleiben, wie es immer war. Und genau das war die Absicht.

Trotz dieser Erkenntnis ließ ich mich nicht davon abhalten, mir und meinem Anliegen Gehör zu verschaffen und es unermüdlich weiter im Blick zu behalten. Einschüchtern lassen wollte ich mich partout nicht. Oft überlegte ich, was wohl passiert wäre, wenn es zu einem Dialog mit meinem Orden gekommen wäre. Aber diese Utopie gehört wohl mit zu den Träumen, die noch nicht gestorben sind.

In der Folge brachten Zeitungen und Radiosender Interviews mit mir, und letztlich führte dieses Bekanntwerden auch dazu, dass eine Zusatzrente ausgehandelt werden konnte. Doch waren dafür mehrere Rechtsanwälte, ein Formfehler des Ordens und der kontinuierliche Beistand meines Pfarrers nötig. Pfarrer Freitag sprach einmal davon, er hätte sich bei seiner Hilfe mir gegenüber so gefühlt, als ritte er neben mir auf einem Kamel durch die undurchdringliche Weite der Wüste. Er malte sein Bild in farbenfrohen Schattierungen: das zermürbende Wandern auf dem Rücken dieser fremdartigen Tiere, über die kleinen hellbraunen Sandkörner in tausend Formen; immer auf der Suche nach der rettenden Oase.

Anlässlich einer Tagung über das »Selbstbestimmungsrecht der Kirchen« im März 1994 in der Evangelischen Sozialakademie Friedewald in Rheinland-Pfalz, auf dem der Jesuit Friedhelm Hengsbach sprach, einer der führenden Sozialethiker Deutschlands, machten Pfarrer Freitag und ich wieder einmal auf die Lage der Ausscheidenden aufmerksam, ebenso bei dem Kirchenrechtler und Jesuiten Professor Reinhold Sebott in Frankfurt. Allen war das Problem der mangelhaften Nachversicherung von Nonnen bekannt, aber sie schienen machtlos. Muss so lange gekämpft werden, bis die Regierung in Deutschland nicht mehr anders kann, als tätig zu werden? Oder wartet man ab, bis sich die Lage von allein ändert, denn die Mehrzahl der Schwestern ist so alt, dass vorherzusehen ist, wann die Konvente aufgelöst werden müssen? Jedoch die jetzt achtzigjährigen Ex-Nonnen, die ihr Leben lang aufopferungsvoll im Dienste Christi standen, hätten es in meinen Augen wirklich verdient, einen sorgloseren Lebensabend zu erleben, als bis zum Umfallen zu arbeiten. Auch das ist keine christliche Nächstenliebe! Oder gilt diese nur, wenn man im Kloster bleibt, um wie seit jeher von den noch verbliebenen jüngeren Mitschwestern versorgt zu werden?

Das leidige und immer wieder angebrachte Argument, dass es an finanziellen Mitteln fehle, um die einstigen Ordensfrauen zu unterstützen, ließ ich so nicht gelten. Ich vermutete eher, dass es an Fachwissen und Weitsicht fehlte. Und dass es daran lag, dass wir eben Frauen waren. Da sahen selbst Geistliche sich nicht in der Pflicht, uns Ehemalige stärker zu unterstützen. Aber wegen der gelobten Armut mussten wir doch nicht ausgebeutet oder minderwertig behandelt werden. Setzte unser missionarischer Auftrag nicht voraus, dass wir beruflich und theologisch gut ausgebildet werden, um den Anforderungen von Wissenschaft und Technik in einer modernen Gesellschaft entsprechen zu können? Und zwar bei jeder einzelnen Nonne, ihren Talenten gemäß? Aber diese Sichtweise fehlte wohl in »meinem« Orden.

Meine Suche nach Gerechtigkeit ging aber weiter. Im September 2003 hatte ich gemeinsam mit Pfarrer Freitag im Berliner Bundesministerium für Familie, Senioren, Frauen und Jugend eine Anhörung. Es war nicht meine erste Begegnung mit Christel Riemann-Hanewinckel, Mitglied des Deutschen Bundestags und Parlamentarische Staatssekretärin. Als die ehemalige Pastorin und damalige SPD-Abgeordnete die Fernsehsendungen über mich gesehen hatte – damals residierte der Bundestag noch in Bonn –, lud sie mich in den »Langen Eugen« ein, das Abgeordnetenhaus am Rhein. Mich begleitete Marlene Hohn, die frühere Amtsärztin

des Gesundheitsamts der Kreisverwaltung Düren, die eine langjährige Freundin meiner Eltern war. Mir fiel es nicht leicht, die
einzelnen politischen Ämter und Funktionen einzuordnen, aber
ich war bereit, alle nur erdenkliche Hilfe anzunehmen, wenn dadurch nur Gerechtigkeit hergestellt würde. Schon damals führten
Frau Riemann-Hanewinckel, Frau Hohn und ich führten ein an-
geregtes Gespräch. Da sie als protestantische Pastorin in einer
Klinik tätig war, wusste sie über die physischen und psychischen
Belastungen der Kranken- und Ordensschwestern Bescheid. Es
tat mir gut, zu erleben, wie sie zuhörte und nachfragte. Deshalb
glaubte ich ihr, als sie sagte, dass sie sich einsetzen werde.

Im Juli 1996 erhielt sie bereits die erste offizielle Auskunft vom
Deutschen Katholischen Missionsrat über die »Soziale Absicherung
von Ordensmitgliedern im Auslandsdienst«. Christel Riemann-
Hanewinckel ermunterte mich auch weiter: »Warten Sie nur, Frau
Lenzen, der Adler in unserem Wappen wird seine Wirkung zeigen!«
Tatsächlich, ihm war gehuldigt worden. Sie bekam Antworten,
auf die wir vergeblich gewartet hatten. Aber die kirchenrechtli-
chen Auslegungen besagten genau das, was ich auch später immer
erfahren sollte: »Das Niveau der Rentenversicherung auf Sozial-
hilfebasis ist für Ausgeschiedene kirchenrechtlich abgesichert.«

In der Zwischenzeit war das Ministerium der Sozialdemokra-
tin nach Berlin umgezogen. Ich hatte mich meiner neuen Lebens-
situation angepasst und mich weiter ins zivile Leben integriert,
blieb aber dennoch auf der Suche nach einer verbesserten Gesetzeslage. Zugleich träumte ich davon, dass wir Ex-Nonnen eines
internationalen Ordens die gleichen Gesetze in ganz Europa gel-
tend machen konnten. Nachdem mir das klar geworden war, hieß
dies, höher zu pokern und weitere Hilfe zu holen. Deshalb der
neue Versuch – diesmal in Berlin.

Ich fuhr in Begleitung von Pfarrer Freitag, der für mich der Fachmann in rechtlichen Sachen geblieben war. Auf dem Weg zum Ministerium gingen wir an zwei Schornsteinfegern vorbei. Der Anblick, hier in der Hauptstadt, erstaunte mich. »Entschuldigen Sie bitte«, sprach ich die beiden Männer spontan an, »darf ich ein Foto von Ihnen machen, denn Sie sind das Symbol für Glück, und das habe ich heute nötig.« Die beiden lachten in ihrer verrußten Robe, und der Schnappschuss gelang. Im Ministerium angekommen, erlebten wir Christel Riemann-Hanewinckel, die in der Zwischenzeit geheiratet hatte, herzlich wie zuvor. Es freute sie, dass wir kamen. Ich überließ Pfarrer Freitag die Schilderungen und Erklärungen. Manchmal klangen seine Worte etwas drastisch, was seiner früheren Tätigkeit im Berufsschulbereich geschuldet war. Die aufmerksame Staatssekretärin stellte am Schluss seiner Ausführungen nachdenklich fest: »Es ist wie in einem Glashaus, man sieht alles, aber man kommt nicht weiter.« Sehr einfühlsam fügte sie nach einer kleinen Pause hinzu: »Wenn man das so hautnah erlebt wie Sie, könnte diese Gesetzeslage direkt zum Selbstmord führen!« Obgleich gut gemeint, trafen mich diese Worte so, dass ich auf die Toilette flüchtete, um dort meinen Tränen freien Lauf zu lassen.

Dennoch: Wir waren ein gutes Stück in unseren Bemühungen vorangekommen. Die Politikerin kannte mittlerweile unser Anliegen so gut, dass sie den Vorschlag machte, einen Antrag an den Petitionsausschuss des Deutschen Bundestags zu stellen. Den arbeiteten wir noch im gleichen Monat aus und schickten ihn an sie, zur Weiterleitung. Und das war es dann auch erst einmal. Denn als Antwort auf unseren fünfzehnseitigen Antrag hieß es: Ich würde unaufgefordert weitere Nachricht erhalten. Im nächsten Jahr sind zehn Jahre vergangen. Wurde es vergessen? Gibt es für so etwas eine Verjährungszeit? Oder hatte es mit etwas ganz anderem zu tun?

Schon vorher, genauer gesagt am 27. Januar 2004, erreichte das Präsidialbüro des Deutschen Bundestags eine Stellungnahme über mich, verfasst vom Kommissariat der Deutschen Bischöfe aus dem Katholischen Büro in Berlin. In dieser wurden alle Auslagen aufgeführt, die der Orden für mich getätigt hatte. Dadurch wurden grundsätzliche Fakten vertuscht und eben Teilwahrheiten in den Vordergrund geschoben. Eine weitere Richtigstellung blieb bis heute aus. Mobbing ist auch im kirchlichen Raum strafbar. Machtmissbrauch und Mobbing – beides ist im System Kirche und im Orden nicht nur möglich, sondern gang und gäbe, denn sie werden durch Hörigkeit der Mitglieder und ein überhöhtes Ideal- und Wertesystem gefördert.

Erneut gingen Jahre ins Land – und es änderte sich nichts. Im April 2006 wurde ich für vier Tage von der Heinrich Böll Stiftung zu einem Bildungsurlaub in Brüssel eingeladen. Das Thema: »Lobbyarbeit auf europäischer Ebene«. Ausschlaggebend bei dieser Einladung war für mich der Gedanke, dass Brüssel Hauptstadt der EU ist. Sie wollte ich kennenlernen, nicht nur, um mich politisch in Europa zurechtzufinden – noch mehr trieb mich jene ständige Sehnsucht nach Gerechtigkeit dazu an. In der Bibel ist so oft die Rede von ihr, so heißt es zum Beispiel in Jesaja 51,8: »Meine Gerechtigkeit bleibt für immer bestehen, und von Generation zu Generation meine hilfreiche Gnade.« Ich fand, dass es nun wirklich an der Zeit war, dass diese Gerechtigkeit auch für uns Ausgetretene sichtbar werden musste. Meine Suche danach hatte schon lange gedauert, und der Aufenthalt in Brüssel schien mir wie ein Mosaikstein auf dem Weg dorthin. Nachdem ich ein Buch der Bundeszentrale für politische Bildung gelesen hatte, *Men-*

schenrechte, Dokumente und Deklarationen, schrieb ich die Notiz: »Frauenrechte sind Menschenrechte.« Erst einmal musste ich also verstehen, warum wir Frauen generell unterbewertet wurden. Die Frauen in der Kirche, und speziell wir Ordensfrauen und Ehemaligen, gehörten anscheinend aber in eine noch niedrigere Kategorie. In Afrika hatte ich das noch halbwegs verstehen können, weil dort die Entwicklung von Tradition und Brauchtum ausgeprägter war, sodass die Bedeutung des Mannes, der in den Stammeshierarchien über der Frau stand, stärker zum Vorschein kam. Aber hier, in Europa? Das konnte doch unmöglich stimmen. Oder doch?

Im Mai 2012 las ich einen bemerkenswerten Artikel im *National Catholic Reporter,* einer irischen Zeitschrift, die ihre römisch-katholische Leserschaft bestens über aktuelle kirchliche Probleme – zum Beispiel den sexuellen Missbrauchsskandal beim Klerus – informierte. So berichtete die Benediktinerin und amerikanische Journalistin Joan Chittister am 3. Mai 2012 über ein Erlebnis während einer Konferenz in Nairobi, die bereits einen Monat zurücklag. Eine Woche lang hatten sich in einem großen Zelt – zum Schutz vor der afrikanischen Sonne – Vertreter unterschiedlicher Religionen und Traditionen gegenseitig informiert, inspiriert und miteinander diskutiert. Es ging um die ägyptische Revolution, um soziale Unruhen in Kambodscha, um den Mittleren Osten. Schließlich rangen sich Frauen aus dem Kongo dazu durch, von sich zu erzählen. Sie machten darauf aufmerksam, dass während des bewaffneten Konflikts im Osten ihres Landes, der 1994 begann und immer noch nicht beendet sei, rund 70 000 Frauen und Mädchen vergewaltigt worden seien. »Ich bin eine von ihnen, ich bin Christin, aber ich kann nicht vergeben«, gestand eine der Betroffenen in kurzen, stoßweisen Sätzen. Es brach aus ihr heraus, sie stöhnte auch jetzt noch unter der Last des Geschehenen. Die

119

Erklärung ergab sich aus der detaillierten Schilderung des Vorfalls. Nachts hatten Räuber ihr Haus überfallen und verlangt, dass ihr Mann sie und ihre Töchter freigab – oder er würde sterben. Weil der Mann sich weigerte, begannen sie ihn langsam zu verstümmeln, zuerst einen Finger, dann die Augen, bis die Frau aufschrie und sich ihnen freiwillig anbot, um ihren Mann zu retten. Sie ließen von ihm ab und die ganze Bande vergewaltigte erst sie und dann jede einzelne Tochter. Erst danach verschwanden sie wieder.

Was dann passierte, war noch entsetzlicher, denn jetzt begann ihr Ehemann, dem sie freiwillig das Leben gerettet hatte, laut zu schreien und er warf sie und ihre Töchter aus dem Haus. Er warf sie hinaus, obgleich er wusste, dass es keinen Platz gab, auch keinen Menschen, der sie aufnehmen würde. Denn die traditionelle Überzeugung ist: »Sie haben es ja selbst gewollt!« Frauen stehen nicht auf der gleichen Stufe mit ihren Männern, folglich wird die brutale Vergewaltigung, die sie erlebten, ihrer persönlichen niederen Triebhaftigkeit zugeordnet und nicht der sich austobenden männlichen Gewaltausübung, die zur qualvollen Entwürdigung der Frauen führte.

Dieses Zeugnis rüttelte die Hörenden auf, denn sie alle glaubten, als Priester, Ordensleute, Pfarrer, Rabbis oder Muftis für Frieden und Gerechtigkeit weltweit eintreten zu können. Aber was hatte die jahrhundertelange Evangelisierung der afrikanischen Völker – von uns westlich-orientierten Missionaren – in Wirklichkeit erreicht? Die männlich geprägte Kirche Europas konnte keinen Gesinnungswandel der Männer in Afrika herbeiführen.

Mich persönlich erschütterte dieser Bericht der amerikanischen Ordensfrau. »Sie haben es ja selbst gewollt!« Nicht die Realität ist Grundlage der Beurteilung, sondern die traditionelle männliche Sichtweise.

Von Heinrich Böll stammt die Maxime: »Einmischung ist die einzige Möglichkeit, realistisch zu bleiben.« Also versuchte ich mich besser zu informieren, und Brüssel war eine solche Möglichkeit. Und so erlebte ich als Erstes eine ausgezeichnete Führung durch die historische und politische EU-Hauptstadt – zu Fuß. Wir begannen auf dem flachen Dach eines Zentrums, das uns einen idealen Überblick als Ausgangspunkt verschaffte. Später fuhren wir ins Parlament und nahmen an einer Fraktionssitzung der Europäischen Grünen teil. Ich freute mich, die lebendige Diskussion mit Vorsitz von Daniel Cohn-Bendit live zu erleben. Der eloquente Politiker war mir sympathisch, weil ich glaubte, dass er sich nicht scheute, seine Meinung kundzutun. Danach aßen wir in der Kantine des Europa-Parlaments, daran schloss sich eine weitere Tour durch das Parlamentsgebäude an. Wir trafen auch mit dem Europaabgeordneten der Grünen, Frithjof Schmidt, zusammen. All das beeindruckte mich, dennoch blieb ich weiterhin ratlos. Es war zu fremd. Ich überlegte: An wen könnte ich mich mit meinem Anliegen wenden? Welche Partei würde mutig genug sein, solch ein Thema wie das meine aufzugreifen? Noch wusste ich nicht, wie ich damit umgehen sollte. Die Fragen blieben offen, aber ich hatte den Sitz des EU-Parlaments gesehen. Ein Anfang war gemacht.

Als ich ein gutes Jahr später eine Tagesfahrt im Bus nach Luxemburg unternahm, suchte ich dieses Mal nach dem Europäischen Gerichtshof (EuGH), dem Wächter über die EU-Verträge. Hinzu kam, dass der Luxemburgische Premierminister Jean-Claude Juncker im Mai 2006 den Karlspreis in Aachen erhalten hatte, mit dem Persönlichkeiten oder Institutionen ausgezeichnet werden, die sich um Europa und die europäische Einigung verdient gemacht haben. Juncker war mir durch die mit der Preisverleihung verbundenen Presseberichte ein wenig bekannt geworden. Ich sah in ihm eine glaubwürdige Persönlichkeit.

Die Luxemburger erlebte ich als sehr freundlich, die 2007 zur Kulturhauptstadt Europas erhobene Stadt des Großherzogtums präsentierte sich mit prächtig renovierten Gebäuden und eindrucksvoller Natur. Durch diese Fahrt erfuhr ich: Es gibt einen weiteren Gerichtshof der EU, und zwar den Europäischen Gerichtshof der Menschenrechte (EGMR) mit Sitz im französischen Teil von Straßburg. Wieder war ich auf meiner Spurensuche vorangekommen, wenn auch nicht viel.

Allmählich begann ich zu erahnen, wie vielschichtig Rechtsprechung aussieht und wie schwierig es ist, sich darin auch nur annähernd zurechtzufinden. Aber es war auch interessant. Als ehemalige Missionsschwester war ich schon immer wissbegierig und ein bisschen abenteuerlustig gewesen. Doch je mehr Orte und Gebäude ich kennenlernte, die mit Rechtsprechung zu tun hatten (mit meiner österreichischen Freundin Immaculata besuchte ich auch das UNO-Gelände in Wien), umso deutlicher wurde mir, dass wir Ehemaligen und Ordensleute rechtlich keineswegs adäquat vertreten waren und sind. Und mir wurde auch bewusst, dass das kaum bekannt war und niemanden besonders berührte. Damals als »Pinguine« belächelt, konnten wir uns wohl kaum in ein Raubtier verwandeln, das seine Rechte fordert.

Eine befreundete Ausgetretene, Renate, schickte mir in dieser Zeit einen Aufruf von Amnesty International Wien, auf dem für die »Allgemeine Erklärung der Menschenrechte« vom 10. Dezember 1948 geworben wurde. »Was hat unsere Kongregation daraus gemacht?«, schrieb sie darunter. Von den dreißig angeführten Artikeln wurden aus ihrer Sicht sechsundzwanzig in unserem Orden gebrochen. Und ich musste ihr zustimmen: Es fehlt uns am »Recht auf Freiheit« – denn im Orden sind nicht alle »frei und gleich an Würde«, sondern Diskriminierung und erniedrigende Behandlung werden unter dem Deckmantel des Gehorsams und der Einhaltung der Ordensregeln permanent praktiziert oder systematisch eingesetzt. Das wird legitimiert durch den Willen Gottes. Wir haben keine Anerkennung als Rechtsperson oder adäquaten Rechtsschutz (Artikel 8 bis 10 der Menschenrechte). Uns mangelt es an einem Recht auf Meinungsäußerung (Beispiel Postkontrolle), ganz zu schweigen von einem Recht auf Bildung, auf soziale Sicherheit, auf Eigentum und vieles mehr. Durch Ablegung der drei Gelübde verzichteten wir auf all das, ohne darauf aufmerksam gemacht worden zu sein, ohne es zu wissen. Wir haben es in gutem Glauben an »das Ideal der Hingabe an Gott und den Dienst am Mitmenschen« getan und sind dadurch »unseres eigenen Menschseins« beraubt worden, wie ich es mit Blick auf die Menschenrechte nennen möchte. Wenn diese meine Freundin heute gefragt wird, ob sie Kinder habe, antwortet sie, dass sie um eines religiösen Gebots beziehungsweise Verbots willen auf diese verzichtet habe.

Fast zufällig nahm ich das Buch der »Wüstenblume« in die Hand, *Schwarze Frau, weißes Land* von Waris Dirie. Ihren spannenden Film hatte ich mit Betroffenheit und hoher Anerkennung gesehen. Nun las ich mich fest in ihrer Biografie. Dabei stellte ich mit Erstaunen fest, wie diese mutige Frau immer wieder neu darum kämpfen musste, um ihrem Ideal und Lebensmotto treu zu bleiben, nämlich um ihr Bemühen, afrikanischen oder islamischen Frauen Mut zu machen, mit alten Traditionen zu brechen, die weder mit Religion noch mit den angeblichen Reinheitsregeln etwas zu tun haben, sondern allein die Macht und Vorherrschaft des Mannes stärken. Mit ihrem menschenrechtlichen Engagement tut sie der Menschheit mehr Gutes als viele Politiker oder kirchliche Würdenträger. Solche Frauen sind wahre Vorbilder, auch ohne Heiligsprechung.

Korrespondenz
mit einem Strafgefangenen

Knapp drei Monate nachdem Gudrun Menge, die ÖTV-Vorsitzende des Kreisfrauenausschusses von Düren, mich in Köln den Juristinnen vorgestellt hatte, trafen wir uns zur Vorbereitung der Maikundgebung der Gewerkschaften im Dürener Stadtpark. Im Ausschuss waren wir eine bunt gemischte Gruppe von Frauen, die jeweils für die unterschiedlichen Belange der Gesellschaft eintraten, wie zum Beispiel Arbeitsrecht, Wirtschaft, Gesundheit, Bildung, Soziales oder Kirchliches. Und das taten wir aus frauenpolitischer Sicht. Gudrun machte nun den Vorschlag, dass wir unsere Demonstration am Tag der Arbeit mit einer Spendensammlung für das Rafiki-Aids-Projekt in Tansania verbinden sollten. Alle Frauen stimmten begeistert zu. Ingrid, Diplompädagogin und unsere Frauenbeauftragte, erstand kleine Usambaraveilchen (ursprünglich stammten diese krautigen Gewächse mit den leuchtend violetten Blüten aus den Usambara-Bergen im Nordosten Tansanias) zum Vorteilspreis. Gegen eine Spende wollten wir sie verschenken. Gudruns Einfall hatte so bei mir gezündet, dass ich eine ganze Reihe meiner Afrika-Fotos zu einem anschaulichen Poster zusammenbastelte. Traurige, fragende Kinderaugen, ausgebildetes einheimisches Personal, ein Blick in die Krankensäle oder auf die farbenprächtige Landschaft – alles Momentaufnahmen aus meiner vergangenen Missionszeit.

»Gudrun, dieser Vorschlag mit der Spendensammlung – hast du ihn gemacht, weil du merktest, wie sehr es mir fehlt, selbst etwas auf die Beine zu stellen?«, fragte ich, als wir an unserem ÖTV-Stand auf vorbeiziehende, interessierte Passanten warteten. Ich wagte ja kaum darüber zu sprechen, wie sehr mein Selbstwertgefühl unter dem unvermeidlichen Austritt gelitten hatte. Dazu kam die Sorge um meine alternde Mutter, die mich in dieser schlimmen Zeit erneut aufgefangen und auch wieder in ihrer Zweizimmerwohnung aufgenommen hatte. Sie, die wie mein Vater tiefgläubig war, hatte meine Entscheidung nachvollziehen können. Ja, sie hatte sogar förmlich darauf gewartet. Immer hatte sie aufmerksam beobachtet, was mit mir geschah, und besonders nach dem Tod meines Vaters war sie mehrmals im Provinzhaus meines Ordens gewesen und hatte sich auf ihre Art mit dem Thema der Berufung auseinandergesetzt. Als sie gefragt wurde, ob sie einmal dorthin ins Altenheim gehen würde, kam die spontane Antwort: »Nur über meine Leiche!« Dabei kam sie gut mit den Schwestern zurecht, aber das allein genügte ihr nicht.

Im Gegensatz zu meinem Vater war sie immer in den Hintergrund getreten. Vaters Leben war von Anfang an von einer tiefen Ergriffenheit von Gott geprägt gewesen, dem er sich als blutjunger Mensch bereits versprochen hatte. Wenn er im Priesterseminar den Dienst des Sakristan versah, so »fühlte er den Herzschlag Gottes so stark«, dass er sich ihm nicht entziehen konnte. Als er in der Schwangerschaft meiner Mutter jenes Konvikt besuchte, in dem er schon als Knabe tiefe Gotteserlebnisse hatte, stand er, wie er erzählt hatte, »schließlich in der Sakristei, und die Schränke mit dem seidenen Rauschen der Gewänder taten sich auf. Ich durfte sie wieder in Händen halten und betasten. Ich dachte, dass von allem wohl ein Hauch und eine Sehnsucht in das Leben unseres Kindes übergehe.« Damals konnte er nicht wissen, dass ich dieses Kind war. Er hatte also selbst an den Priesterberuf gedacht, und mein Vater gab das weiter, was ihn berührt hatte, und glaubte, dass es das Beste für mich sei, wenn ich dieser Berufung folgte. Ich habe es dann auch – jahrzehntelang – mit Hingabe gelebt, bis ich erkannte, dass mein eigener Entwicklungsprozess anderes verlangte. Und dieses andere war für mich jetzt eng verbunden mit Aids. Ich weiß nicht, ob mein Vater diese Veränderung hätte nachvollziehen können – meine Mutter war jedenfalls dazu in der Lage.

Gudrun lächelte mir zu. »Angesichts deiner Situation, Majella, konnte ich mir das vorstellen. Mir wäre es sicher nicht anders ergangen. Würde man mir meinen Beruf von heute auf morgen nehmen – solch einen Tiefschlag mag ich mir gar nicht ausmalen. Aber im Gegensatz zu dir hätte ich Verbündete, Freundinnen, mit denen ich offen sprechen könnte. Du hast deine Mutter, der du dich anvertrauen kannst, aber sicher ist sie nicht in der Lage, das ganze Ausmaß deiner inneren Verfassung zu begreifen.«

Es war schön, das zu hören. Im Kloster war alles mit einem Pflichtgefühl verbunden gewesen oder dem sogenannten Geist der Nächstenliebe, jetzt taten sich mir ganz neue Sichtweisen auf.

»Aids zu haben, das ist in den Augen der Amtskirche eine Schande, denn es entspringt generell einem sündigen Akt« – so diskutierte ich mit Passanten, die Aufklärung suchten. Dadurch, dass HIV-Positive und Aidskranke noch heute von der katholischen Kirche als »schuldhaft erkrankt« gesehen werden, sind sie als sündige Menschen gebrandmarkt. Das, so gab ich – oft unter erstaunten Blicken – zu verstehen, ist es, was ich der Kirche vorwerfe. Dieses Stigma, das zu Missachtung und einem Ausgestoßensein führt, macht deutlich, dass die Botschaft des Evangeliums auch nach 2000 Jahren immer noch nicht verstanden wird. Das sei schlimmer als die Krankheit selbst, weshalb eine afrikanische Ordensfrau einmal feststellte: »Aids ist keine Krankheit, Aids ist ein Todesurteil!«

Weiter war es mir wichtig hervorzuheben, dass ich in Tansania erlebt hatte, wie das Gesundheitssystem in den dreißig Jahren seit der Unabhängigkeit hervorragende Arbeit geleistet hatte. Dabei zeige ich auf ein altes Foto von mir, auf dem ich noch als Nonne zu sehen war, auf meinem Schoß ein gesundes, vergnügt strampelndes Baby. Aber, so fügte ich hinzu, HIV und Aids sind dabei, das alles zu vernichten, wenn keine Hilfe angeboten wird.

Das machte es für manchen Zuhörer leichter, etwas zu spenden. Dennoch fürchtete ich mich nicht, auch die unangenehmen Tatsachen anzusprechen. So sagte ich, dass sich in der katholischen Kirche deutlich zeige, dass sie große Probleme mit der Aidsaufklärung und -verhütung habe. Und solange meine Kirche sich weigert oder Angst davor hat, das klar auszusprechen, würde sie sich mitschuldig an der Ansteckung und dem Tod vieler Unschuldiger machen.

An dieser Stelle wurde die Frage laut: »Und haben Sie da ein konkretes Beispiel vor Augen?«

Meine Antwort: »Ich denke besonders an die Kulturen Afrikas, in denen sich die Frau dem Mann traditionell zu beugen hat und dem Wunsch nach ungeschütztem Sex nachgeben muss, besonders da, wo die Kirche den Gebrauch von Kondomen offiziell verbietet. Dadurch wird nicht nur die Frau der Gefahr der Ansteckung ausgesetzt, sondern ebenso das Kind, das sie dabei empfangen kann.«

Das stimmte nachdenklich, und während sich die Menschen in die Poster von Afrika vertieften, fragte ich mich, warum uns

Christen vielfach und ganz grundsätzlich das Gespür für den inneren Wert unserer Mitmenschen abhandengekommen ist. Gewiss, die Latte war im Vergleich zu »dem Heiligen« – nämlich Gott – hoch gesteckt. Dennoch! Ich erinnerte mich meiner eigenen unzähligen Versuche, gegen diesen Makel des »Unheiligen« in meinem Leben anzugehen. War ich nicht schon immer bemüht gewesen, Gott »milde« zu stimmen und ihn um Verzeihung zu bitten, wenn mir wieder bewusst wurde, wie fehlerhaft und ungenügend ich meinen Missionsalltag lebte? Früh um fünf Uhr aufzustehen und die morgendliche Frische in tiefen Zügen in mich aufzunehmen – ja, das belebte. Aber kurz darauf, beim Gebet in der Kapelle, übermannte mich die Müdigkeit und mein Geist irrte hilfesuchend nach dem Angelpunkt, dem ich mein Leben in fast kindlicher Einfalt versprochen hatte. »Nicht nachgeben, nicht aufgeben«, hieß die Parole. »Gott lässt uns in der Finsternis suchen, sein eigener Sohn musste auch so leiden.« Weshalb sich also beklagen? War diese Müdigkeit nicht ein Zeichen der besonderen Nähe zu Gott? Nur keine Schwäche zeigen. Im Laufe des Tages würde sich das legen, so hieß es. Dem war aber nicht so, denn es ging ja gar nicht um die Nähe oder Ferne Gottes, sondern schlichtweg um eine körperliche Überforderung, etwa durch die intensive Aids-Arbeit in Moshi.

Gut drei Wochen nach der Maikundgebung kam die nächste Chance, mich zu engagieren. Auf Einladung des Frauenreferats und des ökumenischen Frauenkreises des katholischen Bildungswerks in Düren sollte ich einen Dia-Vortrag halten. Das Thema: »Über drei Jahrzehnte Einsatz in Afrika«. Wiederum war ich in meinem Element und sprach mit Begeisterung über meine Zeit in der Mission in Tansania und den Aufbau eines Gesundheitswesens mitten im Busch, das ich im hundert Kilometer von der nächsten Stadt gelegenen Turiani-Krankenhaus verwirklichen konnte. Die Zuhörer waren von dem Erzählten und den Bildern gefesselt, wie mir hinterher gesagt wurde. Ich selbst hatte das nicht gemerkt, denn für mich war es Realität, von der ich berichtete – wenn auch eine, die mehr den Charakter eines Rückblicks hatte. Meine Mutter hatte sich ebenfalls unter den Zuhörern befunden, dadurch war der Vortrag eine Möglichkeit, gemeinsam mit ihr das von mir Erlebte zu verarbeiten. Sie sprang mir auch bei, wenn sie spürte, dass die Zuhörenden eine Erklärung brauchten. Gemeinsam hatten wir schon Fotoalben angeschaut, in Briefen gelesen und Begegnungen wachgerufen. Meine Mutter übernahm dabei wie früher eine Beschützerrolle. Fast erschrocken war ich, als sie einmal meinte: »Majella, ich habe dich im April 1953 nach Neuenbeken gebracht. Du warst viel zu jung.« Ich erwiderte: »Das stimmt. Aber als ich in die Mission fuhr, war ich bereits einundzwanzig. Ich bin eben im Kloster nicht nur groß, sondern auch erwachsen geworden.«

Die Spenden an diesem Abend hatten gezeigt, dass die Zuschauer uns verstanden hatten. Dieser Einsatz hatte sich gelohnt. Es war gut, wie es war, sagte ich mir im Stillen. Mir fiel ein, dass ich von der TCMA, der Tanzanian Christian Medical Association, noch vor meinem Abschied gebeten worden war, unser diözesanes Aidsprojekt auf der Jahreshauptversammlung in Dar es Salaam vorzustellen, weil es strategisch hervorragend ausgearbeitet war. Es sollte Nachahmer finden. Noch hatte ich solche Erinnerungen zur Bestätigung meiner selbst nötig.

Aber wie sollte es weitergehen? Genügte es, was ich zurzeit tat? Naiso hatte inzwischen am Kilimandscharo einige Selbsthilfegruppen für an HIV oder Aids leidende Frauen ins Leben gerufen, ähnliche musste es doch auch hier in meiner unmittelbaren Umgebung geben? Auch in Deutschland erkrankten Menschen an der Immunschwäche und brauchten Hilfe. Von der im Kreis Düren zuständigen Amtsärztin erfuhr ich, dass sie gerade versuchte, solch eine Selbsthilfegruppe ins Leben zu rufen. Da schien es ideal zu sein, gleich von Anfang an bei ihr mitzumachen. Die Menschen, die sich im KOMM-Zentrum trafen, im Hinterzimmer einer Kneipe, kamen aus verschiedensten Motiven. Viele waren HIV-positiv, hetero- oder homosexuell, einige waren Partner von Erkrankten, Betreuer oder aus Empathie Interessierte. Wenn ich mich noch recht erinnere, war sogar jemand dabei, der von einem Beerdigungsinstitut kam, um durch die Teilnahme in der Gruppe mehr über die Krankheit zu erfahren. Oder um für sich zu werben. Auch wenn es betreten macht: In Tansania waren Beerdigungsunternehmen diejenigen, die das stärkste Wachstum verzeichnen konnten. Särge waren ein lukratives Geschäft.

Wir tauschten uns aus und wollten sehen, was aus diesen Zusammenkünften werden konnte. Gegenseitige Unterstützung war weniger erwünscht, weil jeder bereits gefangen war in seinem Bemühen, das Beste aus seiner jetzigen Lage zu machen. Sobald wir uns aber selbst überlassen waren – die anfangs anwesende Gesundheitsexpertin musste sich dringend mit anderen medizinischen Problemen auseinandersetzen, verflachten die Treffen immer mehr und schliefen schließlich ganz ein. Unabhängig davon hatte ich einen jungen Mann kennengelernt, der HIV-positiv war und mich stark an unsere Patienten in Tansania erinnerte. Er war ebenso abgemagert wie die afrikanischen Infizierten, deshalb kursierte früher ja auch die Bezeichnung »Slim Disease« für Aidserkrankungen. Beeindruckend war für mich, wie liebevoll er von seiner Freundin Britta begleitet wurde, als wäre es das Selbstverständlichste auf der Welt. Ich bewunderte beide.

Martin war Ende zwanzig und Musiker in einer Band. Er hatte sehr früh Drogen genommen und sich mit HIV durch die gemeinsame Nutzung von Injektionsnadeln infiziert. Einige Male besuchte ich ihn und Britta gemeinsam mit meiner Mutter in ihrem kleinen Haus am Rande eines Braunkohleabbaugebiets.

Als Martin sehr schwach geworden war, übernahm seine Mutter zusammen mit Britta die Pflege. Es war bewegend zu sehen, wie seine Gitarre zu groß für ihn geworden war und seine Arme zu schwach, sie zu halten. Aber sie war ein Teil seines Lebens, und deshalb lag sie auf ihm, bei ihm und machte ihn durch die Erinnerung, die sie auslöste, glücklich. Seine Familie und die Freundin halfen ihm, das frühere Leben als etwas Positives anzunehmen, damit er nicht an seinem Schicksal verzweifelte.

Nach einem dieser Besuche bei Martin machte ich mit meiner Mutter einen Spaziergang über die umliegenden Felder. Der rote Klatschmohn leuchtete überall auf. Nachdenklich meinte meine Mutter: »Hast du nicht einmal davon gesprochen, dass man entweder mit dem Virus infiziert ist oder aber durch die Krankheit und ihre Auswirkung betroffen? Das habe ich hier bei Martin erfahren.« Und nach einer Weile fuhr sie mit einem feinen Lächeln fort: »Nicht wahr, meine Liebe, Aids hat unser Leben verändert, nicht nur deines, auch das meinige.« Wie schön sie das ausgedrückt hatte, mir wurde dabei warm ums Herz.

Mir war klar, dass ich auch medizinisch auf dem Laufenden bleiben musste, wenn ich bei HIV und Aids etwas für das Rafiki-Projekt bewirken wollte. Arbeit in diesem Bereich zu finden war jedoch aussichtslos, jedenfalls bei katholischen Organisationen. Nachdem die Presse den »Fall Schwester Lauda« bekannt gemacht hatte, distanzierte man sich von mir. Und nicht nur von mir: Ich erfuhr auch, dass bisherige Spender MISEREOR drohten, sich nach diesem Skandal – wie sie es bezeichneten – zurückzuziehen, weil sie fälschlicherweise ihnen die Schuld an meiner Situation gaben. Dabei wusste ich nur Gutes über das Hilfswerk, mit dem ich seit 1967 im Turiani Hospital gearbeitet hatte, zu berichten. Aber wie so oft wurde auch jetzt nur halb hingehört. Traurig stimmt mich nur, dass mir Ähnliches noch im Jahr 2012 passierte, damit hatte ich nicht gerechnet. Sich als mein Verbündeter zu offenbaren, schien einem anderen Projektleiter immer noch als zu riskant, deshalb wollte er nicht in einem Zusammenhang mit mir genannt werden. Macht das nicht deutlich, wie abhängig wir geworden sind? Jedenfalls von der Meinung anderer.

Das erinnert mich an ein anderes Erlebnis. Am 10. April 1996, noch vor der Maikundgebung, war ein Brief bei der Redaktion von *Publik Forum* eingegangen, einer Zeitung kritischer Christen in Oberursel. Darin hieß es:

Sehr geehrte Damen und Herren,
ich beziehe mich auf Ihren Beitrag Frieder Fischer: Kirchliche Sexualmoral und Aids in Heft 6/96 vom 29. März 1996. Wäre es möglich, einen Kontakt zu vermitteln zu Frau Majella Lenzen, der ehemaligen Ordensschwester Maria Lauda?
Ihre Erfahrungen würden sich hervorragend in ein Projekt einbinden lassen, das sich um Kinder kümmert, die durch Aids in eine für sie ausweglose Lage geraten sind. Um Kinder, deren Angehörige (Eltern, Vater, Mutter, Geschwister) HIV-positiv, ggf. schon an Aids erkrankt sind und wo abzusehen ist, wann diese Kinder alleine auf weiter Flur stehen. Das ZDF/Mona Lisa unterstützt das Projekt.

*Mit weiteren Einzelheiten möchte ich Sie nicht behelligen
– diese würden dann mit Frau Lenzen direkt zu bespre-
chen sein.*
Besten Dank für Ihre Unterstützung.
Mit freundlichen Grüßen, N. N.

Der Brief kam aus Heilbronn, und ich beantwortete ihn gut zwei
Wochen später: »Aus Ihrem Brief geht nicht deutlich hervor, welche Pläne Sie haben, daher versuche ich etwas beizulegen, das Ihnen zeigt, wer ich bin (Lebenslauf), und über die Arbeit, die ich in
Moshi gemacht habe, wie sie im KM, den *Katholischen Missio-
nen*, dargestellt ist. Ich freue mich schon, mehr von Ihnen zu hören, und verbleibe mit den besten Wünschen für Ihr Projekt.«
    Damit begann ein reger Briefverkehr, um besagten Verein –
der Adressat hatte ihn »Frechdachs« nennen wollen – zu gründen. Die hervorragende Idee hatte mich sofort begeistert. Beinahe
fünf Monate bastelten wir an dem Konzept, der offizielle Gründungstag wurde aber aus verschiedenen Gründen mehrmals verschoben. Unbedarft wie ich war, versuchte ich mich ganz einzu-
bringen, sah ich den Verein doch als ideale neue Mission für mich.
Dort, wo ich vor Aufgaben zurückschreckte, für die ich mich als
nicht kompetent genug empfand, wurde ich psychologisch einfühlsam von meinem Briefpartner ermuntert und unterstützt.
Von meiner früheren Arbeit im afrikanischen Busch her war ich
es gewöhnt, alles schriftlich zu erledigen, denn dort gab es ja nur
selten ein Telefon. In Deutschland war ich noch zu unsicher, die
Gepflogenheiten zu fremd, deshalb sah ich also in dieser alleini-
gen Korrespondenz mit dem Mann aus Heilbronn nicht etwas
Merkwürdiges, fragte mich nicht, warum wir nie telefonierten
oder uns gar persönlich trafen.

Schließlich war die Satzung des Vereins fertig, und das Finanzamt in Wiesbaden hatte angeblich sein Okay gegeben. Mein Heilbronner Briefpartner schrieb:

Was Ihre Einbindung in den Verein anbelangt: sehen Sie sich bitte § 9b der Satzung an, als Regionalbeauftragte und somit auch Vorstandsmitglied haben Sie ein Festgehalt, das Ihre wertvolle Arbeit honoriert ... Sie als Regionalbeauftragte wollen ja erst einmal »im Vorstand lernen« (wie Sie sich ausdrücken). Dem steht nichts entgegen. Wobei ich aber der Meinung bin, dass Sie Ihr Licht nicht unter den Scheffel stellen sollten: Es dürfte schwerfallen, für den Verein noch eine weitere erfahrene Persönlichkeit mit Ihrem Fachwissen, mit Ihrem menschlichen Verständnis zu finden. Für eine Schulung (eigentlich sämtlicher Mitarbeiter) ist in Zusammenarbeit mit der Deutschen AIDS-Hilfe, Berlin, gesorgt ... Auch würde ich vorschlagen, dass alle Medien, die (ähnlich Publik-Forum*) einen Beitrag über Sie im Rahmen Ihres Hinauswurfs aus dem Orden brachten, eine redaktionelle Mitteilung bringen, die Ihr Engagement im Rahmen »unseres« Fördervereins herausstellt. Ich glaube, das ist die beste PR für Sie, für uns – und gegen die verkrusteten Ansichten der Kirche ... (Wenn man bedenkt, dass in einer ähnlichen Einrichtung in den USA sogar Erzbischof/Nobelpreisträger Desmond Tutu engagiert ist, dann kommt man über unsere Kirche schon ins Grübeln). ... Ich selbst werde – unter Hinweis auf Ihren Kontakt – auch mit SPD/MdB N. N. in Bonn Verbindung aufnehmen ... Mit Interesse lese ich derzeit Meldungen über den Welt-Aids-Kongress in Vancouver (in dem Zusammenhang fielen auch Namen, zum Beispiel von einer Firma, die eventuell zur Mitarbeit angesprochen werden könnte). Wir sollten die Spendenfreudigkeit der lieben Mitmenschen zum Jahresende 1996 nutzen und den 4. Oktober als*

Gründungstag festlegen. Das Vereinskonto sollte in den nächsten vierzehn Tagen vorhanden sein …

Weiterhin beantwortete ich fleißig alle seine Briefe und lieferte ständig Informationen. Am 1. September 1996 schrieb ich unter anderem: »Also, ich sage zu, auf der Eröffnungsfeier zu sprechen, über meine persönliche Erfahrung – in Afrika und hier – und unsere/meine Vision für die Zukunft. Der Walk for Life von der AIDS-Hilfe in Düsseldorf am vergangenen Sonntag, zu dem ich eingeladen war, verlief gut. Ich habe das T-Shirt der Veranstaltung bei mir (als Sample). Dort sprach ich bereits von unserer Idee … Ich ließ mir Unterlagen für Selbsthilfegruppen zukommen und fand dabei zwei Adressen, über Kinder und Aids, die ich hiermit anführe …«

Dann kam der »Enthüllungsbrief« – und damit platzte der wunderbare Traum eines bundesweiten Vereins für Kinder, die unter den Folgen von Aids in ihren Familien zu leiden hatten. Denn mein Briefpartner war Insasse der Heilbronner Justizvollzugsanstalt. Er war ein Jahr jünger als ich und hatte mir geschrieben, dass er Betriebswirtschaftslehre und Psychologie in München, London und Bern studiert hätte. Danach hätte er eine langjährige Tätigkeit in der Wirtschaft ausgeübt, sei Geschäftsführer in Zeitungsverlagen und Druckereien gewesen, zeitweise Lehrbeauftragter für Betriebswirtschaftslehre, zudem staatlich geprüfter Übersetzer für Englisch und weitere fünf Sprachen. Hinzu käme ein eigener Pilotenschein für Kleinflugzeuge. Bei diesem Lebenslauf hätte ich stutzig werden müssen, aber das weiß ich erst heute. In dem Enthüllungsbrief stand: »Vor zehn Jahren wurde ich wegen angeblicher Tötung meiner Ehefrau und meines kleinen Sohnes, ohne Beweis, zu lebenslanger Freiheitsstrafe verurteilt – obgleich damals schon die Presse fragte, ob ich überhaupt der Mörder sein könne!«

Das war eine schockierende Nachricht für mich, aber menschlich war ich meinem Briefpartner inzwischen bereits so zugetan, mochte ihn so sehr, dass es mir sehr schwerfiel, angemessen zu reagieren. Eigentlich wollte ich zu ihm halten, ihm Trost zusprechen. War es nicht möglich, dass er tatsächlich ungerecht verurteilt wurde? Fast unbewusst schlüpfte ich in meine frühere Rolle der verständnisvollen Nonne, die »zwischen Gott und den Menschen« vermitteln wollte. Die ganze Situation erinnerte mich auch an den amerikanischen Film *Dead Man Walking – Sein letzter Gang*. Zusammen mit Ehemaligen hatte ich ihn in London gesehen, der Inhalt: Ein zum Tode Verurteilter wird von der Nonne Helen Prejean (gespielt von Susan Sarandon) im Gefängnis aufgesucht, kurz vor dem Hinrichtungstermin. Zwischen dem Täter und der Schwester kommt es zu einer intensiveren Beziehung, und Helen setzt sich dafür ein, dass die Todesstrafe in eine lebenslange Haftstrafe umgewandelt wird. Vergeblich. Eigentlich hätte mich dieser Film warnen können, wir Ordensfrauen in London hatten aber nicht die Beziehung zwischen Nonne und Täter im Blick gehabt – diese war völlig ausgeklammert worden –, sondern einzig die Frage nach Sinn oder Unsinn der Todesstrafe.

Meiner Mutter wagte ich vorerst nicht zu sagen, dass ich mit einem verurteilten Mörder korrespondiert hatte. Sie sollte nicht unnötigen Ängsten ausgesetzt sein. Zu Hilfe kam mir wieder einmal Pfarrer Freitag. Er wusste von dem Briefwechsel mit dem »Heilbronner«, hatte die Vereinsgründung aber nicht weiter verfolgt. Als ich ihm dann mitteilte, dass mein Ansprechpartner im Gefängnis saß, meinte er: »Schwester Lauda, unabhängig davon, dass der Mann ein Hochstapler sein kann oder sonstige Interessen mit diesem Verein verfolgt – Sie müssen sich darüber im Klaren sein, dass er jemanden sucht, der für die Auslagen der Gründung aufkommt, und ich befürchte, dass man Sie dafür haftbar machen könnte.«

Nach diesen Worten war ich schlagartig ernüchtert, sämtliche Gefühlsregungen diesem Inhaftierten gegenüber wurden sofort unterbunden. Sobald ich diese Geschichte mit Abstand betrachtete, wurde mir klar, dass der Mann mich nicht nur eiskalt hinters Licht geführt hatte, sondern auch die Not von Kindern schamlos benutzt hatte. Pfarrer Freitag war es zum Glück möglich, mit dem Gefängnisseelsorger der Heilbronner Justizvollzugsanstalt zu sprechen. Er bat den Kollegen darum, zu verhindern, dass mir aufgrund meiner Unbedarftheit Schaden entstand. Ich setzte dann einen letzten Brief auf, durch den ich den Kontakt offiziell abbrach. Beinahe hätte ich gesagt: leider. Trotz erster Ernüchterung wurde mir erst allmählich bewusst, was passiert war. Durch seine hervorragende berufliche Qualifikation, seine Intelligenz und Gewandtheit war es meinem Briefpartner spielend gelungen, mich für sich einzunehmen. Dazu kam sein Pilotenschein! Es hatte ja einmal zu meinen Träumen gehört, als *Flying Doctor*, als »Fliegende Ärztin«, in kleinen Maschinen entlegene Gebiete aufsuchen zu können, um die Menschen in Afrika flächendeckend medizinisch versorgen zu können. Wenn er sein Spiel weitergespielt hätte, was wäre dann geschehen? Jedenfalls meldete sich niemand mehr. Auch nicht von den anderen angeblich eingeplanten Personen oder Vereinen. So tröstete ich mich mit dem Gedanken, dass hier ein fantastischer Wunsch anvisiert worden war; doch ihn zu erfüllen war nicht gegeben. Jedenfalls nicht mit mir.

Dieses etwas abenteuerliche Erlebnis hielt mich aber nicht davon ab, mich weiter um Aids zu kümmern. Ich war bemüht, die jährliche Parole zum Welt-Aids-Tag am 1. Dezember rechtzeitig zu erfahren. Diese waren wie internationale Richtlinien und gaben die Schwerpunktthemen an, wie zum Beispiel »Frauen und Aids« oder »Das Recht zu leben«. Weiterhin schien es mir notwendig, Aids-Kongresse zu besuchen, um die Entwicklung der Bekämpfung zu verfolgen und medizinisch auf dem neuesten Stand zu bleiben. Als mein Antrag auf Erwerbsunfähigkeitsrente durchkam (ich war als 50 Prozent schwerbehindert eingestuft worden), war ich zwar nicht mehr so sehr auf die Hilfe meiner Mutter angewiesen, dennoch: Jede Bahnfahrt kostete Geld, und kein Kongress war eintrittsfrei.

Auf solchen Tagungen erfuhr ich aber nicht nur den aktuellen Forschungsstand, ob man zum Beispiel das Thema Impfungen gegen HI-Viren weiter vorangetrieben hatte und welche Erfahrungen man mit welchem Medikament gerade machte, sondern ich hörte auch Experten zu, die in Afrika Studien durchgeführt hatten, oder afrikanischen Projektleitern, die in ihrer Heimat zur Bekämpfung von HIV und Aids Initiativen ins Leben gerufen hatten. Dadurch blieb ich auch in Kontakt mit der afrikanischen Realität.

Und natürlich tat ich alles, damit die Menschen das Rafiki-Projekt nicht vergaßen. Deshalb war ich dem globalen Pharmaunternehmen Bristol-Myers Squibb (BMS) so dankbar, dass sie meine Afrika-Fotos als Hintergrundanimation auf einem Bildschirm an ihrem Stand weiterlaufen ließen, während ich besonders in den Vortragspausen die Spendendose betreute und interessierte Passanten über das Projekt aufklärte. »Hallo, Frau Lenzen«, konnte es dann heißen, »ich war auch schon in Moshi.« Oder: »Ich habe mein eigenes Projekt, dafür suchen wir auch dringend Gelder.« Bristol-Myers Squibb war übrigens durch meine Aids-Kongressbesuche auf mich aufmerksam geworden.

»Naiso soll nach Deutschland kommen und ihre Arbeit mit den Frauen persönlich vorstellen.« Das war eine klasse Idee. Für das Jahr 2000 war eine große Aids-Gala im Dortmunder Casino Hohensyburg geplant. Zu diesem Event wurde Naiso eingeladen, um die Spenden höchstpersönlich entgegen- beziehungsweise mitzunehmen. Alle, die unser Rafiki-Projekt unterstützten, begrüßten diesen Entschluss, und als ich meiner Freundin davon berichtete, sagte sie sofort zu: »Vielleicht ist das ja eine Möglichkeit, unser Bemühen bekannter zu machen. Schaden kann meine Anwesenheit bestimmt nicht.«

»Nein, es wird nur von Vorteil sein«, versicherte ich ihr am Telefon. »Und selbstverständlich wirst du bei mir wohnen.« So wie sie mir in Mweka, im Rafiki-Zentrum, ihr eigenes Schlafzimmer angeboten hatte, sollte ich wieder nach Tansania kommen, so konnte ich jetzt das Gleiche für sie tun. Das war aber auch nur möglich, weil ich inzwischen nicht mehr bei meiner Mutter wohnte, sondern in der Zweizimmerwohnung direkt unter ihr. Als diese frei geworden war, hatte ich mich sofort um sie beworben – und sie auch bekommen.

Für meine afrikanische Freundin richtete ich alles so her, dass sie sich wohlfühlen und ein wenig erholen konnte. Ferien, das kannte sie nicht, unentwegt kümmerte sie sich um das Rafiki-Projekt und die anderen Organisationen, für die sie weiterhin im Einsatz blieb.

Am 3. September 2000 war es so weit, ich konnte sie auf dem Flughafen Köln/Bonn abholen. Wir umarmten uns stürmisch, zum Erstaunen einiger Passanten. Aber standen wir uns nicht näher, als es Geschwister manchmal tun? Und mit ihr umarmte ich gleichzeitig meinen ganzen Afrika-Einsatz. »*Karibu, Dada yangu* – willkommen, meine Schwester«, sagte ich lachend, wie erlöst, dass sie den langen Flug gut überstanden hatte. Da sie ein Jahr in Frankreich studiert hatte, war Europa nicht neu für sie. Sie wagte sich bei einem Imbiss in der Kölner Altstadt sogar an Reibekuchen mit Apfelkompott! Alle Achtung, Anpassung war kein Fremdwort für sie. Ich ließ mir berichten, und wir redeten und redeten, bis wir in Düren waren. Hier wartete meine Mutter bereits sehnsüchtig auf ihre »zweite Tochter«. Liebevoll drückte sie Naiso an sich, wie einst ihre leibliche Mutter mich an sich gedrückt hatte. Die beiden verstanden sich auf Anhieb.

Am nächsten Tag musste Naiso erst einmal ausschlafen, dann gingen wir einkaufen, denn auf die hiesige Kälte war sie nicht vorbereitet. Aber auch Schuhe und eine passende Brille waren nötig. So wie wir Missionsschwestern uns früher in den Heimatferien aufpäppeln ließen, so konnte ich jetzt für sie Ähnliches tun.

Und dann ging es auch schon los. Wir hatten ein dicht gedrängtes Programm: die Gala in Hohensyburg des Dortmunder Vereins All Around Aids, der Arbeitskreis Dritte Welt Neuenrade e. V., die Aids-Hilfe in Gießen, die Katholische Hochschule Dortmund, dazu Zeitungs- und Radiointerviews sowie Besuche im kleineren Kreis.

Jedes Mal trat Naiso vor ein erwartungsvolles Publikum. Klein von Gestalt, zurückhaltend, dennoch sehr zielstrebig, trug sie immer ein Kostüm, das die Frauen ihres Nähzentrums aus Khakistoff gefertigt hatten. Sie sah die Menschen freundlich an und begann mit ihrer dunklen, warmen Stimme auf Englisch von ihrer Arbeit zu erzählen. Ihren Vortrag begann sie stets mit einem Bericht von der ersten Person, der sie hatte helfen können. Sie schilderte, wie sie die spindeldürre zwanzigjährige Nyota das erste Mal traf. Auf allen vieren war sie aus einer spärlich beleuchteten Kneipe, einer Strohhütte, gekrochen, um den Männern zu entkommen. Sie hatte sich in einem nahen Bananenhain versteckt, kaum etwas an, weil die Männer ihr schon die Kleider vom Leib gerissen hatten. Die hatten nicht mit ihr geschlafen, sondern sie brutal vergewaltigt; anschließend hatten sie ihr dafür ein paar Münzen hingeworfen. Während sie zusammengekauert auf dem lehmigen Boden gesessen hatte, geschützt von den noch jungen Bananenstauden, war ihr klar geworden, dass es so nicht weitergehen konnte. Sie hatte von dem Rafiki-Projekt gehört, suchte dort am nächsten Tag Zuflucht. Sie wollte nicht nur Schutz vor einer möglichen Rache der Männer aus der Kneipe – erfuhren diese, wo sie geblieben war, konnten sie annehmen, dass Nyota Namen genannt hatte –, sondern einen Neuanfang wagen, um wenigstens die Zeit, die ihr noch blieb, in Würde zu leben. Sie wusste, dass sie HIV-positiv war. Doch Nyota musste nicht nur vor den Männern geschützt werden, sondern auch vor ihrem eigenen Bruder. Er kam in das Zentrum, nachdem sie dort Unterschlupf gefunden hatte, und lieferte dort sein jüngstes Kind ab, noch ein Baby, dabei schrie er harsch: »Wenn meine Schwester schon kein Geld einbringt, dann soll sie gefälligst für meinen Jungen sorgen.« Nyota übernahm die Pflege des Kindes, um keinen weiteren Ärger mit ihrem Bruder zu haben, der nicht in der Lage war, seine Familie zu ernähren. Sie verdiente sich dann das Geld für sich und das Kind, indem sie Arbeiten im Projekt übernahm.

Sie wurde zur Seele von Rafiki, erklärte Naiso, denn sie war immer zur Stelle, wenn Hilfe gebraucht wurde. Sie wurde Teil der Gruppe von ehrenamtlichen Frauen, die sich für Ausgegrenzte und benachteiligte Familien einsetzen. Überhaupt würden alle im Projekt Nachbarschaftshilfe leben wie die ersten Christen in der Bibel. Sie würden gemeinsam beten, gemeinsam essen, sich

Mut zusprechen und aktiv werden. Bei Schwerkranken, die zu Hause starben, würden sie sich abwechseln, niemand sollte in seiner Trauer allein sein, gerade Kinder wären oft mit der Situation überfordert, stünden sie doch plötzlich als Pfleger von Sterbenden und dann als Waisen da. Zusammen hält man die Totenwache, man hilft bei der Beerdigung, kümmert sich darum, dass die Waisen eine Bleibe finden, zurückgelassene Partner wieder Fuß fassen. Das sei einmalig für die weit verzweigte Nachbarschaft. Jeder frische Grabhügel im Schatten einer verwaisten Hütte zeuge auch von den großartigen selbstlosen Einsätzen, von Achtung und Nähe dem Verstorbenen gegenüber. Aber sie weisen ebenso auf das unendliche Leid der verarmten, vom Schicksal heimgesuchten Menschen hin.

Es war unglaublich still im Saal. Alle lauschten den eindrücklichen Schilderungen von Naiso. Selbst meine Übersetzung schien keine Unterbrechung zu sein, jeder konnte sich das Elend ausmalen, das HIV und Aids für afrikanische Familien bedeutete.

Das Projekt sei 1999 vom Staat als ein gemeinnütziges anerkannt worden, erzählte sie weiter. Nun plane man einen Kiosk in Mweka, eine Art Tante-Emma-Laden, das wäre gerade für die ländliche Bevölkerung sowie für die kranken Frauen eine wichtige Unterstützung, sie müssten dann nicht mehr nach Moshi zum Einkaufen fahren, immerhin sei das ja eine Strecke von zwanzig Kilometern, die sie bislang zu Fuß oder mit dem teuren Bus auf sich nehmen müssen. Ziel sei es auch, die Preise niedrig zu halten, aber noch wichtiger wäre es, dadurch die Frauen von den Verführungen der Stadt fernzuhalten. Jede infizierte Frau würde anfänglich auch einen Kredit erhalten, um für sich und die Kinder das Lebensnotwendige besorgen zu können. Zusätzlich gehören eine Nähschule, ein Mustergarten, ein Fischteich und eine

Milchkuh zum Projekt. Schon UNO-Generalsekretär Kofi Annan hätte ja festgestellt: »Frauen-Power ist die einzige Impfung gegen Aids!« Wenn die Frauen wirtschaftlich unabhängig werden, etwa durch ein Kleingewerbe, eine Kleintierhaltung zum Beispiel mit Kaninchen oder kräftemäßig zumutbare Landarbeit, können sie selbst über ihr Leben bestimmen. »Dazu dient das Rafiki-Zentrum«, so Naiso, »es befähigt die Frauen, die diesen mutigen Schritt wagen, zur Selbsthilfe.«

Es hatte mich gefreut, als Naiso mir von der staatlichen Anerkennung des Projekts erzählt hatte. Aber angesichts ihres Verantwortungsbewusstseins, ihres Organisationstalents und ihrer hohen Reputation war das auch nur folgerichtig gewesen. 1999, kam mir in den Sinn, das waren vierzig Jahre nach meinem ersten Einsatz in Tansania. Es war schön zu sehen, dass der Einsatz für den Mitmenschen weitergeführt wurde.

Naiso erklärte noch, dass am Kilimandscharo jeder Dritte den Virus habe. Die Statistiken seien aber nicht aussagekräftig, denn noch immer sei es ein Tabu, an Aids zu erkranken. Vielfach hieß es, der Betroffene hätte Durchfall oder Tuberkulose, und da Tuberkulose häufig durch die Immunschwäche ausbricht, stimme es sogar. Die Zahl der Infizierten könnte demnach noch höher sein. Eine Lobby für diese Menschen, wie es sie in westlichen Ländern gäbe, würde in Afrika nicht existieren. Maßgeblich sei jedoch, dass jeder einzelne Erkrankte, aber auch die ganze Familie ein tragisches Schicksal durchlebe, das verhindert werden könnte. Mit diesen Worten endete sie meist ihren Vortrag. Erst war Stille, dann gab es großen Beifall, und schon stürmten die Fragen auf sie ein. Einer der Anwesenden wollte wissen, wie sie in die Dörfer käme, ob sie denn ein Auto hätte. Naiso sagte, dass sie in der Anfangszeit des Rafiki-Projekts alles zu Fuß gemacht hätte, oft stundenlang über die Berge gewandert sei. Einmal sei sie dabei abgestürzt und hätte sich die Schulter gebrochen, aber das sei längst vergessen. Sie lachte. »Doch dank des Arbeitskreises Dritte Welt e. V.«, fuhr sie fort, »haben wir seit einiger Zeit ein Auto. Einen ausgedienten Suzuki, den wir einer früheren Entwicklungshelferin abkaufen konnten.«

Eine Frau fragte: »Wie schafft man es, dass Frauen, die sich vorher prostituiert haben, sich auf einmal für eine Kleintierzucht interessieren?«

»Ich glaube, dass Sie hier in Deutschland ein anderes Bild von der Prostitution haben, als es bei uns praktiziert wird«, erwiderte meine Freundin mit einem feinen Lächeln. »Haben Sie schon einmal gehört, dass man in diesem Land sagt: ›Es ist schlimmer, heute an Hunger zu sterben als morgen an Aids‹?« Energisch fügte sie hinzu: »Wir sind nicht faul und wir leben nicht nach unseren Trieben. Wir leben unter anderen Bedingungen und nehmen jede Hilfe an, um diese Bedingungen zum Besseren zu wenden!« Wiederum betretene Stille. Es war genug gesagt worden. Ich musste an ihre Reaktion in Hohensyburg denken, als während der Gala zur Unterhaltung spärlich bekleidete farbige Balletttänzerinnen auftraten und Naiso empört, ja entsetzt hervorstieß: »Was wollen die denn hier«?

Unabhängig davon: Durch ihre herzliche und kluge Art nahm sie die Menschen schnell für sich ein. Auch wenn die Spendenfreudigkeit oder -möglichkeit sich in Grenzen hielt – wir nutzten jede Gelegenheit dazu, und am Ende stand fest: Ihre weite Reise nach Europa hatte sich gelohnt.

Als wir beide das erste Mal gemeinsam den Veranstaltungsraum verließen, blickte mich Naiso verschmitzt an: »Wenn ich einen Satz gesagt habe, hast du für die Übersetzung mehrere gebraucht. Wie kommt das, so kompliziert kann die deutsche Sprache doch auch nicht sein?«

»Das stimmt. Aber an einigen Stellen versuchte ich erklärende Einzelheiten aus eigener Erfahrung hinzuzufügen.«

»So, so.«

Etwas erschrocken fuhr ich zusammen. War da ein bisschen »koloniale Besserwisserei« zum Vorschein gekommen? Hatte ich vergessen, dass Naiso selbst eine hervorragende Lehrerin und Dolmetscherin gewesen war, die sogar einmal bei Mwalimu Julius Nyerere, dem Präsidenten von Tansania, das Gespräch mit einem französischen Diplomaten übersetzte? Dass sie dies durfte, bedeutete eine große Ehre. Naiso schien aber vollkommen gelassen zu sein, vielleicht auch, weil sie mich lange genug kannte, um meine »Einmischung« richtig einordnen zu können.

Nach unserer Rundtour blieb sie noch ein paar Tage bei mir, damit meine Mutter ihre zusätzliche Tochter auch noch genießen konnte. Sie selbst hatte ihre Mutter erst Anfang des Jahres verloren, deshalb suchte sie die Nähe zu meiner wahrscheinlich auch mehr, als sie es sonst getan hätte. »So ist das in Afrika, wenn Menschen uns sehr nahestehen«, hatte sie gemeint, und unsere Herzen hatten sich dabei berührt.

Meine Mutter hatte die »afrikanische Resonanz« verhaltener erlebt, als sie mich in Zimbabwe besuchte. Dass meine einheimischen Mitschwestern sie ins Herz geschlossen hatten, wurde erst durch spätere Briefe deutlich. Ähnlich erfuhr ich diese Zugehörigkeit auch erst später, durch eine E-Mail einer afrikanischen Schwester: »Auch wenn du nicht mehr im Orden bist, so fühle ich mich dir gegenüber wie eine leibliche Schwester. Als Mitmensch, der du dich in den Dienst Gottes und des Nächsten ge stellt hast, bleibst du mir so in Erinnerung. Und selbst jetzt ermunterst du mich immer wieder neu, den Widerwärtigkeiten des Lebens zu trotzen und im Glauben standzuhalten. Es ist, als flösse das gleiche Blut durch unsere Adern, so wie es das Blut Christi kann, denn wir sind auch durch das gleiche Wasser der Taufe verbunden. Dieses Geschenk kann uns niemand nehmen. Durch die Liebe Christi immer geeint, möge ER dich bis an dein Lebensende segnen!«

In Düren setzten Naiso und ich noch eine kurze Projektbeschreibung auf, um die wesentlichen Aufgaben schriftlich festzuhalten – dies war wichtig, um möglichen Sponsoren mit einem klaren Konzept gegenübertreten zu können. Wir brauchten nicht lange, da hatten wir die wesentlichen Punkte formuliert, denn in der Praxis war es ja schon längst umgesetzt: Es ging uns um das Selbstbestimmungsrecht der Frauen, um die psychosoziale Betreuung der Erkrankten und der Hinterbliebenen, um eine umfassende HIV- und Aids-Aufklärung, die auch die einschlägigen Bars einschließen sollte, über 150 an der Zahl allein im Umfeld des Rafiki-Zentrums.

Am frühen Abend wollte meine Freundin einen Spaziergang durch Düren unternehmen, ausdrücklich allein, wie sie mir versicherte. Sie sagte, sie müsse »Deutschland einmal richtig fühlen«. Diese Unternehmung endete damit, dass sie den Weg zu mir zurück nicht mehr fand. Kurzerhand setzte sie sich auf die Treppe, die von der Straße zur Pfarrkirche St. Peter hinaufführte, und hatte das Glück, dass ein freundlicher Herr sie ansprach. »Ach, Sie sind zu Besuch bei der ehemaligen Schwester Majella? Die kenne ich gut«, stellte er fest, nachdem er von Naisos Problem erfahren hatte. Umgehend brachte er sie zu meiner Wohnung. Er war Dozent und hatte eine Arbeit über die »Dritte« Welt geschrieben, dadurch wusste er von meiner Arbeit. Es wunderte mich nicht, dass Naiso in Düren die Orientierung verloren hatte – im afrikanischen Busch wäre ihr das nie passiert. Auf seltsame Weise fühlte ich mich noch stärker mit ihr verbunden. Auch ich habe es nach meinem Austritt manchmal schwerer gefunden, mich in der europäischen Gesellschaft wieder zurechtzufinden als in Afrika.

Naisos Reise ging weiter nach Schweden, wo befreundete ehemalige Entwicklungshelfer sie ebenfalls sehen und unterstützen wollten. Da konnte ich sie nicht länger aufhalten. Für ihre unermüdliche Hingabe an die Hilfsbedürftigen ihrer Heimat konnte ich sie nur bewundern.

»Wir sehen uns wieder«, rief ich ihr nach, während sie die Passkontrolle durchquerte. »In Tansania.«

Der Tod der Mutter

»Lebe jeden Tag, als wäre er der schönste deines Lebens!« Das hatte ich irgendwo einmal gelesen, und das hätte ich auch gern getan, aber wie sollte das gehen? Das Frühere war nicht mehr zurückzuholen, auch wenn es noch Teil von mir zu sein schien. Und das neue Leben war noch nicht ganz bei mir angekommen. War nicht beides in mir präsent, das Vergangene und das Neue? Nur nicht das Gegenwärtige. War das falsch oder schlimm? Diese Fragen konnte ich mir nur selbst beantworten, und das wollte ich auch. Denn ich wollte leben! Mein Leben! Die Regeln der Ordensgemeinschaft waren für mich nicht mehr bindend. Aber – es gab auch andere Regeln. Nicht nur die des Straßenverkehrs, durch die ein reibungsloses und unfallfreies Fahren gewährleistet werden soll, eine Metapher, die bereits im Kloster als Beispiel gebraucht wurde, um uns die Notwendigkeit der Regeln im menschlichen Miteinander zu demonstrieren. Jedes Verhalten schien irgendeiner Norm angepasst oder untergeordnet zu sein. Doch war es jetzt meine eigene freie Entscheidung, wie ich damit umging. Ich musste mich nicht anpassen, wenn es mir das nicht wert erschien. Doch nun musste ich entscheiden, wie und was ich im Rahmen des jetzt Vorgegebenen tun wollte. Und das war gut so. Ich befand mich nicht mehr im freien Fall, ich kam allmählich in der Realität an. Und das hatte für mich geheißen, acht Jahre lang an der Seite meiner Mutter zu verbringen. Zunächst in der Freude, endlich zu-

sammen zu sein. Wir gaben uns das Erleben der wiedergefunde-
nen Mutter-Tochter-Beziehung. Ich konnte ihr bei ihrer Krankheit und mit ihrem Älterwerden beistehen. Und sie trug wesentlich dazu bei, dass mir meine Suche nach einer neuen Identität
und nach finanzieller Absicherung gelang. So wurden diese Jahre
für uns beide zum gegenseitigen Halt und Geschenk.

Während meines eigenen Integrationsprozesses, an der Seite
meiner Mutter, galt eine meiner vielfältigen Bemühungen der
Hospizarbeit. Seit meinem Missionseinsatz mit HIV-Infizierten
und Menschen, bei denen die Krankheit Aids ausgebrochen war,
lag mir diese besonders am Herzen. In Moshi war es mein Wunsch
gewesen, ein Hospiz zu gründen, doch der war wie viele nicht in
Erfüllung gegangen. Der Gedanke an einen solchen Ort ließ mich
aber nicht mehr los. Von alters her gab es Gast-Stätten oder Her-
bergen für Menschen, die keine Heimat hatten, die auf Pilger-
schaft waren. Dame Cicely Saunders, die Gründerin des berühm-
ten Christopher's Hospice in London, griff diese Tradition in den
sechziger Jahren wieder auf. Auf ihre eindrucksvolle Arbeit mit
Sterbenden umzugehen war ich schon früh aufmerksam geworden, ebenso auf die der Schweizer Psychiaterin Elisabeth Kübler-
Ross, die in den USA auf erstaunliche Weise mit Sterbenden gearbeitet und dort das erste Aids-Hospiz gegründet hatte. Gemeinsam
war beiden Frauen bei ihrer Tätigkeit, dass eine solche Institution
wesentlich vom Gedanken des Lebens getragen wird. So schrieb
Kübler-Ross einmal: »Die Tage mit Leben füllen, und nicht dem
Leben mehr Tage zufügen.« Sterbende sollten Begleitung erhalten, um ihnen dabei zu helfen, den Tod als Teil ihres Lebens anzunehmen, um so in Würde und Frieden sterben zu können. Erst
wenn der Kranke sich seines Lebens bewusst geworden ist, kann
er es auch abgeben – diese Erfahrung prägt den Hospiz-Gedan-

ken. Institutionen aufzubauen, die eine Begleitung in dieser Form möglich machen, ist eine wertvolle ethische Investition in die Zukunft unserer alternden Gesellschaft.

Als ich von der *Hospizbewegung Düren e. V.* erfuhr, trat ich dem Verein bei. Diese Entscheidung war ein weiterer Schritt, mich in die lokale Gemeinschaft zu integrieren. Der frühere Medizinaldirektor Dr. med. Hans-Heinrich Krause und Gerda Graf, leitende Pflegekraft im St. Augustinus-Krankenhaus in Lendersdorf (und spätere Vorsitzende der Bundesarbeitsgemeinschaft Hospiz), hatten die Initiative zu diesem Verein ergriffen. 1994 hatte ich an einer Tagung teilgenommen, die die »Symbolsprache eines Sterbenden« thematisierte. Es erfordert viel Einfühlungsvermögen, um die Zeichen wahrzunehmen, mit denen ein Sterbender sich mitteilt.

Sofort wollte ich auch eine Schulung beginnen, die zu einer ehrenamtlichen Sterbebegleitung befähigt – aber das war noch zu früh. Denn mein Austritt aus dem Kloster war noch nicht vollzogen, noch gab es nach meiner Rückkehr nach Deutschland zu viel Unruhe und Unsicherheit. So knüpfte ich fürs Erste hilfreiche Kontakte und sammelte zusätzliche Informationen über die Sterbebegleitung. Als sich dann der Gesundheitszustand meiner jetzt zweiundachtzigjährigen Mutter, die ja an Krebs erkrankt war, verschlechterte, konzentrierte ich mich ganz auf sie. Was war ich froh, Mitglied der Hospizbewegung zu sein, dadurch fühlte ich mich bei ihrer Erkrankung nicht allein gelassen. Wir konnten immer fachliche Ratschläge einholen und wussten uns menschlich aufgehoben.

Die Schulung machte ich erst Ende 1999. Ich war überrascht, dass mir manches von früheren Exerzitien oder Workshops her bekannt vorkam, auch wenn diese Erinnerung die Übungen nicht leichter machte. Gesprächsführung und Wahrnehmung aller Gefühlslagen sind in meinen Augen eine Kunst, die viel Fingerspitzengefühl erfordert. Abwechselnd nahmen wir die verschiedenen Rollen ein, die des Sterbenden und die des Begleitenden, lernten, wie wichtig in diesem Prozess auch die nicht in Worte gefasste Kommunikation ist, die durch unsere Stimmlage, durch Augenkontakt oder Berührung erfolgt.

Über die Grundlegung der Hospizidee hieß es in der Zeitung des Vereins im Oktober 1999: »Menschen, die sich in der Hospizbewegung engagieren, haben zumeist eine doppelte Motivation: Sie stellen sich dem anderen Menschen zur Verfügung und wollen zugleich, zumindest ein Teil, ihre eigenen Lebens- und Sinnfragen im Rahmen ihrer Tätigkeit beantwortet wissen … Das Ziel aller Bemühungen ist ein Leben in Würde bis zuletzt und dauerhaft eine neue Kultur des Sterbens zu schaffen. Dass wir das Sterben im Leben lernen!«

An der schnell wachsenden Mitgliederzahl zeigte sich: Der Verein war nicht nur für meine Mutter und mich zur Stütze geworden. Der rettende Anker war also immer bereit, ich musste diese Hilfe nur zulassen und nicht vor lauter Angst verhindern, dass auch scheinbar Unmögliches zu meistern ist. Konkret gesagt: Es fiel mir schwer, mich bei fremden Menschen zu melden und um Hilfe zu bitten, da ich ja von Beruf und der Berufung wegen eigentlich selbst dafür zuständig war. Aber ich tat es. Vollkommen auf mich allein gestellt, wäre die Begleitung meiner Mutter bei ihrer Krebserkrankung zu einer Katastrophe geworden. Es erinnerte mich an Jesu' Worte im Evangelium, als er in der vierten Nachtwache zu seinen Jüngern kam und diese aufgrund der Dunkelheit glaubten, ein Gespenst vor sich zu sehen. Vor Angst schrien sie auf, doch Jesus rief ihnen beruhigend zu: »Habt Vertrauen, ich bin es, habt keine Angst.«

Auch wenn es bei meiner Mutter ein ständiges Auf und Ab gab, hatten wir weiterhin vieles gemeinsam erleben können. Erst im letzten Monat ihres Daseins brachte ich sie auf die Hospizstation des Lendersdorfer Krankenhauses. Zuvor hatte sie eine Radiotherapie gegen den Krebs begonnen. Anfangs schien es ihr damit gut zu gehen, aber dann kamen plötzliche Brechattacken, die sie sehr mitnahmen. Unerwartet schoss es aus ihr heraus, was uns beide erschreckte und ihr zusätzlich Kraft raubte. Sie brach die Behandlung selbst ab, ließ sich aber noch in regelmäßigen Abständen Infusionen zur Knochenstabilität geben. Der Onkologe vermittelte uns das notwendige Vertrauen, und bei der ambulanten Behandlung hatte sie Kontakt mit anderen Patienten, die an Krebserkrankungen litten. Sie war eine der Älteren, ihr war es vergönnt gewesen, ihr Leben zu leben, wie sie klar feststellte. Gleichzeitig freute sie sich über jeden Erfolg bei den Jüngeren. Wenn der Onkologe es für ratsam hielt, weil ihr Kreislauf streikte, überwies er sie ins nahe gelegene Marienkrankenhaus, in dem Franziskanerinnen arbeiteten, was mich eigentümlicherweise beruhigte. »Kurzurlaub« nannten wir das immer. Und von einem solchen Kurzurlaub hatte ich sie zur Hospizstation gebracht.

Am Tag zuvor war ich noch in München gewesen, um am Welt-Aids-Tag einen Vortrag über meine in Afrika gemachten Erfahrungen zur Immunschwächekrankheit zu halten, und zwar auf einer Veranstaltung von Bristol-Myers Squibb. Das Honorar für meinen Vortrag sollte dem Rafiki-Projekt zugutekommen, aus diesem Grund hatte meine Mutter mich auch gedrängt, diesen Termin wahrzunehmen. In Begleitung der Distriktleiterin von BMS, die ebenfalls in der Eifel wohnte, flog ich mittags von Köln aus in die bayerische Hauptstadt – und unmittelbar nach der Veranstaltung sofort wieder zurück. Mein ehrlicher Erlebnisbericht kam gut an, dennoch war mein Herz gespalten, wusste ich doch, dass daheim etwas passierte, was ich kaum einzuordnen wagte. Am nächsten Morgen war es dann so weit: Meine Mutter ließ sich vom Marienkrankenhaus noch an unserer Wohnung vorbeifahren und sagte, als es weiter durch die Stadt ging, vorbei an der St. Marienkirche, wo ich sie oft zum Gottesdienst gefahren hatte: »Das ist jetzt das letzte Mal, dass ich das alles sehe.« Ich saß neben ihr und fühlte mit ihr. Aber ich schien nicht wirklich etwas zu begreifen.

Als wir im Hospiz eintrafen und erfuhren, dass das für meine Mutter vorgesehene Zimmer noch belegt war, fühlte ich mich nur noch schuldig. Hätte ich davon gewusst, wir wären entweder länger im Hospital geblieben oder ich hätte sie nochmals nach Hause genommen. Jetzt war es zu spät für solche Überlegungen. Meine Mutter nahm zu meinem Erstaunen alles gelassen hin, auch die Tatsache, das Zimmer mit einer Sterbenden teilen zu müssen.

Eine weiße Stellwand verhinderte zwar den Blick auf diese, aber ihr mühsames Atmen erfüllte den Raum und machte betreten. Ich wachte an der Seite meiner Mutter, und das Personal kam und ging, um sich um die Sterbende zu kümmern. In dieser ersten Nacht verstarb die Frau tatsächlich. Die Tochter der Verstorbenen war zugegen, und meiner Mutter war es möglich gewesen, diese zu trösten, als deren Mutter »im Tod ihren Frieden gefunden hatte«, wie sie es ausdrückte. Wieder erstaunte sie mich. War das die Vorbereitung auf ihren eigenen Übergang ins andere Leben, wie wir Christen es nennen? Mein Vater hatte bei seinem Tod darauf verwiesen, dass er, im Sinne Christi, »uns vorausgeht, um uns eine Wohnung zu bereiten«. So wie es bei Johannes 14,1–14 zu lesen ist. Christus sprach den Aposteln gewissermaßen Mut zu, an ihn und seine Sendung zu glauben. Jetzt erinnerte sich meine

Mutter an das Versprechen meines Vaters, sie nachzuholen, wenn es so weit sei, ihr »hinaufzuhelfen«. Bei diesen Worten huschte ein verschmitztes Lächeln über ihre Züge. Leider war ihr der Glaube daran zunehmend schwerer gefallen. Das erlebe ich immer wieder: Je älter wir werden, umso mehr gerät unser »Kinderglaube« ins Wanken. Und gerade dann hätten wir ihn doch eigentlich nötig.

Den Hospizgeistlichen bat ich, meine Mutter zu besuchen, das hatte er schon getan, als sie noch zu Hause war. Nun kam er ins Hospiz und ermutigte sie. »Er hat gesagt, dass du mich liebst«, sagte sie zu mir, nachdem er wieder gegangen war. Musste ein anderer aussprechen, was ich dachte, aber in dieser Situation gar nicht mehr in Worte fassen konnte? Meine Mutter lächelte, und ich verdrängte die aufsteigenden Tränen. Wir hatten nie gelernt, unsere Gefühle in zärtlichen Gesten auszudrücken.

Unser Hausarzt, der auch meinen Vater beim Sterben begleitet hatte, erschien regelmäßig, um meine Mutter zu sehen. Einmal strich er ihr behutsam übers Gesicht und meinte, »er mache sich Sorgen um das Mädchen.« Prompt antwortete sie: »Das alte Mädchen!« Ihr blieben bis zum Schluss ihre Schlagfertigkeit und ihr klarer Verstand, doch ihr Körper zeigte zunehmende Schwäche.

Vom Hospizverein gab es weitere Unterstützung, so kam auch Dr. Krause täglich kurz vorbei, um nach ihr zu sehen. Der »Besuchsdienst« durch eine ehrenamtliche Hospizlerin war bereits lange vor der letzten Sterbephase, noch in der Wohnung meiner Mutter, zur festen Tradition geworden. Diese Frau machte es möglich, dass meine Mutter dann auch Ausfahrten hatte unternehmen können, wenn ich beschäftigt gewesen war. Sie löste mich auch ab, wenn es meiner Mutter schwerfiel, allein zu Hause zu sein. Wieder und wieder musste ich an unsere letzten Stadtfahrten mit anschließendem Café-Besuch denken, bei denen sie entweder meinen Arm genommen oder ihre Gehstütze benutzt hatte. Immer häufiger war es vorgekommen, dass sie ihr Stück Kuchen nicht mehr aufessen konnte. Resignierend schob sie es mir zu, bis ich sie nur noch allein auswählen ließ und mir nichts mehr bestellte, damit ich nicht durch zwei Stücke »matt gesetzt« wurde. Doch sie lebte bei diesen Ausflügen auf, war sie doch unter Menschen, und das war ihr wichtig. Selbst jetzt, in ihrem Hospizzimmer, war sie beliebt beim Personal und brachte es fertig, mit ihnen zu scherzen. Als eine Krankenschwester bei Dienstantritt sich über sie beugte, meinte sie humorvoll: »Na, hat es geschmeckt?« Der Geruch der Zigarette war nicht zu leugnen gewesen.

Als meine Mutter sich ausruhen wollte, war ich in die Stadt gefahren und hatte nach einem warmen Mantel gesucht. Es schien ein kalter Winter zu werden, und darauf war ich nicht vorbereitet. In einem Laden fand ich einen Mantel, innen dick gefüttert, perfekt sitzend, mit Kapuze und ganz schlicht in der Farbe. Aber er war sehr teuer. Er war schon stark heruntergesetzt, aber dennoch sollte er immer noch viel kosten. Die Verkäuferin überredete mich, meinte, dieses Stück würde Jahre halten und sei bei Kälte das Vernünftigste, was ich wählen könnte. Ich machte eine Anzahlung, weil ich nicht genug Geld dabeihatte, aber in Wirklichkeit auch gar nicht besaß. Dann nahm ich den Mantel, um ihn meiner Mutter zu zeigen und zu fragen, was sie von ihm halten würde. Sie war zu meiner Verwunderung begeistert. »Endlich kaufst du dir etwas, das Jahre halten wird und außerdem gut wärmt. Das hast du nötig!« Aber ich hätte nicht so viel Geld, gab ich zu bedenken. Daraufhin meinte meine Mutter, ich solle es von ihrem Konto abheben. Sie wirkte so zufrieden, dass ich tat, was sie sagte. Ähnlich war es mit dem Auto, einem kleinen blauen VW Lupo, den ich schon vor Wochen bestellt hatte und auf den sie sehn-

süchtig wartete. Sie zeigte mir die Stelle, zu der ich ihn fahren sollte, damit sie ihn von ihrem Fenster aus sehen könne. Den Wunsch
konnte ich ihr nicht erfüllen, denn er traf eine Woche zu spät ein.
Aber sie wusste um die Bestellung, ich hatte ihr die Broschüren
gezeigt. Und sie hatte die hellblaue Farbe für gut befunden. Noch
heute ist er mein treuer Begleiter und wird es wohl bleiben, bis
ich den Führerschein abgeben werde.

Drei Tage vor ihrem Heimgang verabschiedete sie sich von jedem Einzelnen. Sie tat das ganz bewusst. Mir wurde das erst später gesagt. Und sie rief auch mich an diesem Tag an und sagte
fest: »Majella, komm sofort!« Ich erschrak, ließ alles stehen und
liegen und fuhr direkt nach Lendersdorf ins stationäre Hospiz.

Meine Mutter war allein, als ich ins Zimmer trat, ihre Züge
waren eingefallen. War es jetzt so weit? Ich weiß nicht mehr, was
sich in mir abspielte, aber noch immer begriff ich die Situation
nicht. Als ihr angeboten wurde, Weihnachten zu Hause zu verbringen, meinte sie: »Merkt denn keiner, wie krank ich bin?« Ich
wollte es wohl auch nicht sehen. Sicher, sie erbrach sich mehrmals am Tag, aber das hatte sie schon zuvor getan. Und während
der ersten Tage im Hospiz hatte es geheißen, vielleicht sei sie sogar nur vorübergehend hier.

An diesem Freitag war sie aber derart erschöpft, dass sie nur
sagen konnte: »Warum dauert das so lange? Ich möchte so gerne
die Harfe in der Hand halten!« Es waren lange Stunden, in denen ich ihr, außer mit meinem stillen Gebet, nicht wirklich zu
helfen wusste. Sie dachte in diesen Stunden sicher an ihr Lieb-
lingsbild, die »Madonna im Rosenhag« von Stefan Lochner. Mit
dieser blau gewandeten Madonna aus dem 15. Jahrhundert, die,
umgeben von Harfe spielenden Engeln, auf ihrem Schoß das Je-

suskind hält, hatte sie bereits nach meiner Geburt Zwiesprache gehalten. Als ich schließlich in meiner Hilflosigkeit eine befreundete Krankenschwester anrief – für andere da zu sein war so viel einfacher gewesen, bei meiner eigenen Mutter war es, als ob ich unterschwellig auf Befehle wartete –, kam diese auch gleich. Die Freundin entfernte die verkrustete Hautläsion auf der Stirn meiner Mutter, und sie organisierte eine leichte Suppe, die sie löffelweise zu sich nahm. Schließlich saß meine Mutter sogar wieder auf dem Bettrand, lächelnd, fast ein wenig triumphierend, und ich konnte nur staunen. War es noch einmal gut gegangen? Als sie einschlief, fuhr ich nach Hause. Nächte zuvor war ich zurückgekommen und hatte lange an ihrem Bett gewacht, ohne von ihr bemerkt zu werden. Die Schlafmittel schienen gut zu wirken. Also zog ich es vor, selbst Kraft durch Schlaf zu finden. Gott sei Dank fand ich sie am Morgen munter vor.

Dann, am 24. Dezember, kam der Anruf, vor dem ich mich gefürchtet hatte: Auf meinem Anrufbeantworter – als der Anruf einging, hatte ich mich gerade in der Wohnung meiner Mutter aufgehalten – hörte ich eine jung klingende Stimme, die mir sachlich mitteilte: »Heute Morgen ist Ihre Mutter friedlich eingeschlafen.« Als hätte ich nichts von ihrem kritischen Zustand gewusst, schlug die Nachricht wie eine Bombe ein. Etwas stimmte nicht mehr, ich war wie gelähmt. Ich konnte nur noch funktionieren und kommandierte mich selbst zu den jetzt notwendigen Handlungen. Den Milchbrei, den ich meiner Mutter in ihrer Küche – wie jeden Morgen – zubereitet hatte, ließ ich stehen. Er war nicht mehr nötig. Das alte Auto musste schnellstens enteist werden. Meinen Bruder anrufen? Nein, noch nicht. Ich wollte jetzt nicht in Tränen ausbrechen. Ich musste mich erst vergewissern, was passiert war. Gestern Abend noch hatte die Hospizbegleiterin mich angerufen und gesagt, meine Mutter sei ruhig eingeschlafen, ich solle mir keine Sorgen machen. Die Nachtschwester hatte ich gebeten, es mich sofort wissen zu lassen, wenn ich kommen sollte. Der Sternenhimmel war am Vorabend so wunderbar klar und hell gewesen, dass mir das Herz weit geworden war. Meine Mutter hatte mir an dem Tag zwar ein kleines Kreuz als Segenszeichen auf die Stirn gemacht, wobei mir fast bange geworden war, aber eigentlich war das immer unser tägliches Abschiedssymbol gewesen, schon seit der Schulzeit. Sollte es jetzt anders sein? Sie hatte zwar noch diese merkwürdigen Worte hinzugefügt: »Du kannst jetzt ruhig gehen!« Aber ich hatte nicht verstanden, dass das der letzte Abschied gewesen war. Sie hatte mich entlassen. Somit war sie bereit – das also war ihre Botschaft gewesen. Erst später fand ich einen kleinen Zettel, auf dem sie geschrieben hatte: »Liebe Majella, ich gehe in die schönere Wohnung, die Vater uns bereitet hat, zum ewigen Vater, der uns Menschen liebt. Ich bin dir gut und liebe dich sehr. Deine Mutter.«

Jetzt war es geschehen. Wie benommen fuhr ich durch die verschneite Landschaft, an diesem Morgen des Weihnachtsfests, und versuchte krampfhaft die Spur in der vereisten Straße zu halten, um nicht wegzurutschen. Mutter, meine Mutter, war nicht mehr da. Und jetzt wollte ich nur zu ihr. Der Flur im Hospiz war leer, ihr Zimmer in feierlicher Stille. Ich hatte bereits für Weihnachten dekoriert, und eine Kerze brannte still neben meiner liebevoll aufgebahrten Mutter. Ich kniete mich hin und schaute sie an. Inständig, sehnsüchtig, so als könne ich dadurch Leben in sie einhauchen und mich richtig von ihr verabschieden. Ich wollte oder konnte es noch nicht wahrhaben, dass sie gegangen war. Dabei waren uns doch nach meinem Austritt aus dem Orden noch so viele gemeinsame Jahre geschenkt worden. Ich war ja nicht undankbar, eher fassungslos. Wie entwurzelt, denn jetzt war ich wirklich allein. Ohne meine Mutter hätte ich den Weg aus dem Orden nicht so bewältigt, wie es mir dann doch möglich wurde. Doch jetzt galt es dadurch, einen doppelten Abschied zu bestehen. Alles um mich herum blieb still – totenstill. Sie hatte immer wieder auf Weihnachten hingewiesen, so hartnäckig, dass ich ihr klarmachen musste, bis dahin dauere es noch ein paar Tage. Jetzt wusste ich es besser. Es war ihr Tag, an dem der Heiland, der ein kleiner Mensch geworden war, sie zu sich genommen hatte und sie an seinem Leben teilhaben ließ. Es gab somit keinen Grund für einen Schmerz, denn sie lag in einer wunderbaren Verklärtheit vor mir. Voll Ehrfurcht neigte ich mich über ihr Gesicht und gab ihr einen letzten zaghaften Kuss. Ja, es war vollbracht.

Danach wurde ich aktiv und verdrängte alle einstürmenden Gefühle. Ich hielt ihre Hand und nahm ihr die beiden vergoldeten Eheringe ab, um die ich sie gebeten hatte. Ihr hatte mein Gedanke gefallen, dass ich nach ihrem Tod meinen Professring zwischen die Ringe meiner Eltern stecken wollte, als Zeichen unseres gemeinsamen Bündnisses. Das tat ich nun. Anschließend rief ich meinen Bruder an und begann, aufzuräumen und zu packen. Als noch immer niemand erschien, suchte ich nach dem Pflegepersonal, das an diesem Heiligabend stark unterbesetzt war. Danach rief ich den Hausarzt meiner Mutter an. Er gab mir Anweisungen, was als Nächstes zu tun sei. So konnte ich in der Rolle der tatkräftigen Krankenschwester und ehemaligen Ordensfrau, die aber hier als Tochter gefragt war, aufgehen und vielleicht auch mich und meine Gefühle dahinter verstecken. Am Abend, nach der Christmette, bat ich den Hospizseelsorger darum, die Beerdigung vorzunehmen. Er hielt kurz inne, schließlich sagte er zu. Am Ende des Tages war ich wieder allein. Meine innere Betäubung hielt mich weiter gefangen, auch wenn ich nach außen perfekt funktionierte; das hatte ich früher zur Genüge praktiziert.

Mein Bruder musste den Schmerz der Trennung aus der Ferne durchleben, bot mir aber seine Hilfe an und konnte auch an der Beerdigung teilnehmen. Meine Mutter hätte sich gefreut: Es kamen viel mehr Menschen als erwartet. Nicht nur aus unserem jetzigen Wohnort, sondern auch aus Niederzier, wohin meine Eltern nach der Rückkehr ins Rheinland als Erstes gezogen waren und wo Vater sein Amt als Diakon begonnen hatte. Das ließ mich an die Beerdigung meines Vaters denken. Da hatte ein afrikanischer Bischof das Hochamt zelebriert, und aus meinem einstigen Orden war sogar die frühere Generaloberin erschienen. Jetzt war der Hospizverein an die Stelle all derer getreten, die mich im Heute aufgenommen hatten und durch deren Fürsorge es meiner Mutter in der letzten Phase ihres Lebens so verhältnismäßig gut ergangen war. Zu der ehrenamtlichen Hospizlerin hatte sich nach Mutters Tod allmählich eine echte Freundschaft entwickelt. Die Einladungen kamen so stetig, wenn auch unaufdringlich, dass ich einmal schmunzelnd fragte: »Hat meine Mutter Ihnen aufgetragen, sich um mich zu kümmern?« Nein, das hatte sie nicht, selbst wenn sie es sich gewünscht hatte. Es war eines dieser unerwarteten Geschenke.

Als ich einige Zeit nach dem Tod meiner Mutter gedankenverloren und ein wenig traurig durch die Fußgängerzone in Düren ging, hörte ich plötzlich meinen Namen. Der Bürgermeister führte eine Delegation an, hielt es aber für richtig, mich zu grüßen. Ich musste erst schlucken, bevor ich den Gruß erwiderte. Meine Mutter war nicht mehr da, um mich beim Namen zu rufen. In diesem Moment wurde mir wieder bewusst: Das »Frau Lenzen« galt jetzt nur noch mir.

Start-ups in Mweka und
eine Nähschule für Waisen

Je mehr ich auf den Aids-Tagungen in Erscheinung trat, umso
mehr konnte ich selbst aktiv mitwirken. Auf dem jährlichen Berliner Aids-Kongress, der sich »HIV im Dialog« nennt und im August 2002 unter dem Motto »Normalität – Wunsch und Wirklichkeit« im Hotel Berlin am Lützowplatz von der Berliner Aidshilfe
organisiert wurde, stand wieder einmal ein Dia-Vortrag von mir
auf dem Programm, und zwar im Rahmen der Sektion »HIV an-
derswo, Fernes/Soziales«. Nachdem ich ihn gehalten hatte, mo-
derierte der Berliner Arzt und Aidsexperte Dr. Heiko Jessen die
weitere Veranstaltung. Bei einem Interview mit der *Süddeutschen
Zeitung* hatte er im Jahr 2000 gesagt: »Vergessen wir nicht, wir
machen hier im reichen Norden eine Luxusmedizin für eine kleine Gruppe von Patienten. 95 Prozent der Infizierten weltweit haben keine Chance. Sie werden an dieser Krankheit sterben. In den
Südländern ist die medizinische Infrastruktur größtenteils deso-
lat.« Diese Aussage hatte ihn mir sehr sympathisch gemacht. An
alle Einzelheiten der von ihm geleiteten Diskussion erinnere ich
mich nicht mehr, doch ich weiß noch, dass eine lebhafte Debatte
über das Thema Prävention ausbrach. Sie sei, so die allgemeine
These, die stärkste Waffe gegen die Krankheit.

Mir wurde dabei vorgeworfen, dass Kondome schon längst in
kirchlichen Institutionen akzeptiert werden würden, jedenfalls

heimlich, auch hielt man mir das bekannte Argument vor, ihr Gebrauch garantiere ja keine absolute Zuverlässigkeit gegen die Immunschwächekrankheit. »Das stimmt«, antwortete ich beflissen, »und jeder, der in diesem Bereich tätig ist, weiß das auch. Aber bitte übersehen Sie nicht, dass Kondome offiziell weiterhin nicht zugelassen sind. Warum hat Kardinal Pengo denn gerade gesagt, diese Kampagne, also Kondome zu benutzen, sei Teil eines internationalen Versuchs, Millionen von Menschen in Entwicklungsländern auszurotten, vergleichbar damit, wie man es auch mit den amerikanischen Ureinwohnern, den Indianern, getan habe.«

Nach dieser Bemerkung meldete sich ein Afrikaner, der in der letzten Reihe gesessen hatte. Laut und deutlich sagte er: »Ich heiße Kosmas und komme aus Tansania, zurzeit studiere ich in Berlin. Ich möchte bezeugen, dass diese Sprecherin – die ehemalige Nonne – recht hat: In Tansania sind Kondome ein absolutes Tabu.«

»*Asante sana*, vielen Dank«, sagte ich erleichtert. Das »*Karibu*« oder »Gerne«, im Sinne von Willkommen, hörte ich aber nur von Ferne, denn im Saal brach ein kleiner Tumult aus, während Noerine Kaleeba das Wort ergriff. Die recht kräftig gebaute Physiotherapeutin und Mitbegründerin der Aids-Aktivisten-Gruppe »The AIDS Support Organization« (TASO) sollte nach mir einen Vortrag halten. Ich hatte einige ihrer Einrichtungen in Uganda besucht, als ich im Juli und August 1993 für zwei Wochen mit dem Aids-Koordinator der Erzdiözese Dar es Salaam diverse Projekte des Nachbarlands besuchte. Mich hatte beeindruckt, dass Noerine Kaleeba mit Hilfe von TASO als eine der ersten Aids-Initiativen in Afrika die Gemeinden und Nachbarschaften mobilisierte, um HIV-Infizierten ein »positives Leben« zu ermöglichen. Das Konzept hatte sie in England kennengelernt, wo ihr Mann als ein an Aids Erkrankter behandelt worden war. In London hatte sie erlebt, was Netzwerke bedeuten können, die Betroffene und Angehörige begleiten und auffangen. Das war der Auslöser für sie gewesen, in ihrem eigenen Land Ähnliches zu initiieren.

Bislang war ich ihr persönlich allerdings noch nicht begegnet, aber jetzt hatte sie sich erhoben und fragte mit durchdringender Stimme: »Warum halten wir uns immer bei diesem Thema auf? Wenn mein Bischof von mir erwartet, dass ich mich vor ihm ehrfürchtig hinknie, dann tue ich das eben.« Sie raffte ihr bunt bedrucktes afrikanisches Nationalkleid ein wenig zusammen, als wollte sie uns den Kniefall vorführen. »Die Hauptsache ist, er lässt mich meine Arbeit machen.« Sie erntete Beifall für diesen unverblümten Kommentar auf meine Lebensgeschichte. Ich hatte mich nicht mehr hingekniet, weil ich diese Ehrerbietung als demütigend erlebte. Es war mir durch nichts mehr gerechtfertigt erschienen. Aber aus der Sicht von Noerine war es auch möglich, gelassener oder »afrikanischer« mit solchen Themen umzugehen.

Unabhängig davon zeigte sich von Jahr zu Jahr, wie erfolgreich die Lobbyarbeit der Aids-Aktivisten war. Sie alle setzten und setzen sich dafür ein, damit aus der chronischen Krankheit eine heilbare wird, und zwar nicht nur dort, wo das Gesundheitssystem eines Staates greift, sondern überall auf der Welt, wo Infizierte noch unnötig leiden und sterben müssen.

Die Darsteller waren atemberaubend, wie sie ihre Körper bewegten und Sprünge ausführten im pulsierenden Rhythmus afrikanischer Klänge. Da war es wieder: dieses Heimweh, aufgetaucht während einer Vorstellung des Musicals *Der König der Löwen*. Auf der farbenprächtigen Bühne im Hamburger Hafen wurde in der Geschichte des kleinen Löwenkönigs Simba zum Erwachsenwerden nahezu alles versinnbildlicht, was ich selbst in Afrika erlebt hatte: die Abhängigkeit der Menschen von der Natur, die Götter, die zur Erklärung herangezogen wurden, wenn Ängste die Seele belasteten und so eine Möglichkeit boten, mit den Problemen fertig zu werden und einen Platz im Leben zu finden.

Allein durch die Farben wurde der Scherenschnitt eines Baobab-Baumes praktisch real, die Savanne, die Giraffen, Gazellen, Elefanten und Zebras, die von Menschen mit Masken auf der Bühne verkörpert wurden. Es war schon erstaunlich, wie diese Wirkung durch einige Effekte hervorgerufen werden konnte. Mein Herz schlug höher, ich sah die weiten Ebenen der Serengeti vor mir, die rot glühenden Sonnenstrahlen am Horizont, bevor die Nacht plötzlich hereinbricht. So, wie ich es selbst über Jahrzehnte erlebt habe. Eine Nacht, der viele Menschen dort ausgeliefert sind. Dennoch stellen sie sich an jedem neuen Morgen den Aufgaben, die auf sie warten. Sie resignieren nicht. Das ist in meinen Augen wahre Größe. Sie tragen die Weisheit der Bantu im Herzen, nach der »die Sonne an keinem Dorf vorübergeht«.

Die Karte für das Musical war ein Geschenk, weil ich mich nicht kräftig genug fühlte, an einem größeren Essen teilzunehmen, mit einem anschließenden Disco-Besuch. Ich war in Hamburg, auf dem 9. Deutschen und 14. Österreichischen Aidskongress, der ein Jahr nach der Berliner Tagung, 2003, im Hyatt-Hotel stattfand. Dieses Mal hatte ich keinen Vortrag zu halten, aber in der Lobby des Hotels gab es einen Stand, der auf das Rafiki-Projekt in Tansania aufmerksam machte und es mir ermöglichte, weiter für Naiso und jene Frauen, denen sie einen Neuanfang in Aussicht stellen konnte, Geld zu sammeln. Im Grunde war dies die wichtigste Möglichkeit, um Menschen anzusprechen und sie für eine Spende zu gewinnen. Was in vielen Fällen auch klappte.

Die Hamburg-Reise sowie der Stand im Hotel waren erneut von Bristol-Myers Squibb gesponsert worden.

Naiso hatte inzwischen eine Menge auf die Beine gestellt, von dem ich berichten konnte. Der Kiosk beziehungsweise der Tante-Emma-Laden – auf Swahili Duka genannt – war im Mai 2003 eröffnet worden und wurde seitdem täglich frequentiert. Da die Waren gerecht ausgewogen wurden, hatte es sich schnell herumgesprochen, dass der Duka eine gute Einkaufsmöglichkeit sei. Durch den Erfolg mussten die Waren einmal pro Woche mit einem gemieteten Pick-up herbeigeschafft werden, und immer war Naiso bei diesen Transporten dabei, damit auch nichts unterwegs »verloren ging«. Patienten brachte sie persönlich in die Stadt, um Beistand zu leisten, wenn der HIV-Test positiv ausfiel. Zweimal wöchentlich begleitete sie diejenigen ins Hospital, bei denen die Immunschwächekrankheit schon in einem späteren Stadium war. Regelmäßig machte sie Hausbesuche – mit stundenlangen Fußmärschen – und wurde informiert, wenn Kinder aus »ihren« oder anderen Familien in der Schule fehlten, damit sie bei ihnen zu Hause nach dem Rechten sehen konnte. Sorgen bereitete ihr, dass die Regierung von Tansania im vergangenen Jahr die Löhne angehoben hatte, was bedeutete, dass auch die Gehälter im Rafiki-Zentrum gestiegen waren. Man brauchte das Doppelte an Geld, ohne mehr für die Frauen tun zu können.

Durch das Musical *Der König der Löwen* hatte mich das Heimweh nach Afrika derart heftig gepackt, dass ich das Gefühl hatte, ich müsse dringend dorthin. Sicher, ich war im Oktober 2002 in Moshi gewesen, aber nur sehr kurz. Es galt damals sicherzustellen, dass unsere Spendengelder auch problemlos ausgezahlt und nicht auf Banken gebunkert oder gar unterschlagen wurden (es hatte Probleme bei den tansanischen Banken gegeben). Bei dieser Aktion hatte ich wenig Gelegenheit gehabt, meine Freunde im Rafiki-Projekt zu besuchen. Doch 2004 sollte sich das ändern, in diesem Jahr war ich sogar zweimal in Tansania, einmal im März, im Rahmen des »Secure The Future«-Programms des Pharmakonzerns BMS, und das zweite Mal Ende Juli, Anfang August. Die zweite Reise ging vom Dortmunder Verein »All Around Aids« aus, diese unternahm ich zusammen mit einem Arzt, Dr. Peter, und Andreas Kemna. Die beiden Männer wollten das Rafiki-Projekt begutachten.

Die BMS-Reise begann in Moshi und Mweka, und so konnte ich endlich wieder Naiso begrüßen und mir die weitere Entwicklung des Rafiki-Zentrums anschauen. Die Arbeiten am Hauptgebäude schienen abgeschlossen. Um zu verhindern, dass Regen den Boden verwüstete und das Haus dadurch abrutschte, hatte sie den ganzen Vorplatz mit einem Block aus Steinen abgesichert, die durch Zement zusammengehalten wurden. Das Dach des Hauptgebäudes war mit Rinnen versehen worden, um das kostbare Regenwasser aufzufangen, das in große Wassertanks geleitet wurde. So war die Wasserversorgung gesichert, wenigstens zu einem großen Teil. Zusätzlich hatte sie einen Tank für Trinkwasser angeschafft – für die Trockenzeit, wenn man mit dem Regenwasser allein nicht mehr auskam. Mit einem speziellen Pumpsystem wurde es ins Zentrum geleitet.

Seit Ende 1998 wohnte Naiso in diesem Haupthaus, um die Baumaterialien zu bewachen – ihre Mitarbeit bei Frau Dr. Nkya hatte sie beendet. Anfangs lebte sie nur in einem Zimmer, mehr war noch nicht fertiggestellt. Sie ließ eine Garage errichten sowie eine Küche – auch zur Speisung der Frauen und von Seminarteilnehmern gedacht. Da die ihr so wichtige Aids-Aufklärung auch mit Hilfe von Filmen über die Immunschwächekrankheit geleistet werden sollte, benötigte das Zentrum ein Videogerät, das mit einem Stromaggregat betrieben wurde. Besonders die Mütter genossen diese Videoshows, die anschließend oft zu Diskussionen der eigenen Situation führten. Im Hinterhof gab es eine größere Vorratskammer, meine Freundin hatte sie von ihrem Schlafzimmer aus im Blick. Hier lagerten Fässer mit Speiseöl, Säcke mit Reis, Bohnen, Mais und anderen Lebensmitteln. Diese kaufte sie dann ein, wenn sie gerade sehr günstig waren, denn so war es ihr möglich, sie wieder preiswert in ihrem Laden zu verkaufen. Haupthaus und Küche, Garage und Vorratskammer waren überdacht, um zusätzlichen Raum für Seminare zu schaffen, wenn es zu heiß war oder es regnete.

Alles in diesem Zentrum war zur Unterstützung der Frauen ausgerichtet, um sie zur Selbsthilfe zu befähigen. Sie schienen es auch zu wissen, denn es war zu spüren und an den fröhlichen Gesichtern zu sehen, dass sie neuen Lebensmut gefunden hatten.

Das BMS-Team, das aus drei Ärzten bestand, ließ sich das gesamte Gelände zeigen, und einige der Frauen begrüßten uns mit den in dieser Region typischen Jubellauten, unterstützt von einem rhythmischen Händeklatschen. Unter dem überdachten Raum hielt Naiso eine Begrüßungsrede und erklärte den Ärzten ihre Arbeit beziehungsweise das Projekt. Es hatte damit begonnen, so erzählte sie, dass ihr der todgeweihte Severini aus dem Nachbarort sein Herz ausschüttete. Er war aus dem Hospital entlassen worden und wusste, dass die Krankheit Aids ihn bald gefangen nehmen würde. Was aber würde dann mit seiner Frau und seinen Kindern geschehen? Er war ratlos. Doch dann hörte er von dem gerade eröffneten Rafiki-Zentrum. Die Familie von Severini war die erste, an der sie zeigen konnte, wozu das Projekt fähig war. Severini durfte am Zentrum kleine Arbeiten verrichten und erhielt gutes Essen zur Stärkung, sodass er die Geburt seines Sohnes noch erlebte. Dann nahm seine Kraft langsam ab und das ganze Frauenteam war gefragt: Eine war immer vor Ort zur Stelle, um zu helfen.

Nachdem Naiso ihre Ausführungen beendet hatte, fragte ich, ob das Zentrum noch weiter ausgebaut werden sollte.

»Das hängt von den finanziellen Mitteln ab«, sagte meine Freundin. »Ich bin gerade dabei, auf dem Dach eine kleine Solaranlage installieren zu lassen, sodass wir auch warmes Wasser haben. Auch ein Hundezwinger ist im Entstehen, denn unsere Hündin hat Welpen bekommen, und mit diesem Wurf haben wir genügend Vierbeiner, um ungebetene Gäste abzuschrecken.« Sie lachte. »Aber eigentlich genügt die dichte mannshohe Bougainvilleahecke rund um unser Grundstück, ihr habt sie ja selbst gesehen.« Naiso zeigte auf den kräftigen Pflanzenstock, der beidseitig um ein hohes Maschengitter rankte. »Und das Haupttor aus Eisen wird immer bewacht, durch eine Klingel können sich Gäste bemerkbar machen.«

»Und wer kümmert sich um alles, wenn du nicht da bist?«

»Wenn ich Hausbesuche oder Großeinkäufe in der Stadt mache oder die entfernteren Schulen besuche, kümmern sich Nyota und Maria um alles. Du kennst ja beide Frauen.«

Ich nickte. »Ein Mann wäre auch nicht schlecht«, meinte ich, »aber da hast du wohl eher schlechte Erfahrungen gemacht, nicht wahr?« Das war leider so, sie ließen sich leichter bestechen.

Maria Antoni hatte ich kennengelernt, als ich das erste Mal in Mweka war, da hatte Naiso sie mir vorgestellt. Die Dreißigjährige war bereits vor dem Bau des Zentrums zu Naiso gekommen, denn sie hatte sich wie Nyota nicht mehr zu helfen gewusst. Als ihr Mann sie zu schlagen begann und schließlich verstieß, denn sie gebar ihm keine Kinder, ließ sie sich zur Prostitution überreden. Sie benötigte Geld, denn sie hatte keinen Besitz und auch keinen Beruf gelernt.

»Mama, schau mich an«, sagte sie, als ich dieser Frau zum ersten Mal begegnete. »Bin ich ein schlechter Mensch, der von Gott bestraft werden muss?«

»Warum denkst du das, Maria?«, war meine Gegenfrage.

»Weil ich einige Male mit fremden Männern geschlafen habe.« Sie blickte zu Boden. Ihre hagere Gestalt rührte mich. »Dafür bekam ich zu essen, wurde freigehalten und verdiente ein wenig Geld.« Ihre Stimme wurde brüchig, es fiel ihr schwer weiterzusprechen.

»Maria, das tut mir so leid für dich.« Ich versuchte ihr Mut zuzusprechen. »Wie konntest du diesem Leben überhaupt entkommen, war dir das denn möglich?«

»Oh ja«, antwortete sie mit festem Ton. »Ich hielt das nämlich nicht aus. Ich schämte mich dermaßen, dass ich eines Nachts einfach von einem Freier weglief. Als er mich suchte, war ich bereits verschwunden.« Die Entschlossenheit stand ihr auch jetzt noch ins Gesicht geschrieben, sie hatte ein nahezu ähnliches Schicksal wie Nyota gehabt. Da die Eltern von Maria ein kleines Stück Land in der Nähe von Naisos besaßen, kannte die Frau meine Freundin und klagte dieser ihr Leid. Und sie fand bei ihr Gehör. Naiso vertraute ihr und ließ sich von ihr bei den täglich wachsenden Aufgaben helfen. Dadurch konnte Maria ein wenig Geld verdienen. Nur zu schenken, ohne Gegengabe, hielt Naiso für entwürdigend. Damit hatte sie recht.

»Willst du Maria sprechen?«, fragte Naiso.

»Ja, natürlich«, erwiderte ich.

Meine afrikanische Freundin rief nach ihr, und im nächsten

Moment war sie auch schon da. Maria war ihr treu ergeben, das war nicht zu übersehen, aber genauso wurde deutlich, dass sie wieder Selbstbewusstsein gewonnen hatte, sicher eine Folge ihres Verdienstes und damit ihrer Eigenständigkeit, und ebenso eine Folge der Verantwortung, die sie für das Rafiki-Projekt übernommen hatte.

»Willst du sehen, wo ich wohne?«, fragte Maria, die ihre dünnen Haare zu kleinen Zöpfen geflochten hatte, die – wie es hier oft gemacht wurde – oben zusammenstanden, als Symbol für den Kilimandscharo.

»Gern. Du musst mir nur den Weg zeigen.« Schnell cremte ich noch mein Gesicht und meine Arme mit einem Sonnenblocker nach und reichte die Flasche herum – die Strahlen der Sonne waren hier einfach zu gefährlich.

Einige Minuten gingen wir zusammen einen Abhang hinauf und anschließend an hochgewachsenen Maiskolben vorbei, die man zwischen Baumstämmen gepflanzt hatte, auf eine kleine Lichtung zu, auf der vereinzelte strohgedeckte Hütten standen. Alles wirkte bescheiden, was ich nicht anders erwartet hatte. Maria öffnete die Tür zu ihrer windschiefen Behausung. Eine Pritsche diente als Bett, die bröckelnde Lehmwand war von einem hölzernen Gerüst durchzogen. An einer Stelle war eine Kordel befestigt, über die sie eines ihrer fadenscheinigen Tücher gehängt hatte, gewissermaßen als Abgrenzung. Hinter dem Tuch lebte aber keine andere Teilnehmerin der Rafiki-Projekts, sondern es guckte da zu meinem Erstaunen eine Ziege heraus. Sie schien hier zu Hause zu sein. Mir blieb der Atem stocken. Maria hatte mich beobachtet. »*Usishangae*, Mama, bitte nicht wundern«, meinte sie verlegen. »Die Ziegenmilch hat Nyota, die auch hier mit ihrem Pflegekind wohnt, nötig. Und wenn sie oder ich nicht in der Nähe sind, können wir das Tier nicht nach draußen lassen.« Als ich später noch einmal zu ihr kam, während meiner Reise mit Dr. Peter und Andreas, reagierten diese ebenso erschrocken wie ich bei meinem ersten Besuch, sodass wir auf dem Rückweg den Entschluss fassten, Naiso solle zusätzliches Geld bekommen, um für Maria und die anderen Frauen eine wetterfeste und menschenwürdige Behausung bauen zu können. Wer es ermöglichen konnte, sollte dann monatlich etwas vom Lohn an Naiso zurückzahlen. Besser konnte gar nicht investiert werden. Maria und Nyota nahmen übrigens auch an Naisos Aufklärungsarbeit teil – durch ihr freies Bekenntnis machten sie einen stärkeren Eindruck als manche gut vorbereitete Lektion.

Jetzt, auf dieser ersten Reise mit dem BMS-Team, zeigte Naiso allen noch den bunt angelegten Garten, den sie als heilsame Beruhigungstherapie für ihre Klienten pries. »Barfuß über den dichten Rasen zu gehen ist eine Labsal für Körper und Geist. Die Herren Doktoren, probieren Sie es doch bitte einmal aus!«

»Hier oben, mit Blick auf das weit unten liegende Tal, das allein ist schon eine Labsal«, erwiderte einer der Ärzte lachend.

Der Duka war so organisiert, dass man den Kunden ihre Waren durch ein Gitter reichte, so konnte verhindert werden, dass Überfälle organisiert wurden. Dieser kleine Tante-Emma-Laden erfüllte genau das, was sich Naiso von ihm erhofft hatte, jetzt konnte ich es mit eigenen Augen sehen. Die notleidenden Frauen, die ins Zentrum kamen, so erfuhren wir weiter, erhalten als Erstes ein Darlehen in Form von Sachspenden, dazu einige notwendige Lebensmittel für umgerechnet zirka 30 Euro, auch Keimlinge für den eigenen Gartenanbau. Außerdem gab Naiso jungen Frauen die Chance, den Umgang mit Geld und eine gründliche Haushaltsführung einzuüben.

Das Gleiche galt für die Nähschule, die rechts vom Haupteingang als schlichter Raum erbaut wurde. Hier bekamen vor allem verwaiste junge Mädchen oder alleinstehende Mütter die Möglichkeit, sich ihren Lebensunterhalt selbst zu verdienen. Ein Jahr dauerte die Ausbildung, die von einer Näherin beaufsichtigt wurde. Wer die Abschlussprüfung bestand, erhielt – wenn die Finanzlage es zuließ – als Geschenk eine Nähmaschine, um von zu Hause aus arbeiten zu können. Dadurch kamen diese jungen Mädchen nicht in die Zwangslage, ihren Körper für schnelles Geld verkaufen zu müssen. Stoffe erstand Naiso in Ballen in der Stadt, und immer wieder versuchte sie Aufträge von verschiedenen Schulen für die obligatorische Schuluniform zu bekommen. Was ihr auch oft gelang. Auf diese Weise war eine weitere Einnahmequelle gesichert. Im Jahr 2000 hatte die erste Gruppe von sechs Frauen, oft Waisen, die Ausbildung beendet, danach konnten jährlich – bis heute – acht Mädchen aufgenommen werden.

Obgleich mir jeder Besuch neue Fortschritte im Projekt zeigte, war 2004 am deutlichsten wahrzunehmen, wie wichtig der Einsatz von Naiso für die Frauen in Mweka war. Denn das Volk am Kilimandscharo, die Wachagga, ist patriarchalisch geprägt. Von der Frau wird erwartet, dass sie den Wünschen ihres Mannes entspricht, selbst wenn diese zu Forderungen werden. Deshalb gibt es bei ihnen oft noch den Brautpreis, und deshalb kann sie nicht erben und eigenen Besitz beanspruchen. Eine Frau und ihre Kinder gehen in den Besitz des ältesten Bruders ihres Mannes über, sollte dieser sterben. Früher war damit gewährleistet, dass jemand für die Verwitwete und ihre Nachkommen sorgte; wenn jedoch Aids die Todesursache des Mannes war, hatte das jetzt fatale Folgen. Der Verstorbene hatte seine Frau wahrscheinlich bereits angesteckt, und diese gibt den Virus dann an ihren neuen Mann weiter. Ein Teufelskreis, der unterbrochen werden musste. Die moderne Kultur hatte auf diese Weise die traditionellen Bande längst aufgeweicht, neue Werte mussten aber erst aufgebaut werden.

Beim Betreten der Nähschule stellte Naiso uns als Gäste aus *Ulaya*, aus Übersee vor, worauf uns ein »*Karibu Wageni* – willkommen, Fremde« im Chor wie in einer Schule entgegenschallte. Naiso ist ja Lehrerin, dachte ich voll Hochachtung, und das zeigte sich in allen Bereichen: Sie hatte alles im Griff. Einige Mädchen schauten verlegen auf ihre Näharbeit, andere musterten uns unverhohlen, diese weißen Besucher, die sich für ihre Handarbeit zu interessieren schienen. Als ich auf Kisuaheli die neben mir Sitzende fragte: »Und wie geht es dir, seit wann besuchst du diese Schule und wie alt bist du?«, staunte sie und erwiderte freudig: »Mir geht es hier gut, seit Anfang des Jahres kann ich den Nähkurs besuchen. Darüber bin ich sehr froh, denn nach dem Tod meiner Mutter wusste ich nicht, wie es weitergehen sollte. Ich bin doch erst achtzehn Jahre alt und versorge noch zwei jüngere Geschwister. Während ich hier bin, passt meine Großmutter auf sie auf, wenn sie von der Schule kommen.« Danach stellte sie sich als Flaviana vor, und da sie so aufgeweckt geantwortet hatte, übersetzte Naiso das Gesagte für die anderen ins Englische.

Die schon genähten bunten Kinderkleider hatten die jungen Frauen an den Fensterrahmen aufgehängt, damit wir sie bewundern konnten. Es machte Freude, zu erleben, wie hier eine Stütze fürs Leben angeboten wurde. Dass kein Schulgeld von den Aids-Waisen verlangt werden konnte, war selbstverständlich. Da zeigte sich, wie wichtig unsere Spenden waren, um allein diese Nähschule aufrechtzuerhalten. Die Näherin Lydiah, die die Mädchen ausbildete, musste ein kleines monatliches Gehalt bekommen, sonst würde sie abwandern. Ihren Job verstand sie, das bewiesen die ausgestellten Kleider, die bis ins kleinste Detail sorgfältig genäht waren. Auch Naiso ließ sich hier ihre uniformähnlichen Kostüme anfertigen, eines davon hatte sie ja bei ihrem Deutschland-Besuch getragen.

Um die Mittagszeit wartete draußen auf dem Hof eine muntere Schar blau gewandeter Schüler. Sie waren aus der nahen Volksschule gekommen, um zu demonstrieren, dass ihre Ausbildung, und damit die Grundlage für ihr weiteres Leben, von uns, den Freunden von Rafiki aus *Ulaya*, abhängt. Alle diese Kinder hatten meist einen Elternteil durch Aids verloren, vielfach auch beide.

Mit dem BMS-Team ging es dann wieder ins Tal zurück, um den Gründer des Regionalen Zentrums für Hauterkrankungen in Moshi, Dr. Henning Grossmann, zu treffen und in der dortigen Mensa zu essen. Fazit des gebürtigen Hamburgers war, dass 50 Prozent der Erkrankten im Regional Dermatology Training Centre (RDTC) auch HIV-positiv sind. Eine weitere Station war die tansanische Frauenorganisation Kiwakukki, die Naiso und ich in den neunziger Jahren mitgegründet hatten. Sie macht in der Stadt Moshi das, was Naiso in der Gegend um Mweka tut. Heute hat die Organisation rund zweitausend Mitglieder, hält regelmäßige Treffen und intensive Schulungen ab, betreut Waisenkinder, macht Hausbesuche und bindet HIV-Positive mit in ihre Arbeit ein. Aids durfte durch sie zum Leben gehören.

Als wir in unsere Lodge in Richtung Arusha zurückfuhren, zeigte der Kilimandscharo sein leuchtendes Weiß.

Bei der ersten Reise brachte uns – nach fast denselben Stationen – das Flugzeug vom KIA, vom Kilimandscharo International Airport, nach Dar es Salaam, anschließend ging es dieses Mal weiter nach Südafrika.

Mein zweiter Afrika-Besuch in diesem Jahr, zusammen mit

Dr. Peter und Andreas Kemna, ließ mich bei einer wohlhabenden Mittelklassefamilie traurig am Bett der jüngsten Tochter Delfina verweilen, die mir in bestem Englisch stockend ihre Geschichte erzählte. Man lässt sie nicht mehr aus den Augen, berichtete sie, jetzt nicht mehr. Das Sprechen fiel ihr schwer, ihre Speiseröhre war durch eine giftige Flüssigkeit verätzt. Weil sie nicht mehr am Leben bleiben wollte, hatte sie Chlor geschluckt. Die Diagnose Aids hatte sie zu dieser verzweifelten Tat getrieben. Überall im Raum hingen Heiligenbildchen. Die Familie war katholisch und hatte einflussreiche Verbindungen zu Politik und Kirche, die Zukunft von Delfina schien hoffnungsvoll zu sein, jedenfalls bis zu dem Moment, in dem sie von ihrer Krankheit erfuhr und sich der »Schande« bewusst wurde, die sie dadurch über sich und ihre Familie gebracht hatte. Sie hatte vorehelichen Sex gehabt, das konnte nun nicht mehr verborgen bleiben. Für sie wurde Aids deshalb doppelt tragisch. Es war nicht nur diese Krankheit, die sie heimgesucht hatte, es war das zusätzliche Stigma der Sünde, das sie nun in den Augen ihrer Umgebung trug.

Ich fühlte mit dieser jungen Frau, die dermaßen in die Irre geführt worden war. Ich kannte all das nur zu gut. Weil es für sie nur den strafenden Gott gab, hatte sie sich lieber das Leben nehmen wollen. Auch das konnte ich verstehen. Ihr Gesicht war aufgedunsen, ihre fragenden Augen lagen tief. Infusionen halfen, den Wasserhaushalt ein wenig zu regulieren, aber das nahende Ende war unausweichlich. Was für ein negatives Bild von einem strafenden Gott musste ihr vermittelt worden sein, dass es ihr unmöglich war, mit dieser »Schande« zu leben. Jetzt, durch ihre Schmerzen, so ließ man mich durch die Eltern wissen, hätte sie ihre Straftaten wohl genügend gebüßt. Ich erschauerte vor solcher Logik – hier war ich fehl am Platz. Delfina starb angeblich in Frieden.

Auf dem Nil – Echnaton,
Jesus und Mohammed

Sobald ich in Deutschland rein zufällig auf der Straße einem Kind aus Afrika begegnete, war sofort ein Kontakt da, innerhalb von wenigen Sekunden. Ein einziger Blick genügte, um mein Herz höher schlagen zu lassen, mich wie elektrisiert zu fühlen und zu denken: Deine Heimat Afrika, sie ist immer noch in dir. Es war ein Gefühl des Glücks, von dem das Kind natürlich keine Ahnung hatte, was seine neugierig und freundlich schauenden Augen in mir auslösten. Nie hatten wir uns zuvor gesehen. Und dennoch fühlte ich durch die Nähe dieses Kindes: Ich war einst ein Teil davon gewesen, von diesem lebendigen und lebensfrohen Afrika. Und in meiner Erinnerung war ich es immer noch, obwohl ich nun schon seit acht Jahren keine Nonne mehr war.

Ein freundliches Hallo entlockte mir jede dieser Begegnungen, während ich mich leicht zu dem Kind hinunterbeugte. Ein strahlendes Lachen, das sich auf dem offenen Gesicht ausbreitete, erhielt ich als Antwort. Wenn seine Mutter, die manchmal ein Kleid aus den typisch bunten Stoffen trug und oft noch ein weiteres Kind in einem europäischen Kinderwagen schob, auf uns aufmerksam wurde, nickte auch sie freundlich. Eine Bekannte, die solch eine Szene miterlebt hatte, sagte: »Du kommst von Afrika nicht mehr los, nicht wahr?« So war es. Ich konnte das nur freudig bejahen. Es tat mir offensichtlich gut, selbst bei solch einer oberflächlichen Begegnung wieder mit meiner ehemaligen Heimat verbunden zu sein. Ich empfand es als Geschenk, an mein früheres Zuhause erinnert zu werden. Diese Jahrzehnte auf dem »Schwarzen Kontinent« hatten mich geprägt.

Die Sehnsucht, afrikanischen Boden unter den Füßen zu haben, ließ nie nach. Je länger ich nicht mehr die Glut der Tropensonne oder den kühlenden abendlichen Windhauch auf meiner Haut gespürt hatte, umso größer wurde sie. Von dieser tiefen Sehnsucht wusste auch Immaculata, meine Freundin. Immaculata hieß nun Bertha und war wie ich eine Ex-Nonne, die mich sogar einige Zeit in Afrika besucht hatte. So wie sie mich weiterhin Lauda nannte, rief ich sie immer noch Immaculata. Sie war Pädagogin, unterrichtete Religion und bildete Religionslehrer aus, 1989 hatten wir uns im Mutterhaus unseres Ordens in Holland gesehen. Sie war auf dem Weg nach Israel – die Reise hatte etwas mit ihrem Beruf zu tun gehabt –, doch bevor sie diese antreten durfte, hatte man ihr nahegelegt, im Mutterhaus ihren »spirituellen Geist« zu erneuern. Das war eine Umschreibung dafür, eine Ordensschwester wieder »auf Spur« zu bringen.

Wir gehörten zu den jüngeren Schwestern, auch wenn wir beide um die fünfzig waren, das durchschnittliche Alter war sicher sechzig plus. Einige von ihnen hatten Missionserfahrungen, aber es gab auch etliche unter ihnen, die nie etwas anderes gesehen hatten als das Innere eines Konvents in Europa. Sie waren in den zum Kloster gehörenden Gärten und Ländereien oder im Haus tätig, eine Interaktion mit der Außenwelt war selten. Sie hatten sich die klösterlichen Regeln wie Befehlsempfänger angeeignet. Ich selbst war damals exklaustriert gewesen und hatte ein Jahr außerhalb von ihrem Leben gelebt. Deshalb wurde ich als eine Abtrünnige angesehen. Auf diese Weise stigmatisiert, durfte ich mich glücklich wähnen, Fahrdienste übernehmen zu können. In dieser Funktion lernte ich auch Immaculata kennen, ich holte sie vom Bahnhof in Eindhoven ab. Wie sie so dastand, mit einem Rucksack beladen und auf mich wartend, dachte ich: Sie ist nicht wie die anderen Nonnen.

Der erste Eindruck bestätigte sich, als ich in einer abendlichen Runde erfuhr, wie sie arbeitete. Ich kam aus dem Staunen kaum heraus: Da war ein liebenswerter und sehr patenter Mensch, eine Nonne, die zu unserem Orden gehörte, aber niemals morgens in der Heiligen Messe war, nie das Offizium oder die anderen Pflichtgebete mitbetete. Eine solche Person hatte ich zuvor nicht kennengelernt. Sie lebt das, was sie weitergibt, dachte ich, aber sie ist dennoch nicht – fast möchte ich sagen – fundamentalistisch gebunden an die Regeln und Maximen, an denen wir gewöhnlich gemessen werden. Sie durfte sogenannte Ausnahmen leben. Wie war das möglich? Warum war hier die Anpassung an die Moderne erlaubt? Fast war es für mich lebenswichtig, zu erfahren, wie ein derart anderes Dasein auch in meinem Orden denkbar war. Für mein eigenes Empfinden bedeutete das: Ich war nicht allein mit dem, was ich immer gedacht und in Zimbabwe auch umgesetzt hatte. Was war ich in Konflikte geraten, als ich merkte, dass die Anforderungen der Regelerfüllung häufig nicht mit meinem Arbeitsalltag im Krankenhaus oder in der Aidsarbeit vereinbar waren.

In dieser Erkenntnis entwickelte sich unsere Freundschaft, die meinen und ihren späteren Austritt überdauerte. Noch heute telefonieren wir regelmäßig miteinander, arbeiten gemeinsam unsere einstigen Erlebnisse und auftauchenden Erinnerungen auf. Die Vergangenheit haben wir beide nicht einfach so abstreifen können, wir ringen noch immer mir ihr – und solange wir leben, bleibt sie ein Teil von uns. Es bleibt die Erfahrung der Diskrepanz dessen, was von uns erwartet wurde, was sich aber nicht mit Leben füllen ließ. Im Grunde gab es für uns gar keine andere Alternative, als zu »scheitern«. Oder man legte sich ein dickes Fell zu und stellte einfach die absolute Regeltreue als oberste Norm für sich auf. Jesus hatte bereits vor der Gesetzestreue der Pharisäer gewarnt, aber dessen ungeachtet gaben die Vorschriften den sicheren Halt, das Richtige getan zu haben. Mit dieser Vorstellung kam man gut über die Runden, denn entscheidend war ja, dass die Regel nicht vernachlässigt wurde. Wenn ich tröstend und zuhörend an der Pritsche einer HIV-Positiven ausharrte, bis sie sich gefangen hatte, dafür aber viel zu spät zurück ins Kloster kam, hatte ich mich dafür zu rechtfertigen. Wäre ich pünktlich erschienen, es wäre alles in Ordnung gewesen.

Einmal fragte ich Immaculata bei einem unserer vielen Telefonate: »Erinnerst du dich noch an die Zeit im Noviziat? Jeden Samstag befahl uns die Mutter Meisterin, die Matratzenseite zu wechseln, damit wir, wie sie sagte, kein Loch in diese hineinliegen?«

»Ja, genau«, erwiderte sie. »Und weißt du, dass mein Vater das auch beim Kommiss machen musste?«

Das Lachen über diesen Vergleich hatte uns gut getan. Denn vieles, was wir in unserer Ausbildung als Ordensschwestern erfahren hatten, schien dem Militärischen entnommen worden zu sein. Dass der höchste Posten im Orden für eine Nonne den militärisch anmutenden Titel Generaloberin trägt, kann ebenfalls nachdenklich stimmen. Aber dafür kam das Wort »Mutter« dazu, sicher der Versuch, die notwendige Disziplin mit menschlicher Wärme zu paaren.

»Wenn wir schon den Vergleich zum Militärischen ziehen,

werde ich sofort an Gefangene erinnert. Kannst du dir vorstellen, dass ich mich manchmal im Orden fühlte, als wäre ich in ihm gefangen gewesen? Ich wollte das Gute tun, und ich wollte leben, aber durch all unsere Vorschriften fühlte ich mich, als würde ich durch unsichtbare Mauern gebremst werden.«

Selbst durchs Telefon konnte ich »sehen«, wie nachdenklich Immaculata war. »Hast du es wirklich so schlimm erlebt?«, fragte sie nach einer Weile.

»Du hattest einen Ausgleich durch deine Arbeit in der Akademie, aber ich war immer Teil einer klösterlichen Kommunität. Du kennst sie ja, und du gehörst heute ja auch nicht mehr dazu.«

»Richtig, und das ist gut so. Aber es stimmt, es gibt diese Vergleiche, die nicht zu leugnen sind: Mit dem Eintritt in den Konvent haben wir unseren Taufnamen ablegen müssen, wir bekommen alle die gleiche Uniform, den älteren Schwestern wurden sogar noch die Haare geschoren, und Wäschenummern erhielten wir auch, meine lautete übrigens 1113. Und wollten wir irgendwohin, mussten wir dies immer in Begleitung tun. Verbindungen zum männlichen Geschlecht wurden grundsätzlich beargwöhnt, Briefe lange offen abgegeben. Erst später durften wir sie zukleben, aber die Briefmarke wurde zum Beispiel noch in den neunziger Jahren von der Oberin daraufgeklebt. Auf diese Weise wurde kontrolliert, an wen man den Brief adressiert hatte.«

Immaculata hatte jeden Morgen gegen halb sieben den Konvent verlassen, dann, wenn die anderen in der Kirche waren. Sie musste ja rechtzeitig in der Akademie eintreffen, um ihren Unterricht beginnen zu können. Durch ihre Tätigkeit außerhalb der Ordensmauern war sie nicht in den klösterlichen Tagesrhythmus eingebunden. Man akzeptierte dies, weil man auf das Geld, das sie verdiente, angewiesen war. Sie erzählte mir einmal, dass all ihre weltlichen Kollegen – sie war die einzige Nonne an der Akademie – sich nach und nach Häuser bauten, während sie jeden Monat ihr Gehalt komplett im Kloster abliefern musste. Brauchte sie ein Kleid oder ein paar neue Schuhe, musste sie darum bitten. Nicht einmal Taschengeld hatte sie, sodass sie sich, wenn sie mit Kollegen ausging, zum Kaffee oder zum Essen einladen lassen musste. Das fiel ihr schwer, denn sie verdiente ja genauso viel wie die anderen. Nie konnte sie eine Gegeneinladung aussprechen, selbst wenn das nicht erwartet wurde. Aber dieser Umstand förderte nur die mir allzu bekannte »Vergelt's-Gott«-Mentalität.

Die Unselbstständigkeit war in meinem Fall nicht ohne Folgen geblieben. Nach meinem Austritt hatte ich mühsam lernen müssen, mich für das »Richtige« zu entscheiden. Dabei ging es nicht um irgendwelche Luxusartikel, sondern um notwendige Dinge. Um zum Beispiel für den nahenden Winter in Deutschland schuhmäßig gewappnet zu sein, fuhr ich eines Nachmittags in ein Schuhzentrum, in dem ich genügend Auswahl zu finden hoffte. Bei solchen Einkäufen erlebe ich mich sogar heute noch in meiner ganzen »weltlichen Unerfahrenheit«. Mittlerweile kenne ich zwar meine genaue Größe und weiß eigentlich auch, was ich brauche, aber bei der Vielzahl von Angeboten gerate ich jedes Mal in einen emotionalen Strudel, der von meiner Unsicherheit herrührt. Wenn mir dann noch eine freundliche Verkäuferin die Vorzüge eines gewissen Modells erklärt und mir klarzumachen versucht, dass »es eigentlich gar nicht drücken dürfte«, dann überfordert mich das beinahe.

Einmal suchte ich nach Schuhen, die fest und mittelbraun sein sollten. Aber alle, die ich anprobierte, passten nicht, auch nicht die hell- oder dunkelbraunen Varianten. Nur ein paar klobige Exemplare, die mir partout nicht gefielen, saßen ideal. Die

Verkäuferin, sosehr sie sich bemüht hatte, meinte schließlich: »Das Wichtigste ist doch, Sie können gut in ihnen laufen.« Doch musste ich diese hässlichen Dinger kaufen, nur weil sie perfekt saßen? Also suchte ich in meiner zunehmenden Unsicherheit unter den schwarzen Paaren. Auf Anhieb fand ich hier ein paar sehr günstige Halbschuhe, die hübsch aussahen und in denen ich dennoch problemlos gehen konnte. Das machte mich stutzig. Es war also doch möglich, etwas Gewünschtes zu bekommen. Ich musste mir nur genügend Freiraum schaffen, um das zu suchen und zu finden, was für mich das Richtige war. Dabei war ich fast versucht gewesen, etwas in diesem Schuhcenter zu kaufen, was ich nicht wollte, allein deshalb, damit die Mühe der Verkäuferin nicht umsonst war. Ich war sogar drauf und dran gewesen, »die Afrika-Masche« anzuwenden: Die hätte darin bestanden, ihr zu erzählen, dass ich während meiner langjährigen Arbeitszeit in Afrika immer Sandalen getragen hätte. Daraus konnte sich, wenn ich es geschickt genug anstellte, ein längeres Gespräch entwickeln, das am Ende von einem Kauf ablenkte. Schon mehrmals hatte ich erfolgreich zu dieser Strategie gegriffen. Aber hatte ich das wirklich nötig? War man schlecht, nur weil man sich nicht für einen Kauf entschied, weil man einfach wieder aus dem Laden ging, ohne sein Geld dort gelassen zu haben, Geld, mit dem ich so haushalten musste?

Damals glaubte ich, dass ich durch die Jahrzehnte in der Mission das Gespür für die moderne Welt verloren hatte. Ein anderes Mal konnte ich mich einer Friseurin nicht erwehren. Sie hatte mich gefragt, ob sie mir auch die Augenbrauen färben solle, so wie es die meisten ihrer Kunden wünschen. Ich bejahte, denn dieses Angebot wollte auch ich ausprobieren. Später wunderte ich mich, dass es als Extraleistung auf der Rechnung stand. Das hätte ich wissen müssen – wäre ich ein moderner Mensch und keine ehemalige Nonne aus dem Busch. War das die Auswirkung davon, dass wir Missionsschwestern praktisch eine unbezahlte Arbeit im Kloster verrichtet hatten? Auf der einen Seite lebten wir durch die Gelübde hervorragende Werte wie Selbstlosigkeit und Nächstenliebe, auf der anderen Seite wurden wir unselbstständig, entscheidungsschwach und unfähig, realistisch mit Geld umzugehen.

Doch zurück zu meiner österreichischen Freundin Immaculata. Sie blieb im Orden, bis sie mit sechzig Jahren ins Pensionsalter kam, dann trat sie aus. Eines Tages rief sie mich wieder an. Es war in der Adventszeit 2002, und sie sagte in einem Ton, der keine Widerrede duldete: »Ich habe für uns beide eine einwöchige Reise nach Ägypten gebucht. Erst Kairo, dann mit dem Schiff den Nil entlang. Wir werden einen Geistlichen bei uns haben, sodass wir beiden ehemaligen Nonnen auch zur Messe gehen können. Schließlich sind wir ja nur ausgetreten und nicht ungläubig!«

Im ersten Moment war ich sprachlos. So ein kostbares Geschenk! Und dann auch noch Afrika!

»Aber bist du dir sicher, dass der Geistliche uns überhaupt dabeihaben will?«, fragte ich. Auf einmal spürte ich, wie eine dunkle Wolke meine Freude zu trüben drohte.

»Ich habe gehört, dass er sehr weltoffen sein soll und sich stark nach dem Zweiten Vatikanischen Konzil ausrichtet. Auf jeden Fall wird es spannend, von seinem religiösen Standpunkt aus die Welt der Pharaonen erklärt zu bekommen.«

Damit war das Thema erledigt.

Am 3. Januar 2003, es war ein Samstag, flogen wir mit der Egyptair von Wien aus nach Kairo. Im Koffer befand sich ein Safarianzug, den mir meine Mutter direkt nach meinem Austritt

186

aus dem Orden gekauft hatte. Bislang hatte ich ihn noch kein einziges Mal getragen, und nun würde er zum Einsatz kommen. Es war seltsam, wie sich immer wieder Kreise schlossen.

Kairo, das war schwüle Hitze, Chaos auf den Straßen, ein einziges, mir vertrautes Durcheinander. Wie genoss ich diese Bilder des turbulenten Treibens.

Abends, nach einer Stadtrundfahrt, setzte sich der Geistliche zu Immaculata und mir an den Tisch. Er war ein Mittfünfziger mit dichtem, kastanienbraunem Haar und lebhaften Augen, um die sich eine Menge kleiner Fältchen eingegraben hatten. Es war nicht zu übersehen, dass er neugierig auf uns war und mehr von uns hören wollte.

»Über dreißig Jahre Ordensleben kann man nicht an einem Abend erklären«, sagte ich.

»Ich kann es ja mal versuchen«, bemerkte Immaculata, »wenn auch mein Weg ein etwas anderer war als der meiner Freundin. Ich war verbeamtete Nonne und trat erst aus meinem Orden aus, als ich in Pension ging. Als Kind der Kriegsgeneration arbeitete ich in der katholischen Jugendbewegung mit und wollte der Kirche meine Begeisterung und meinen Elan anbieten. Ich wollte mein Verständnis von Religiosität und sozialem Engagement einbringen und glaubte, durch meinen Einsatz im Orden Kirche lebendig mitgestalten zu können. Es waren hohe ethische Werte, die wir uns auf die Fahnen geschrieben hatten, aber das Zweite Vatikanische Konzil bestätigte uns in unserer Vision. Doch der Alltag im Orden sah anders aus. Die Ernüchterung folgte, allmählich, schleichend, aber ständig. Denn unsere Tatkraft war so gar nicht gewollt. Es ging im Orden und nicht weniger in der Kirche im Wesentlichen um die Erhaltung des Vorhandenen, nicht um eine Erneuerung und Vertiefung des Christlichen.«

»Das kann ich gut nachvollziehen«, erklärte der Geistliche, dann wandte er sich an mich. »Aber bei Ihnen, so habe ich den Eindruck gewonnen, gab es einen konkreten Auslöser, oder?«

Da ich offiziell nicht wegen des Kondom-Skandals entlassen worden war und ich auch nicht mehr die ganze komplizierte Geschichte erzählen wollte – denn ich konnte mich jedes Mal aufs Neue »unnötig« ereifern –, begnügte ich mich diesmal mit einer Kurzfassung. Abschließend meinte ich: »Die HIV-infizierten Frauen waren dankbar, in mir als Ordensfrau einen Vertreter der Kirche zu erleben, der sich nicht scheute, sich mit ihnen zu solidarisieren.«

Der Geistliche schwieg. Erst hatte ich befürchtet, dass er negativ reagieren könnte, aber dem war nicht so. Im Gegenteil. Seine wachen Augen funkelten sogar, als er sagte: »Ich bin mit Ihnen auf der gleichen Linie. Das ist doch, was wir Gläubigen uns wünschen, diese Offenheit und Menschlichkeit der Kirche. Ich kann einfach nicht verstehen, warum das nicht gelingt.«

Ich konnte ihm nur beipflichten. Er erinnerte uns daran, dass wir in dem Land wären, in dem alles begonnen hätte. In Ägypten, auf dem Berg Sinai, wäre der Bund mit Gott geschlossen worden, hier hätte Moses die zehn Gebote empfangen, von hier aus wäre die Wanderung nach Kanaan erfolgt und damit die Befreiung aus der ägyptischen Sklaverei. Jeder von uns hing nun seinen eigenen Gedanken nach. In diese Stille hinein fragte er: »Morgen können wir bei deutschen Schwestern, die hier in Kairo eine Privatschule leiten, die Heilige Messe lesen. Zu diesem Anlass stellen sie uns ihre kleine Kapelle zur Verfügung. Wollen Sie nicht die Lesung übernehmen?«

Die Frage war an mich gerichtet. Ich konnte kaum fassen, was ich da eben gehört hatte. Ich sollte das übernehmen? Aus

188

dem Evangelium vorlesen, obgleich ich ausgetreten war? Das war eine Ehre, mit der ich niemals gerechnet hatte.

»Nun freu dich doch«, raunte mir Immaculata zu und stupste mich sanft. »Du ziehst ein Gesicht, als würdest du eine Wespe auf einem Pflaumenkuchen mit Argusaugen verfolgen.«

»Das stimmt nicht«, protestierte ich. Ja, ich freute mich wirklich, das war sogar fantastisch. Das Angebot war ernst gemeint, und es war eine Bestätigung dafür, dass auch andere meiner Sichtweise Glauben schenkten und mich nicht aus ihrer Gemeinschaft ausschlossen.

»Schwester Lauda! Schwester Lauda!« Während der heiligen Messe am nächsten Tag rief mich der Geistliche zur Lesung – doch ich war nicht da. Deshalb konnte ich den Ruf nicht hören. Der Grund war nicht, dass er meinen Schwesternnamen benutzt hatte, der mir ja nicht mehr gehörte. Er hatte dies getan, um mir damit seine Akzeptanz als die Person, die ich war und bin, zu signalisieren. Jahrzehntelang war ich nicht anders als Schwester Lauda genannt worden, aber nun war ich wieder zu Majella geworden. Majella, auf diesen Namen hatten mich meine Eltern getauft, aber Lauda – in Anspielung auf »zum Lobe Gottes« – hatte ich mir selbst ausgesucht. Und um zu beweisen, dass man nicht im Kloster sein musste, um eine tiefe Bindung an Gott zu haben, ging ich kurz nach meinem Austritt auf das Einwohnermeldeamt in Düren, mit dem Vorhaben, meinen Taufnamen Majella in Lauda umzuändern. Die Beamtin, der ich diesen Wunsch vortrug, hatte mich regelrecht gescholten, was mir denn einfallen würde, das wäre nicht möglich. »Aber alle meine wichtigen Zeugnisse sind auf Schwester Maria Lauda ausgestellt, und Künstlernamen werden doch auch anerkannt«, wagte ich noch zaghaft vorzubringen, ohne dass sie darauf einging. »Der Nächste bitte«, sagte sie in ihrem Befehlston, damit war der Termin beendet. Entweder hatte diese Frau keine Ahnung gehabt oder sie wollte mich als ehemalige Nonne einschüchtern. Wenn das ihr Ziel war, dann war ihr das gelungen.

Als der Ruf des Geistlichen ertönte, befand ich mich schlichtweg nicht in der Kapelle, sondern – auf der Toilette. Mir ging es nicht gut. In der Nacht waren all die Erinnerungen in mir aufgestiegen, die einst mit meinem Dasein als Missionsschwester in Afrika verbunden gewesen waren, obwohl ich gedacht hatte, dass es mich nicht mehr so schlimm erwischen würde. Doch ich hatte mich getäuscht. Als ich nach dem Gespräch mit dem Geistlichen in mein Hotelzimmer kam und meinen Koffer auspackte, strichen meine Hände über den Safari-Anzug, den mir meine Mutter besorgt hatte.

Nur die kleine Lampe auf dem Tisch neben meinem überbordend breiten Brett war an. Ich hatte das Fenster geöffnet und roch die mir bekannte abendliche Luft. Hier oben, in meinem Zimmer, würden die Moskitos mich nicht belästigen. Während ich den khakifarbenen Anzug anschaute, wurde die Erinnerung an meine Mutter wach, wie sie im Juni 1986, mit dreiundsiebzig Jahren, begleitet von Betty, einer Bekannten, den ersten Überseeflug ihres Lebens unternahm: nach Afrika, in das Land, von dem sie so viel gehört und nach dem sie sich so verzehrt hatte. Denn Afrika und ihre Tochter waren für sie zu einer Realität verschmolzen. Dass auch mein Vater diesen Wunsch bis zum Schluss hegte, belegte sein Reisepass, den er noch in seinem letzten Lebensjahr unauffällig erneuern ließ. Durch seinen Tod und die Tatsache, dass sie nicht mehr für ihn Sorge tragen musste, hatte sie nun die Gelegenheit wahrgenommen und wagte den Flug. Sie war so überwältigt davon, diesen Traum endlich erreicht zu haben, dass sie bei ihrer Ankunft auf der Gangway stehen blieb, ihre Arme in den Abendhimmel ausbreitete und ganz Zimbabwe umarmen wollte. Zuvor hatte sie sich von jedem Mitglied der Crew verabschiedet. Meine Mutter! Als sie endlich durch die Sperre kam, als Letzte, war ich erleichtert. Wir schlossen uns in die Arme, und alles war gut.

Den ganzen Juni hatten wir für diese Reise eingeplant. Jetzt konnte ich sie vor Ort erleben lassen, was mir die Missionsarbeit im fernen Afrika bedeutete. Ich hatte vor, ihr möglichst alles zu zeigen, was mir wichtig war und von dem ich glaubte, dass es ihr Freude bereiten würde. Natürlich ohne sie zu überfordern. Als ob ich ahnte, dass dieses Zusammensein für uns beide wichtig werden würde. Denn durch ihr eigenes Erleben konnte sie mich später noch besser verstehen, als ich meine afrikanische Heimat hinter mir lassen musste.

Zunächst brachte ich sie und Betty für einige Tage in einem gemieteten Cottage unter, wo sie sich an das afrikanische Klima gewöhnen konnten. Es lag in einem wunderschönen Naturpark. Hier wollte ich meine Mutter mit allen afrikanischen Tieren bekannt machen, von denen ich ihr bis jetzt nur hatte erzählen können. Von der Camp-Aufsicht war uns ein freundlicher Afrikaner zugeteilt worden. Er betreute uns fürsorglich, kaufte ein und zündete abends das Feuer im Kamin an. Am frühen Morgen wurden wir vom übermütigen Gekreische der Paviane geweckt. Meine Mutter amüsierte sich über ihr lautes Gemeinschaftsleben, daheim wäre uns das Gekreische auf die Nerven gegangen. Die Luft war angenehm frisch, es gab sogar Raureif.

Wir fuhren durch einen Naturschutzpark zu dem nahen See. Bei der leisesten Bewegung im hohen Gras hoffte ich, ein neues

Tier für meine Gäste zu erspähen. Die runzeligen Elefanten präsentierten sich, wir sahen großartige Exemplare, stetig auf Nahrungssuche, Herden von Gazellen sprangen vor uns über den Weg und verschwanden gleich wieder im Gebüsch. Kleine, bunt schillernde Nektarvögel bewunderten wir ebenso wie den fast zwei Meter großen Strauß, der uns im Galopp verfolgte und energisch ans Autofenster pochte. Beim Anblick der Giraffen lachte meine Mutter und meinte scherzhaft, dass der Vergleich zu mir – von Afrikanern wurde ich oft »Mama Giraffe« genannt, sehr verständlich sei: mit langem Hals, zurückhaltend, abwartend, dann bedachtsam weitertrabend, bis sich die nächste Gelegenheit bot, wieder etwas wahrzunehmen.

Aller Kummer der vergangenen Jahre, die lange Krankheit meines Vaters, schien bei Mutter wie weggeschmolzen zu sein. Sie bewunderte die rötliche Farbe der Erde und die faszinierenden Formen des Baobab-Baumes, der seine Wurzeln in den Himmel zu strecken schien. In der brütenden Mittagshitze blieben wir im Schutz der Hütten. Aber zum Sonnenuntergang waren wir wieder rechtzeitig am Seeufer und staunten über die Intensität der tropischen Farben. Der Sonnenball spiegelte sich auf lebendige Weise in dem leichten Wellenspiel des unüberschaubar weiten Stausees und bahnte sich eine goldgelbe Spur, direkt zu uns. Wir waren so bewegt, dass wir verstummten. Bis ich erschrak, denn die Dunkelheit brach überfallartig ein. Ich gab Gas und fuhr so schnell wie es der Weg erlaubte zurück zum Camp. In unserer Hütte brannte einladend und wärmend ein Feuer, so als seien wir in längst vergangene Zeiten versetzt worden.

Nach dieser Ruhepause peilten wir auf unserer Fahrt zum Provinzhaus in Bulawayo die Zimbabwe-Ruinen an, neben den Pyramiden Ägyptens die ältesten Steinruinen Afrikas. Diese Ruinen befinden sich auf einem Hügel und zeugen von einem Königreich aus dem 12. Jahrhundert (Zimbabwe wird deshalb auch »Haus aus Stein« genannt). Meine Mutter war beim Anblick der monumentalen Vergangenheit so ergriffen, dass sie die Frage aller Fragen stellte: »Wo ist Gott?« Musste er nicht hier sein, wo wir den Menschen früherer Jahrhunderte so nahe waren? Wo die Natur so paradiesisch unberührt zu sein schien, dass das Herz weit wurde? Ich war glücklich, denn Mutter war wie ich in »meinem« Afrika angekommen.

Danach brachte ich sie ins Provinzhaus nach Bulawayo, der zweitgrößten Stadt des Landes, und stellte sie stolz unserer Schwesternkommunität vor. Oft fragte ich mich, wie meine Mutter den Wandel nach dem Zweiten Vatikanischen Konzil bei mir, ihrer Tochter, aber auch in unserem Ordensleben wahrgenommen hat. In Zimbabwe hat sie mich zum ersten Mal bei der Arbeit und als amtierende Provinzleiterin erlebt. Die Deutsch sprechenden Mitschwestern hätten ihr wohl kaum ehrlich gesagt, was sie über mich dachten. Denn darüber sprach man nicht offen.

Meine Mutter hatte ein feines Gespür dafür. Sie machte die Bemerkung, dass sie glaube, nach der Häufigkeit ihrer Besuche in unserer Kapelle bewertet zu werden. Dass sie das so schnell erfasst hatte, tat mir gut, weil auch ich unter solch oberflächlicher Beurteilung litt. Wenn ich sie auf meinen Touren mitnahm, mit ihr über die weit ausladenden schnurgeraden Straßen fuhr, umsäumt von leuchtend violett blühenden Jacarandas, erklärte ich ihr, wo wir Schwestern überall im Einsatz sind. Sie verstand sofort, dass es für mich wichtig war, jeder einzelnen Schwester ein höheres Maß an Bildung zu ermöglichen, weil sie zu denen gehörten, die die Zukunft des Landes verkörperten und unsere Mission fortsetzen sollten. Dass ich dabei in Schwierigkeiten geraten war, weil nicht alle – besonders nicht die älteren europäischen Schwestern – den gleichen Standpunkt teilten, merkte sie fast instinktiv.

Oft befand ich mich in dem Spagat zwischen meiner Arbeit und dem Wunsch der Tochter, für ihre Mutter da zu sein. Es schien zu gelingen, denn wir kamen uns während dieser Zeit noch ein Stück näher, was vor allem meiner Mutter zu verdanken war, weil sie nicht nur offene Augen, sondern ein ebenso offenes Herz besaß. Und sie sprach ihre Vermutungen frei aus, sodass ich mich nicht verstellen musste. Was immer kommen würde, sie sei »auf meiner Seite«, sagte sie zum Abschied. Als dann mein Traum zerplatzt war, hatte sie Wort gehalten. Und nun war meine Mutter nicht mehr am Leben, um diese Erinnerungen mit mir zu teilen.

Diese abendlichen Gedanken mit Blick in die ägyptische Dunkelheit hatten in mir die Vergangenheit wachgerufen. Ich war in meine frühere Rolle als zukunftsorientierte Provinzialin geschlüpft, davon musste ich mich erst erholen. Ich musste erst langsam wieder in der Gegenwart ankommen. Dass mich hier in Ägypten die Vergangenheit mit solcher Macht eingeholt hatte, zeigte dies einmal mehr. Aber alle Anwesenden in dieser kleinen Kirche der deutschen Schwestern schienen es zu akzeptieren, dass es mir an diesem Morgen nicht möglich war, dem wohlgemeinten Ruf des aufgeschlossenen Pfarrers zu folgen.

Erleichtert blinzelte ich dem Sonnenlicht entgegen, als wir uns draußen vor der Kapelle wieder versammelten. Dort hatte auch Achmed auf uns gewartet. Bevor wir zu den deutschen Ordensschwestern gefahren waren, war er uns von dem Geistlichen als »unser Reisebegleiter für die nächsten Tage« vorgestellt worden.

»Meine Tochter Leila ging als junges Mädchen auf diese Privatschule«, erklärte er uns mit einem versonnenen Lächeln. »Nun ist sie erwachsen und bildschön.« Keinen Augenblick bezweifelte ich das, denn Achmed selbst hatte liebenswürdige Züge und wirkte äußerst sympathisch auf mich.

An diesem Tag ging es weiter nach Assuan, der südlichsten Stadt Ägyptens, am östlichen Nilufer gelegen. Untergebracht wurden wir im New Cataract, in meinen Augen eine Nobelherberge. Von dort konnte ich auf das gegenüberliegende Old Cataract blicken, ein britisches Kolonialhotel mit viktorianischer Fassade. Auf dessen Veranda wurden einige der Szenen gedreht, die den Roman *Tod auf dem Nil* der britischen Kriminalschriftstellerin Agatha Christie noch berühmter machen sollten, mit Sir Peter Ustinov in der Hauptrolle. Von meinem Zimmer aus hatte ich einen fantastischen Ausblick auf den tief unter uns liegenden dunkel fließenden Nil, links lag Elephantine Island mit den wunderschönen Gärten, rechts stapelten sich viele große Steinbrocken am Ufer des Flusses, bevor sich dahinter die weit leuchtenden Wüstenstrände erhoben.

»Und nun werden wir den festen Boden unter unseren Füßen verlassen und eine ägyptische Feluke besteigen«, rief Achmed am nächsten Morgen. »Ich will Ihnen ein kleines nubisches Dorf zeigen.«

Wir stiegen in eine sich sanft hin und her bewegende Feluke, eines der vielen Nilsegelschiffe, dessen ehemals weiße Farbe sich dem allgegenwärtigen hellbraunen Lehmboden angepasst hatte. Ich suchte mir einen überdachten Platz am äußeren Rand, um eine gute Sicht auf die hügeligen Wüstenhänge zu haben, an denen wir vorbeifahren würden. In der Ferne konnte ich sie schon erkennen. Das war Afrika für mich, dort würde ich diesem Kontinent wieder ganz nahe sein, denn in Assuan verschmelzen Wüste und Nilland. Ich ließ mich wiegen, überließ mich meiner Sehnsucht, meinem Heimweh, meinem Suchen …

Während der Fahrt begann Achmed von Echnaton zu erzählen, jenem altägyptischen König, der den Gott Aton – er trat in Gestalt einer Sonnenscheibe auf – zum höchsten Gott erkor. Er wollte damit, so unser Führer, einen Ein-Gott-Glauben einführen, die Religion des Lichts, was ihm aber aufgrund des Widerstands der Priester nicht gelang. Die Sonne war für Echnaton das Symbol des Lebens. Dann las Achmed uns Echnatons Sonnengesang vor, seine Aton-Hymne, in der es heißt: »Wirklich schön erscheinst du im Horizonte des Himmels, du lebendige Sonne, die das Leben bestimmt.«

Im ersten Moment konnte ich kaum glauben, was ich da hörte. Das soll Echnaton gesagt haben? Aber waren das nicht Franz von Assisis Worte? War das nicht der berühmte Sonnengesang, den ich schon als Kind von meinem Vater gehört hatte? In ihm hieß es: »Gelobt seist du, mein Herr, mit allen deinen Geschöpfen, zumal dem Herrn Bruder Sonne. Er ist der Tag und du spendest uns das Licht durch ihn. Und schön ist er und strahlend in großem Glanz, dein Sinnbild, o Höchster.«

Erst nach und nach begriff ich, dass der »Troubadour aus Assisi«, der im 13. Jahrhundert den Orden der Minderbrüder gegründet hatte, die gleichen Gedanken wie Echnaton ausgesprochen hatte, auch wenn dieser Pharao weit über zweitausend Jahre früher lebte. Zuerst hatte ich Wehmut empfunden, Tränen waren in mir aufgestiegen, da sich wieder einmal dieses tiefe Gefühl einer verlorenen Heimat in mir ausbreitete. Aber das dauerte nicht lange, dann war die Wehmut der Frage gewichen, warum uns dieses Wissen im Orden vorenthalten wurde. Da war jemand lange vor Gründung des Christentums davon durchdrungen gewesen, dass es nur einen Gott geben konnte, und er hatte es dazu noch so schön formulieren können. Hatte die Kirche Angst, an Glaubwürdigkeit zu verlieren, wenn sie dies verbreiten würde? Christus sollte gewiss einmalig sein, und das war er ja auch. Aber er kam aus seiner jüdischen Tradition, die auch ihn geprägt hatte. So wie wir alle von unseren jeweiligen Kulturen beeinflusst werden.

»Du bist ja ganz blass geworden«, sagte Immaculata. »Geht es dir wieder schlechter?«

»Nein, nein«, beeilte ich mich ihr zu versichern. »Aber kanntest du diese beiden Sonnengesänge?«

Sie nickte. »Als Religionspädagogin ist mir das nicht unbekannt.«

»Richtig, das vergaß ich. Aber ich habe das erst jetzt erfahren, auf dieser Reise, und das nach meinem Ordensaustritt. Schade!«

Sie nickte erneut, und es tat wohl, jemanden in meiner Nähe zu haben, der mein Problem nachvollziehen konnte. Zugleich dachte ich daran, wie beglückend es ist, dass Menschen seit jeher das Verlangen nach einem Gott verspüren, der über ihnen steht und alles lenkt. Für mich war dies ein Beweis für die Einheit der großen Weltengemeinschaft.

Plötzlich fiel mir ein, dass Achmed Moslem war. Ich wandte mich ihm zu und fragte: »Gibt es auch im muslimischen Glauben eine Art Sonnenhymne?«

Der Reiseleiter schüttelte den Kopf. »Nein, nur den Monotheismus. In der ersten Sure des Koran steht: ›Im Namen Gottes, des Barmherzigen und Gnädigen‹, danach verneigt sich der Betende, richtet sich wieder auf, kniet nieder und berührt mit der Stirn dreimal den Boden bei den Worten: ›Lob sei Gott, dem Herrn der

Welten, dem Erbarmer, dem Barmherzigen. Dir dienen wir, und dich bitten wir um Hilfe. Führe uns den geraden Weg, den Weg derer, denen du deine Gnade geschenkt hast.‹ Zum Abschluss erhebt sich der Betende und sagt: ›Es gibt keinen Gott außer Gott, und Mohamed ist sein Prophet.‹«

»Und wie oft betet ein Moslem?«

»Fünfmal am Tag.«

Das erinnerte mich sehr an unsere festgelegten kirchlichen Stundengebete: Matutin und Laudes, drei Mittagshoren, Vesper sowie abends die Komplet – also auch fünfmal. »Und so wie wir die vorgegebenen Psalmen rezitieren, so tut ihr es mit den Suren des Koran«, stellte ich fest. Ich freute mich, all diese Vergleiche ziehen zu können.

Die Feluke legte an, und nach einem längeren Fußmarsch erreichten wir das nubische Dorf. Es bestand aus eckigen Lehmbauten. Lehm hält in diesen Breiten die Innenräume angenehm kühl. Es gab einen Brunnen, aus dem das Wasser gepumpt wurde. Elektrisches Licht war nur bedingt vorhanden. Hier lebten die Menschen ein Leben, das vollkommen an die Gegebenheiten der Natur angepasst war.

Am späten Nachmittag legte die Feluke wieder in Assuan an. Als nächstes stand der Basar auf dem Programm. Gemeinsam zogen wir durch die engen Gassen, und ich hatte die Empfindung, man hätte mich auf einen Marktplatz in Tansania katapultiert: Diese farbenprächtige Vielfalt, die intensiven Gerüche, das Geschrei der Händler und das Hupen der Autos, der allgegenwärtige Schmutz, überall Obst, Gemüse, Reis und Mais, die oftmals in Säcken auf dem Boden standen. Ich war wirklich wieder in Afrika, daran gab es keinen Zweifel.

Auf dem Basar kaufte ich mir ein T-Shirt mit dem Horusauge.

Diese allgegenwärtige ägyptische Hieroglyphe bedeutet Augenmaß bei der Dosierung von Zutaten zur Herstellung von Heilmitteln, aber auch Heilung, Ganzheit, Stärke und Perfektion. Ich liebte die goldgeprägte Abbildung auf dem schwarzen Untergrund, der durch ein zusätzliches Blau besonders intensiv wirkte. In der ägyptischen Mythologie standen die mathematischen und heilenden Fähigkeiten für das Neue Reich, für mich bedeutete das Horusauge, dass ich weiterhin offen für mein neu gefundenes Leben sein wollte, so schwer es manchmal auch fiel.

Während ich darüber nachdachte, fiel mein Blick auf die Uhr.

»Immaculata, wir sollten zurück zum Treffpunkt gehen«, sagte ich, unser Zeitfenster für diesen Basarbesuch plötzlich wieder im Kopf.

»Gleich, gleich«, erwiderte meine Freundin. »Da hinten sehe ich eine Straße mit Gewürzen, da muss ich unbedingt noch hin. Geh du schon mal zu den anderen, ich komme gleich nach.«

Ich wusste wie gern sie mit Gewürzen experimentierte und bei Händlern für sie unbekannte Mischungen probierte, ich lachte und machte mich allein auf den Weg zurück.

Und dann warteten wir alle auf Immaculata, denn sie tauchte auch eine viertel Stunde später nicht auf. Mir war klar, dass wir nach ihr suchen mussten. Während die meisten davon ausgingen, dass sie nur die Zeit vergessen hatte und bald aufkreuzen würde, war ich geradezu alarmiert. Ich fühlte mich für sie verantwortlich, so wie ich mich immer für alles in Afrika verantwortlich gefühlt habe. Da kam ein altes Verhaltensmuster in mir hoch, das ich – wie ich jetzt bemerkte – ebenfalls noch längst nicht abgelegt hatte.

Wie eine Wilde flitzte ich nun über den Basar. Ich war sicher, dass nur ich Immaculata finden könnte. Und tatsächlich: Ich entdeckte sie. Seelenruhig stand sie bei einem Gewürzhändler und genoss es, den Duft eines Krauts einzuatmen, das sie zwischen den Fingern hin und her rieb. Es war nicht zu übersehen, dass sie sich nicht verlaufen, sondern einfach nur die Zeit vergessen hatte.

»Immaculata«, rief ich aufgeregt. »Wo bleibst du nur?«

Meine Freundin zuckte zusammen. »Oh«, sagte sie, »wartet ihr schon?«

»Und ob«, ließ ich sie mit vorwurfsvollem »Oberinnenblick« wissen.

»Da habe ich mich wohl in der Zeit vertan«, entschuldigte sie sich.

Erleichtert bugsierte ich die Wiedergefundene aus dem Basar heraus, ganz in meiner Führungsrolle aufgehend; am liebsten hätte ich sie jedoch umarmt. Und genau das hätte ich eigentlich tun sollen.

Das Stigma der Abtrünnigen

Draußen rauschten Häuser an mir vorbei, klein, hübsch, von blühenden Gärten umgeben, alles wirkte gepflegt. Die Felder mit dem Getreide standen gut, sollten nicht noch schwere Unwetter eintreten, würde es dieses Jahr eine üppige Ernte geben. Das dachte ich, als ich im Zug saß, um mich mit einer ehemaligen Missionarin zu treffen. Sie hatte von mir und meinem Schicksal gehört und mich angerufen. Am Telefon sagte sie, sie sei auch in Afrika als Ordensfrau eingesetzt gewesen, weiterhin vermutete sie, dass wir fast gleichaltrig seien – sie hatte recht, wir beide waren um die siebzig. Zum Schluss fragte sie, ob wir uns nicht einmal treffen könnten, gern würde sie persönlich mit mir Erfahrungen austauschen und nach Düren kommen, aber sie hätte Schwierigkeiten mit dem Gehen. Die Stimme von Henrietta Ehrlich hatte so interessiert und warmherzig geklungen, dass ich mich bereit erklärte, sie in Münster zu besuchen.

Viele Ausgetretene, denen ich zuvor begegnet war, hatten nach dem Verlassen ihres Ordens resigniert und sich zurückgezogen. Ihre Enttäuschung über die Kirche war zu groß, um sich weiter mit ihr auseinandersetzen zu wollen. Selten hatte ich erlebt, dass eine ehemalige Nonne den Wunsch verspürte oder innerlich so aufgebracht war, dass sie das, was ihr widerfahren war, der Öffentlichkeit mitteilen wollte oder konnte. Vielleicht hatte dies mit Angst zu tun, noch einmal zurückgewiesen zu werden. Vielleicht war es auch leichter, sich in der Opferrolle einzurichten, als aufzubegehren. Es schmerzte mich jedes Mal, wenn man mir bei Nachfragen zu verstehen gab: »Bitte, lass mich damit in Ruhe, das gehört der Vergangenheit an. Es hat lange genug gedauert, bis ich mich im zivilen Leben zurechtfand. Ich will nicht mehr an diese schlimmen Zeiten erinnert werden.« Auch wenn ich das akzeptierte, ja sogar verstand, denn es ging nicht selten darum, die eigene Familie – besonders nach einer Heirat – zu schützen, so wünschte ich mir doch mehr Solidarität untereinander. Nun hoffte ich durch diese Reise nach Münster, eine Gleichgesinnte zu treffen. Allein durch die gegenseitige Annahme würde es leichter sein, das zu ertragen, was wir an Ablehnung bei unserem Austritt erfahren mussten.

Ein Bussard hockte auf einem Pfahl, wahrscheinlich in der Hoffnung, eine Maus würde sich direkt vor ihm präsentieren. Waren wir für die obersten Herren in der Kirche nicht manchmal auch so etwas wie Mäuse gewesen? Eine der Ausgetretenen, mit der ich mich im Rahmen einer Veranstaltung einmal ausgetauscht hatte, äußerte lapidar: »Ich kam mir vor, als sei ich der Putzlappen im Orden gewesen.« Im ersten Moment hatte mich das Gesagte geschockt, da ich es nicht so drastisch hätte formulieren können. Aber sie hatte es so erlebt, das allein zählte.

Es hatte auch bei mir viele Jahre gedauert, bis ich in der Lage gewesen war, mit anderen Ex-Nonnen über ihr Schicksal zu sprechen. Ich hatte mich zwar dafür eingesetzt, dass wir Ausgetretenen einen besseren finanziellen Status erhielten, aber zu mehr war ich nicht fähig gewesen. Zu sehr war ich damit beschäftigt, um mein eigenes nacktes Überleben zu kämpfen. Alles, was mich als Person ausgemacht hatte, war von einem Tag auf den anderen nicht mehr da. Ich musste eine neue Identität finden und mich gewissermaßen von dem »Heiligen«, dem bis jetzt mein ganzes

Streben galt, befreien. Durch den Austritt erlebte ich zudem das Stigma einer Abtrünnigen, das traumatisiert. Erst als ich wieder Menschen in Afrika helfen konnte, Aidskranken, die selbst stigmatisiert waren, konnte ich mich intensiver den Frauen zuwenden, die wie ich ihren Orden verlassen hatten. In Gesprächen mit ihnen wollte ich in Erfahrung bringen, was sie dazu gebracht hatte, alles aufzugeben, was sie bisher ausgemacht hatte. Ich ging davon aus, dass mich letztlich nur jene Frauen verstehen konnten, die Vergleichbares durchgemacht hatten. Aber wie gesagt: Als Erstes wurde ich damit konfrontiert, dass die meisten Ausgetretenen kaum etwas preisgeben wollten. Das war etwas, was mich nicht weiter verwunderte. Als Nonne hatte ich gelernt, Probleme zu verdrängen. Im Kloster war es nie erlaubt gewesen, sich privat mit anderen auszutauschen. Gemütliche Abende mit Freundinnen, die sich alles erzählten, kannten wir nicht. So waren wir nicht darin geübt, unsere Seelenlage zu offenbaren. Was uns konkret schadete, darüber hätten wir höchstens Vermutungen anstellen können. Wie in diktatorischen Systemen gab es auch in einem Orden so etwas wie die Stasi – bestimmte Dinge wurden einfach »nach oben« weitergegeben: Die oder jene hat das gesagt und getan. Weil dieses Verdrängen und Verschweigen der Regel entsprach, wehrte man sich nicht dagegen. Heute weiß ich: Wie ungesund! Die »Putzlappen« sollten sich besser zusammentun und den »Oberen« zeigen, dass sich bestimmte Gesetzmäßigkeiten auf den Kopf stellen lassen.

Der Zug hielt, Menschen stiegen ein und aus, jeder mit einem anderen Ziel. Bald würde ich in Münster sein und Henrietta Ehrlich persönlich gegenübertreten. Es war nicht zu leugnen, ich war ein wenig aufgeregt. So wie es ihr am Herzen gelegen hatte, mich zu sehen, so sah ich ihr mit jedem Kilometer, dem ich mich ihr näherte, mit einer gewissen Spannung entgegen. Wie hatte sie ihre Ordensausbildung erlebt? Was war ihr angetan worden? Und ganz wichtig: Wie hatte sie Afrika erlebt?

Am Vierertisch mir gegenüber erzählte eine junge Mutter ihrem kleinen, ungefähr fünfjährigen dunkeläugigen Mädchen eine Geschichte aus dem *Kleinen Prinzen* des französischen Autors Antoine de Saint-Exupéry. Es war die des Jungen, der eine Schlange gemalt hatte, die in seiner Vorstellung gerade einen Elefanten verschlungen hatte. Während ich weiter den Worten der Mutter lauschte, hatte sie angefangen, diese Schlange auf Papier zu bringen. Die Erwachsenen, so die Mutter, hätten in der Schlange nur einen verschrumpelten Hut erkannt, als der Junge ihnen die Zeichnung zeigte, doch der kleine Prinz wusste sofort, dass es sich nicht um einen Hut handelt, sondern um eine Schlange, die einen Elefanten verschlungen hat. Das Mädchen betrachtete nun die Skizze seiner Mutter und fragte erstaunt, warum die Erwachsenen so große Schwierigkeiten hätten, den Elefanten zu erkennen, sie hätte das nicht. Die Mutter antwortete: »Schatz, das liegt daran, dass Erwachsene sofort ihren Verstand einschalten, wenn sie etwas angucken. In der Geschichte heißt es, dass man nur mit dem Herzen gut sieht, und du hast noch die Fähigkeit, mit dem Herzen zu sehen.« Das Mädchen strahlte, und ich strahlte innerlich mit. Die Erklärung der Mutter schien mir die beste Einführung für mein Treffen mit einer unbekannten, ehemaligen Ordensfrau. Hatte auch sie erlebt, dass sie mit dem Verstand verurteilt und nicht mit dem Herzen beurteilt worden war?

Wir hatten uns in einem Café verabredet, nicht weit vom Bahnhof in Münster entfernt. Lange musste ich nicht suchen, meine Augen waren an der richtigen Person hängen geblieben. Die einstige Missionarin trug einen bunten Schal, hatte weißes, leicht gewelltes Haar und freundlich-musternde Augen. Wir begrüßten uns herzlich, wenn auch zurückhaltend.

»Hier gibt es einen sehr guten Kaffee«, sagte Henrietta, während sie einladend auf einen Stuhl ihr gegenüber wies. »Und von den Torten will ich erst gar nicht reden, sie sind fantastisch – und wenn ich Sie mir anschaue, dann können Sie ruhig ein Stück verkraften. Die Sachertorte kann ich nur empfehlen …«

»Genau das Richtige für mich«, meinte ich lachend.

Nachdem ich meine Jacke ausgezogen, Platz genommen und meine Bestellung bei der Kellnerin aufgegeben hatte, dauerte es nicht lange, bis wir von uns erzählten. Für Smalltalk hatten wir keine Zeit, der war ja auch nicht der Sinn unserer Begegnung.

Henrietta berichtete, dass sie – im Gegensatz zu mir – erst nach dem Abitur in ihren Orden eingetreten sei, darauf hätten ihre Eltern klugerweise bestanden. 1959, in demselben Jahr, in dem ich in Ostafrika ankam, war sie nach Südafrika geflogen, wo man sie als Lehrerin an einer afrikanischen höheren Mädchenschule einsetzte. Der starre Geist ihrer Ordenssatzung kam dem, was ich erlebt hatte, sehr nahe. Deshalb trat sie bereits 1972, nach zwölf Jahren, aus dem Orden aus. Ein zartes Lächeln huschte über ihre nachdenklichen Züge, während sie mir von ihrem Werdegang berichtete. Die Erinnerungen ließen Freud und Leid gleichermaßen wach werden. Es war deutlich zu spüren, dass sie mit Leib und Seele Lehrerin gewesen war.

»Wir können uns doch duzen«, sagte sie plötzlich, ihre eigenen Ausführungen unterbrechend. »Denn im Grunde sollte das für uns als Mitschwestern, die wir im übertragenen Sinn doch waren, selbstverständlich sein, oder nicht?«

»Damit bin ich einverstanden«, antwortete ich. »Schon immer hatte ich es befremdend gefunden, dass wir uns als ›Geschwister

205

einer Familie‹ siezen mussten, angeblich, um die Achtung vorein-
ander zu wahren.«

»Eher hatte diese Distanz aber zur Missachtung geführt. War
es bei euch auch üblich, dass ihr den Oberinnen mitteilen solltet,
wenn andere die Regel übertraten?«

»Mich gruselt es jetzt noch, wenn ich daran denke.«

»Manchmal habe ich versucht, mich Freunden zu öffnen, aber
das ist sehr schwierig, denn niemand will wahrhaben, wie sehr es
im Orden menschelt, gelinde ausgedrückt.« Ich konnte ihr nur
beipflichten. »Doch wer das durchblicken ließ, wer das äußere
Bild eines Ordens ankratzte, wurde zum Täter gemacht, obwohl
diejenige das eigentliche Opfer war.« Ich sah, wie sie schlucken
musste und sich verstohlen eine Träne wegwischte. Ich vertiefte
mich in die Sachertorte, sodass sie sich wieder fangen konnte.
Dann schilderte sie, wie wenig Verständnis sie für ihre Amtsauf-
fassung gefunden hatte: »Eine Schülerin zu umarmen, noch dazu
eine schwarze Afrikanerin, wurde im damaligen Apartheidsystem
schnell zum Drama stilisiert. Überhaupt konnte sich die starre
Ordensregel hinter der politischen Auffassung der weißen Macht-
haber in Südafrika hervorragend verstecken. Das Apartheidsystem
war ideal, um das unsrige zu rechtfertigen. Wir im Kloster lebten
auch Apartheid.«

»Und ganz sicher tauchte bei dir als Vorwurf noch eine männliche Person auf«, meinte ich ironisch, »so ist es doch meistens.«

Fast erschrocken schaute sie mich an. Ich hatte den Finger auf
die übliche Wunde gelegt. Es war tatsächlich immer das gleiche
Muster.

»Henrietta, ich kenne das. Wenn du einige Male mit einem
bestimmten Geistlichen gesehen wirst oder ein männlicher Mitarbeiter dich freundlich anlächelt oder dir eine Sekunde zu lange

die Hand drückt und dabei vielleicht sogar die Schulter oder den Arm berührt, so ist das genug, um darüber zu tratschen. Als ob wir keine Menschen seien, sondern steriles Werkzeug«, fügte ich ärgerlich hinzu. »Und weil bei dir sicher alles unter dem Siegel der Verschwiegenheit weitergegeben wurde, war es letztlich unmöglich, dich zu erklären, geschweige denn, dich gegen die Vorwürfe zu verteidigen. Darin liegt das größte Problem, diese verschrobene Geheimnistuerei. Wir sehen es ja jetzt bei den Missbrauchsfällen in der Kirche. Nichts ändert sich, denn der wirkliche Skandal liegt in der Unfähigkeit der Kirche, sich in einem offenen Dialog den Problemen zu stellen.« Nicht zum ersten Mal musste ich das feststellen, schließlich fuhr ich fort: »Nachträglich wird dir sicher auch klar, dass es besser war, durch deinen Austritt aus diesem Geflecht unhaltbarer Vorwürfe auszubrechen, als im System zu bleiben, aber behaftet zu sein mit dem Stigma einer, die die Regeln nicht befolgt hat!« Ganz sicher, sagte ihr Blick.

Henriettas zahlreiche Wunden, die sie in der Klosterzeit erlitten hatte, machten mich betreten. Sie schienen noch immer nicht verheilt. Woran konnte das liegen? Es waren damals unsere besten Jahre gewesen, in denen wir uns gutgläubig und mit Hingabe formen ließen, für ein Ideal, das wir aufopferungsvoll annahmen und das im Grunde nicht lebbar war. Anders gesagt: Wir wurden zerrieben für ein Leben, in das wir nicht passten. Und wir lebten und arbeiteten mit Hingabe: Unsere Höchstleistungen wurden angenommen, letztlich aber missbraucht, ohne jegliche Anerkennung. Die damalige Zeit hatte uns geprägt, und das bedeutete für uns als Mitglieder eines Ordens, dass wir praktisch für immer gefangen waren in diesem veralteten System.

»Unsere Erfahrungen als etwas Kurioses abzutun halte ich für falsch«, sagte jetzt Henrietta. »Aber dadurch, dass ich mich nicht allein mit diesem Erlebten sehe, gibt mir das die Chance zu verzeihen. Und zwar in doppelter Hinsicht: erst mir selbst und dann der Gemeinschaft, die mir nicht zur Heimat wurde.«

Schließlich, nach drei Stunden intensiven Redens, musste ich aufbrechen. An diesem Nachmittag hatte ich eine neue »Schwester« gefunden. Ohne dass eine von uns es aussprach, wussten wir, dass wir mit unseren tiefschürfenden Gesprächen fortfahren würden, weil wir uns so nah gefühlt hatten.

Als wir uns erhoben, setzte draußen ein heftiger Regen ein. Keine von uns beiden hatte gemerkt, wie sich der Himmel zugezogen hatte.

»Hast du einen Schirm?«, fragte sie.

Ich schüttelte den Kopf.

»Dann bringe ich dich zum Bahnhof, ich habe einen bei mir, er steht am Eingang. In den Radionachrichten hatten sie heute Mittag durchgegeben, dass es wohl regnen würde. Manchmal scheinen die Wetterprognosen zu stimmen.« Wir lachten uns an.

An der Tür zog sie ihren Schirm aus dem Ständer, und als sie ihn draußen öffnete, freute ich mich: Auf ihm prangte ein farbenprächtiger Regenbogen – jenes Symbol, das mir immer Halt gegeben hatte. Vielleicht teilte »der Himmel« unseren Kummer über das Vergangene, aber genauso konnte der Regenbogen auch als Zeichen der Versöhnung gewertet werden. Mir fiel ein Satz ein, den ich bei dem amerikanischen Schriftsteller Ernest Hemingway gelesen hatte, in seinem Roman *In einem andern Land*: »Die Welt zerbricht jeden, und nachher sind viele an den zerbrochenen Stellen stark.«

Ich sagte zu meiner neuen Schwester, während wir untergehakt, damit sich Henrietta beim Gehen sicherer fühlte, und gut beschirmt durch den Regen gingen: »Ich glaube, dass wir Ehemalige zu einer Kategorie von Menschen gehören, die aus dem Erlebten gelernt haben und dadurch starke Frauen wurden. Sonst hätten wir, plötzlich auf uns selbst gestellt, gar nicht überleben können.«

»Ganz sicher«, erwiderte Henrietta. »Wir haben auf unser Inneres gehört und lernten, uns und nicht das Gesetz an die erste Stelle in unserem Leben zu setzen!«

In Köln musste ich in die Regionalbahn nach Düren umsteigen. Doch ich zögerte, gleich den nächsten Anschluss zu nehmen. In der Rheinstadt regnete es nicht, es sah auch nicht danach aus, als wäre hier überhaupt ein Tropfen gefallen. Ohne es genau begründen zu können, entschied ich mich, dem direkt neben dem Hauptbahnhof aufragenden Kölner Dom einen Besuch abzustatten. Es war schon länger her, dass ich dort gewesen war, aber ich mochte diesen geschichtsträchtigen gotischen Bau, obgleich ich normalerweise schlichte, moderne Kirchen bevorzuge.

Als ich jetzt den Dom betrat, war er in seinem Innern jedoch nicht wie üblich dämmrig, sondern hell erleuchtet. Im Südturm war ein Gerüst aufgebaut worden, auf dem starke Scheinwerfer standen. Es sah nach Restaurationsarbeiten aus, die in dieser Kirche immer nötig waren. Durch das viele Licht konnte ich die bunten Fenster eingehend bewundern, in eindrucksvollen Szenen war auf ihnen die Heilsgeschichte dargestellt: Jesu Wirken unter uns Menschen, seine Geburt in einem Stall, sein öffentliches Leben, seine zahlreichen Wunderheilungen, sein gewaltsamer Tod, seine Auferstehung. Die Szenen sollen nachdenklich machen, zur Nachahmung und zum Glauben bekehren. Ich musste an uns Nonnen denken, an uns Ausgetretene: Was war mit uns lebendigen Nachfolgerinnen des Herrn, den »Bräuten Christi«? Gaben wir nicht in beispielhafter Art Zeugnis von der Liebe Christi unter uns Menschen ab? Lohnte es sich nicht auch für uns, eine »kostspielige Restauration« ins Leben zu rufen, damit offenkundig wieder »Heil« geschaffen werden konnte? Dazu würden ganz praktische Dinge gehören wie eine angemessene Nachversicherung der Ausgeschiedenen. Doch scheint es leichter für die Kirche zu sein, sich mit toten Steinen ein Denkmal zu setzen, als in lebendige Menschen zu investieren, ging es mir durch den Kopf. Hatte mich das Treffen in Münster zu solch rebellischen Ideen angestiftet? Ich setzte mich erst einmal in eine Bank.

Als ich das harte Holz unter mir spürte, erinnerte ich mich an meinen früheren Alltag als Krankenschwester im Turiani Hospital in Tansania: Jede schmerzende beziehungsweise eitrige Wunde musste, um zu heilen, geöffnet, gründlich gesäubert und behutsam versorgt werden. Ein oberflächlicher Verband, der das wahre Ausmaß der Verletzung verbirgt, ist dabei keine Hilfe – er verhindert sogar echte Heilung. Unter ihm kann sich eine Nekrose bilden, was heißt, dass Zellen absterben. Und einmal Abgestorbenes kann nie mehr gesunden. Das ist erschreckend, aber sehr realistisch. Solange wir Schmerzen spüren, sind wir lebendig. So lange ist es nie zu spät, neu anzufangen.

Während ich wieder auf die Kirchenfenster schaute, überlegte ich: Wir Ausgetretenen, die wir einen Teil unseres Lebens in einer klösterlichen Gemeinschaft verbracht haben, blicken auf unsere gesamte Vergangenheit mit anderen Augen, weil es diesen Bruch gegeben hat. Sehe ich meine Zeit in Turiani, betrachte ich sie auch mit dem Wissen, dass sie mich am Ende zu meinem Austritt geführt hat. Aber Henriettas Gedanke war richtig, wir Ex-Nonnen wurden durch den Schmerz der Trennung von dieser Gemeinschaft und den Mut zur Eigenverantwortung reifere Menschen.

Vor wenigen Tagen, daran musste ich nun denken, hatte ich einen aufrüttelnden Brief aus Irland erhalten, in dem eine Ehemalige aus meinem Orden, eine Therapeutin im Ruhestand, dazu aufforderte, eine Lichterprozession abzuhalten, um nach Bekanntwerden der Missbrauchsfälle in der Kirche den betroffenen Menschen einen angemessenen Rahmen für ihre Trauer zu geben. In der Gemeinschaft, so der dahinterstehende Gedanke, könnten sie sich solidarisieren. Doch da die große Gemeinschaft der Kirche, unserer Kirche, versagt und ihre Glaubwürdigkeit eingebüßt hatte, stand zugleich die erschreckende Frage im Raum, ob ihr weiter die Treue gehalten werden konnte, denn sie hatte ihre ethische Stellung skandalös aufs Spiel gesetzt. Diese Kirche, die als Institution überwiegend patriarchalisch orientiert ist und die Hälfte ihrer Mitglieder aus sämtlichen offiziellen kirchlichen Funktionen ausschließt.

Ist es nicht erstaunlich, dass auch heute noch das Stigma »der gefallenen Eva« als Verführerin des Mannes in dieser Kirche lebendig ist? Der Priester, der eine Frau schwängert, darf weiter im Amt bleiben. Seiner Geliebten und dem Kind haftet jedoch ein Makel an, damit »das hehre Amt des Hochwürden« nicht befleckt werde. Das ist eine ungerechte Sichtweise, die traurig macht und wachrütteln sollte. Dabei waren es die Frauen, die unter dem Kreuz aushielten und die nach der Auferstehung als Erste die frohe Botschaft von Christi unvorstellbarem Sieg über den Tod verkündeten. Was wäre, wenn diese Frauen auch heute wieder vorangehen und den Weg weisen würden?

Wenn sie einfach nicht mehr in die Kirche gingen, bis … Was war nur los mit mir?, fragte ich mich. Aufpassen, Majella! Stimmte es, was einmal jemand über mich gesagt hatte: »Rebellin ohne Schleier«? Mit diesen wagemutigen Gedanken erhob ich mich und trat auf den Domplatz hinaus. So hell es in der Kirche war, so dunkel war es jetzt draußen.

Spätabends, wieder zurück in meiner Wohnung, zog ich mein damaliges Regelbuch, das Direktorium unseres Ordens, aus dem Bücherregal. Das Gespräch mit Henrietta hatte mich so aufgewühlt, dass ich mich noch einmal vergewissern wollte, ob es wirklich diese kanonischen Bestimmungen gegeben hatte. Ich setzte mich auf meinen Schreibtischstuhl und vertiefte mich in das Regelbuch. Im Vorwort von 1932 stand: »Nachdem wir in unseren Konstitutionen die weisen Gesetze unserer Mutter, der heiligen Kirche, als Grundlage für unsere Lebensweise erhalten hatten, war es unsere Aufgabe, auf dieser Grundlage weiterbauend die Bestimmungen und Gebräuche zusammenzustellen, welche diese Lebensweise eingehender regeln und den Geist des religiösen Gehorsams vollkommener entfalten, der unsere Berufstätigkeit beleben und zu einem beständigen, wahren Gottesdienste gestalten soll.«

Mit diesem Buch war ich im Orden groß geworden, und dort las ich weiter: »Eine der wichtigsten Übungen zur Aufrechterhaltung des klösterlichen Geistes ist die gewissenhafte Abhaltung des vorgeschriebenen Schuldkapitals, in welchem sich die Schwestern vor der versammelten Gemeinde über ihre äußeren Fehler gegen die Konstitutionen und das Direktorium anklagen, ohne innere Beweggründe anzugeben.« (Dir. Nr. 121, Kon. §§ 125 – 128) Gänsehaut überzog meine Arme. Allein der Ausdruck »Schuldkapital« versetzte mich augenblicklich in die Vergangenheit zurück. Solche Sätze hatten wir früher einfach hingenommen? Nicht ganz. Es hatte hin und wieder Anekdoten gegeben, in denen sich eine Schwester zur Buße hingekniet hatte und spaßeshalber mit ihren Schuhsohlen – auf denen sie in Kreide ein Gesicht gemalt hatte – hin und her wackelte. Aber das sorgte nicht für die Abschaffung dieser Übung. Denn es ging ja um unsere Unterwerfung unter den Willen des Ordens, der uns als Synonym für Gottes Wille dargestellt wurde. Und das hatte ich bereits von meinem Vater gelernt. Das war ein Punkt in meiner Biografie, der mich nicht minder bestimmt hatte wie Afrika. Diesem Willen war alles unterzuordnen.

Dann hieß es weiter: »Der Kern der klösterlichen Vollkommenheit besteht nicht in der buchstäblichen Befolgung der Konstitutionen, Vorschriften und Anordnungen, sondern in der demütigen, inneren Unterwerfung. Darum werden die Schwestern dahin streben, stets gern ihren Willen dem ihrer Vorgesetzten unterzuordnen. Dadurch erleichtern sie zugleich ihren Obern das schwere, verantwortungsvolle Amt, zu dem sie Gott als seine Stellvertreter bestellt hat, um durch sie seinen Willen zu offenbaren.« (Dir. Nr. 79, Kon. §§ 100 – 107) Und um das noch zu verstärken, wurde festgehalten: »Wenn die Schwestern nur gehorchen würden aus Furcht vor Vorwürfen oder Strafen … so würden sie sich allen Verdienstes berauben. Am vollkommensten gehorchen jene Schwestern, welche nicht nur ihren Willen, sondern auch ihren Verstand und ihr Urteil den Obern unterwerfen. Dieser Gehorsam schließt alle Fragen ›warum? weshalb? wozu? etc.‹ aus. Mag auch das Aufgetragene an sich unvollkommen, d. h. unzweckmäßig, erscheinen, so müssen die Schwestern überzeugt sein, dass ihr Gehorsam für sie das Vollkommenste ist.« (Dir. Nr. 81)

Für einen Moment musste ich tief Luft holen und innehalten, aber dann blätterte ich ein paar Seiten nach vorne. Schließlich fand ich diese Stelle: »Bei unliebsamen Vorkommnissen sollen die Schwestern nicht die Schuld und Veranlassung bei anderen suchen oder auf andere schieben … Glauben die Schwestern, bei den Vorgesetzten etwaige Fehler ihrer Mitschwestern anzeigen zu müssen, so sollen sie es nicht tun, wenn sie nicht von dem Fehler überzeugt sind, gegebenenfalls aber erst nach reiflicher Überlegung vor Gott und ihrem Gewissen und in der Absicht, das Heil ihrer Mitschwestern und das Wohl des Ganzen zu fördern (Dir. Nr. 153, Kon. §§ 141–144).

Erstaunt ließ ich das Buch sinken. Jetzt erkannte ich klar, dass dieser frühere Geist buchstäblich dazu einlud, solche Missstände, wie ich sie heute wieder von Henrietta gehört hatte, zu provozieren. Durch diese Richtlinien war uns befohlen worden, uns nur über unser äußeres Verhalten öffentlich anzuklagen, ohne innere Beweggründe zu erkunden. Das musste fruchtlos bleiben, wenn es einzig um das Äußere ging. Auch dadurch war jedweder Dialog unterbunden. Und ebenso war es ein Paradox, dass wir keine Freundschaften pflegen durften, aber den Vorgesetzten mitteilen sollten, was eventuell mit der Mitschwester nicht stimmte, wenn sie gegen die Regel verstieß. Hier stand schwarz auf weiß, was ich immer gefühlt hatte: Diese Regeln luden zum »Bespitzeln« ein. Erst jetzt, nach genügend Abstand vom Orden, begriff ich, dass ich, wenn ich tiefer gehende Fragen stellte, ohne wirkliche Antworten bleiben musste. Kein Wunder, dass ich ständig auf der Suche blieb. Gleichzeitig schämte ich mich, denn es kam mir vor, als wären da Regeln für unmündige Kinder geschrieben worden und nicht für erwachsene Frauen.

Ernüchtert und erschöpft ließ ich mich auf meinem Stuhl zurücksinken. Die Lehne war so hart wie die Erkenntnis, der ich mich zu stellen hatte. Als junger Mensch war ich tatsächlich bereit gewesen, mich unterzuordnen, um des höheren Zieles willen. Aber wer wie ich im Kloster vom Kind zum Erwachsenen heranreifte und Verantwortung für andere übernehmen musste, der konnte seinen Verstand und sein Herz nicht mehr ausschalten, sondern musste sie sprechen lassen.

Traurig klappte ich das Direktorium zu. Dabei fiel mir ein, dass es die Regeln in dieser Form nicht mehr gab, neue Bestimmungen waren ausgearbeitet worden. Aber die Veränderungen waren minimal gewesen, die traditionsbewusste Lebenshaltung machte es einigen weiterhin unmöglich, genügend Luft zum Atmen zu finden.

Ich musste an Babette denken, eine gebürtige Luxemburgerin, die jetzt im Allgäu lebte. Sie war eine der ersten Ehemaligen, die ich kennen und schätzen lernte. Es war erstaunlich, wie viel innere Kraft sie besaß, dafür hatte ich sie bewundert. In einem Brief schrieb sie mir: »Auch heute noch danke ich Gott jeden Tag dafür, dass ich den Schritt des Austritts gewagt habe.« Im Grunde hatte sie unsere Situation mit dieser fast absurden Aussage auf den Punkt gebracht. Ihr Körper hatte ihr damals signalisiert, dass sie so nicht weiterleben konnte. Er hatte die Nahrungsaufnahme verweigert. Deshalb stellte sie sich der Realität und trat nach achtzehn Jahren Mitgliedschaft im Orden aus, trotz schwerer finanzieller Einbußen. So versuchte sie in fortgeschrittenem Alter noch als Krankenpflegerin und Hebamme zu arbeiten. Um überhaupt überleben zu können, musste sie zu einer Freundin ziehen. Nur zu gut konnte ich nachvollziehen, dass es ihr wichtiger war, Gott mehr zu gehorchen, als ihren Vorgesetzten. Für sie stand an oberster Stelle, ihrer eigenen inneren, von Gott gegebenen Stimme zu folgen.

Auch ich hatte mich nicht mehr nach den vorgegebenen Regeln des Klosters richten wollen. Ich wollte nicht mehr perfekt funktionieren. Stattdessen hielt ich mich an das Wort Gottes aus

Psalm 139: »Herr, du hast mich erforscht und du kennst mich; denn du hast mein Inneres geschaffen, mich gewoben im Schoß meiner Mutter. Ich danke dir, dass du mich so wunderbar gestaltet hast. Ich weiß, staunenswert sind deine Werke. Deine Augen sahen, wie ich entstand, meine Tage waren schon gebildet, als noch keiner von ihnen da war. Sieh her und leite mich auf dem altbewährten Weg!«

Eine andere Ehemalige hatte mir einmal erzählt, wie sie einen Urlaub in ihrem früheren Wirkungsfeld verbrachte und wie sie sehr viel Positives erlebt hatte. Die meisten Menschen, die ihr während dieser Zeit begegneten, hätten sie noch immer in ihrer damaligen Funktion als Seelsorgerin wahrgenommen. Wie vor ihrem Austritt sprach man vertraut mit ihr über Privates, denn es wurde für selbstverständlich gehalten, dass eine Nonne – ob ausgetreten oder nicht – dieses Vertrauen nicht ausnutzt, sondern das Gespräch für sich behält. »Es ist schon eigen, wie sehr Menschen in klerikaler Kleidung von einem besonderen Mythos umgeben sind«, stellte sie fest. »Aber selbst wenn uns das äußere Merkmal genommen wurde, so zeigt sich, dass wir es gar nicht mehr nötig haben. Auch wenn unsere einstige klösterliche Institution behauptet, dass wir unsere Berufung aufs Spiel gesetzt und verloren haben, so behaupte ich, dass wir erst jetzt zu unserer eigentlichen Berufung vorgedrungen sind. Jeder Getaufte ist gleichsam ein ›Alter Christi‹. Wir leben jetzt beide Identitäten: Mit unserem Schwesternnamen können wir das Frühere wachrufen, mit unserem Taufnamen stellen wir uns der zivilen Lebensform.«

Eines unserer größten Probleme nach dem Austritt hängt damit zusammen, überlegte ich weiter, dass bei uns alles, wirklich alles zusammenbricht. Diese Erschütterung geht bis ins Tiefste unserer Seele. Wir erschrecken so sehr darüber, dass wir es nicht in Worte fassen können. Und wer sollte uns helfen? Die Kirche und der Orden hatten mich als Versager oder Rebell abgestempelt. Dadurch fehlte mir das Vertrauen, überhaupt jemanden zu finden, der mich verstehen und annehmen könnte. Und in der Erfahrung des Ausgestoßenseins brach bei mir meine bisherige Glaubenswelt zusammen, obwohl ich das nicht hatte zulassen wollen. Ich konnte mich nicht dagegen wehren. Das frühere Gerüst des einzuhaltenden Tagesablaufs, ständig durchwoben von Gebetszeiten, hatte auch sein Gutes gehabt. Jetzt ersetzte ich es durch ein Zwiegespräch, das oft sich wiederholenden Stoßgebeten glich, um dadurch auf Tuchfühlung mit Christus zu bleiben. Wenn ich mir zum Gebet die Ruhe nahm, fühlte ich, wie mein Herz sich zusammenkrampfte. Ich wollte weinen – und konnte es nicht. Dabei war Gott immer der Mittelpunkt meines Lebens gewesen, und anders konnte es auch in Zukunft nicht sein. Er schien mir der Einzige zu sein, auf den Verlass war. Auch jetzt noch, oder besser: Jetzt erst recht!

Damals hatte ich an eine Psychotherapie gedacht. Eine solche Form der Begleitung hat für mich mit dem Erkunden von Seele, Geist und Gemüt zu tun, sie soll zu einem besseren Verständnis des ganzen Menschen führen. Seit dem Aufbruch des Zweiten Vatikanischen Konzils ahnten die meisten von uns, dass es im geistlichen Leben um mehr gehen musste als um das Befolgen von starren Regeln und Geboten, die in veralteten Sprachformen abgefasst waren. An diesem Gerüst und in diesem dogmatischen System kirchlicher Institution erkrankte die Seele derjenigen, die suchend und verunsichert unterwegs waren. Deshalb glaubte ich, damals noch Nonne, dass ich in der Psychotherapie lernen könnte, wo es bei mir an innerem Gleichgewicht fehlte, damit ich mich in der Ordensgemeinschaft wieder zu Hause fühlen konnte. Ich ging davon aus, dass man miteinander wachsen und sich gegenseitig helfen konnte, sich und das Leben zu verstehen, dass man Probleme und gegensätzliche Ansichten offen ausdiskutieren konnte.

Mein erster Versuch, Hilfe und Unterstützung zu bekommen, war Ende 1967 gewesen, als ich nach acht Jahren Mission in Afrika meinen ersten Heimaturlaub bekam. Ich war buchstäblich ausgehungert an Leib und Seele. Bei einer Körpergröße von einssechsundsiebzig wog ich nur noch 52 Kilogramm. Ich war so erschöpft, dass ich es dem wohlgenährten Geistlichen, der in meinem holländischen Mutterhaus Exerzitien hielt, übel nahm, uns beständig von der »Ganzhingabe an Gott« zu predigen. Ich konnte einfach nicht mehr, und anstatt mich in Ferien zu schicken, hatte ich diese geistlichen Übungen zu absolvieren, ebenjene Exerzitien. Danach erst wollte man mich in die Welt entlassen.

Zu Hause bei den Eltern angekommen, brach ein Redeschwall aus mir heraus, den mein Vater nach drei Tagen gewaltsam stoppte. »Majella, das ist genug«, sagte er. »Du solltest dich erst einmal erholen. Du musst zur Ruhe kommen, bitte nimm dir Zeit. Wir können das ja gar nicht alles verdauen. Deine Erlebnisse der vergangenen acht Jahre im Zeitraffer von drei Tagen sind selbst für uns, die wir in ständigem brieflichem Austausch mit dir waren, zu viel. Gönnen wir uns eine Pause.« Ich schaute die schmächtige Gestalt meines besorgten Vaters an und erschrak. Seine dunklen Augen wirkten traurig, er litt selbst an seiner angeschlagenen Gesundheit. »Aber natürlich«, war meine Antwort, »die Ferien haben ja erst gerade begonnen.« Danach schwieg ich, obwohl ich nach Mitteilung hungerte, denn ich wollte kundtun, was wir in der Mission erlebten und leisteten und wie wir uns verausgabten.

Als ich kurz darauf im damals ordenseigenen Krankenhaus in Paderborn lag, wurde die Operationsnarbe einer früheren Gallenblasenentfernung in Afrika nachoperiert, denn diese hatte ein ganzes Jahr lang geeitert. Wegen der langen Narbe auf der dünnen Bauchdecke wurde mir strikte Bettruhe verschrieben, die meinem ausgelaugten Körper gut tat.

Da ich keinen Ausgang hatte, kam der Hausgeistliche zu mir und bot an, meine Beichte zu hören, wenn ich das wünsche. Damals mussten wir noch wöchentlich zur Beichte gehen, also nickte ich. Ich erlebte einen Geistlichen, der die Diskrepanz von Beten und Arbeiten verstand, das Aufgeriebenwerden im dienstlichen Alltag, besonders in der Mission mit der chronischen Unterbesetzung der Fachkräfte. Allein sein Verstehen war wohltuend. Der Vergleich mit Jesus, der nach einem arbeitsreichen Tag im Boot der Jünger sogar bei heftigem Sturm eingeschlafen war, ließ mich schmunzeln. »Christus ist immer bei mir«, sagte ich zu meinem Beichtvater. »Vielleicht hilft er jetzt, diesen Sturm zu besänftigen, damit ein neues Ufer in Sicht kommt.« Nach der Absolution drückte er mir einen brüderlichen Friedenskuss, einen Pax, auf die Wange, das war meine Bestätigung für einen Neuanfang. Ich begann wieder die »Alte« zu werden.

Doch dann kam ein unerwartetes Ereignis. Eines Nachmittags traten nicht nur der Chef der Klinik und die Hausoberin in mein Krankenzimmer, sondern auch die ranghöhere Provinzoberin. »So viel Ehre habe ich nicht erwartet«, gab ich spaßhaft zum Besten, doch mir war nicht ganz wohl dabei. Nach den üblichen Formfragen um mein Wohlbefinden wurde die Katze aus dem Sack gelassen.

»Schwester Lauda«, sagte die Provinzoberin, »wir haben uns überlegt, dass Ihnen eine Psychotherapie gut tun würde.« Mir verschlug es den Atem. Wie kamen die denn darauf? Was habe ich denn falsch gemacht, schoss es mir durch den Kopf. »Wir haben hier einen ausgezeichneten Franziskaner, der ausgebildeter Therapeut ist, zu dem könnten Sie gehen, dann sind Sie gleichzeitig religiös betreut.« Ich wusste noch immer nicht, was ich erwidern sollte, fühlte aber, dass hier etwas schieflief. »Sie haben Zeit, sich das zu überlegen«, hieß es schließlich. Ich war froh, als ich wieder allein war.

Hektisch versuchte ich meine Gedanken und Reaktionen zu ordnen. Warum wehrte ich mich innerlich so sehr, dabei suchte ich doch Hilfe, um wieder ins Lot zu kommen. Mir fiel ein, was passiert war. Nach der Beichte hatte ich meinem Vater am Telefon freudig von dem Friedenskuss erzählt. Davon musste er in einer Art Überreaktion die Oberin informiert haben, und schon gab es nichts Wichtigeres, als dem Geistlichen zu verbieten, mich nochmals zu besuchen. Ich wurde gar nicht erst gefragt. Und gleichzeitig wurde mir das Angebot gemacht, einen anderen Priester zu konsultieren, der ausgebildeter Psychotherapeut war. Wie konnte ich das verstehen? Eigentlich überhaupt nicht. Und noch immer wurde nicht ich gefragt, was mir fehlte, stattdessen glaubten andere zu wissen, was für mich das Beste oder Richtige sei. Und jetzt das: Psychotherapie. Damals war das gleichzusetzen mit einem Abschiebeversuch. Denn die generelle Meinung des Ordens über die Psychotherapie lautete, dass diejenige, die solch eine Therapie nötig hatte, nicht voll zurechnungsfähig war. Wer seelisch labil war, war nicht voll einsatzfähig. Wer nicht parierte und sich als unbequem erwies, gehörte in diese Kategorie. Solch eine Schwester konnte leicht abgestempelt werden und fiel schnell in Ungnade. Was hätte mir da eine solche Behandlung gebracht, war meine Überlegung. Mein Entschluss stand schließlich fest: »Nein danke, ich möchte nicht in Therapie gehen.« Und prompt kam die Antwort der Provinzoberin: »Das haben Sie auch gar nicht nötig.«

Auf diese Weise bestätigte sie meine Überlegungen. Schade. Außerdem ahnte ich unterschwellig, dass eine Therapie gar nichts nützen kann, wenn die Therapierte zurück in eine unveränderte Situation geschickt wird. Nicht die einzelne Schwester musste verändert werden, entscheidender war, dass sie nicht länger der Aufrechterhaltung von Normen geopfert werden durfte. Ein guter Therapeut hätte mir wahrscheinlich zu einem Austritt aus dem Orden geraten, aber so weit war ich damals noch nicht. Und als es so weit war, tat ich den Schritt allein, mein Leben hatte mich dafür vorbereitet.

Und wie gelang mir die Rückkehr in die Mission? Immer wieder holte ich mir Jesus bewusst ins Boot! So war ich nicht allein und erhielt die nötige Kraft.

1975 erlebte ich eine ähnliche Situation. Zwei Jahre London lagen hinter mir. Als Erstes hatte ich am Queen Mary's Hospital in Roehampton, einem Distrikt im Südwesten der englischen Hauptstadt, hospitiert, um meine Registrierung als Krankenschwester für das englische Königreich zu bekommen. Dem schloss sich ein akademisches Jahr am Royal College of Nursing an: Dort besuchte ich einen Kurs, der einen befähigte, ein Krankenhaus zu leiten. Es folgte ein Tropenmedizin-Zertifikat, erste Erkenntnisse in Psychologie und Soziologie sowie der Austausch mit gleichaltrigen Mitstudenten, was ich so noch nie erlebt hatte. Wieder im Kloster, kurz vor dem Rückflug nach Tansania, erfasste mich eine körperliche Angst, dass ich am ganzen Körper zitterte. Wovor hatte ich solche Furcht, dass es mich aus dem Gleichgewicht warf? Die Antwort war schnell gefunden: Genau vor dem eben Gesagten. Ich hatte mich verändert, doch musste ich dorthin zurück, wo alles beim Alten geblieben war.

Nach diesem Schwächeanfall wurde ich zu einer Homöopa-

thin in Paderborn zur Behandlung geschickt. Neben Kräuterheil-
kunde und Augendiagnose beherrschte sie auch die Gesprächs-
therapie. Binnen kürzester Zeit war ich wieder einsatzbereit, was
daran lag, dass die Homöopathin mich als Person wahrnahm
und mich in meinem Sosein bestätigte. Einmal sagte sie: »Schwester Maria Lauda, als ich Sie bei Ihrem ersten Besuch in der Praxis
sah und Ihre innere Spannung erlebte, kamen Sie mir vor wie ein
gefangener Tiger im Käfig!« Ich erinnerte mich daran, wie ich im
Wartezimmer unruhig hin und her ging. Sie hatte mich absicht-
lich bis zum Schluss warten lassen, damit sie Zeit für mich hatte.
Während der Therapie sorgte sie dafür, dass ich den nötigen Freiraum fand und nicht in die täglichen klösterlichen Übungen eingebunden wurde.

Der Neustart im Turiani Hospital klappte, mein Eifer war
wieder entfacht. 1979 nahm ich als Delegatin für Tansania an unserem Generalkapitel in Rom teil, im Dezember 1980 begannen
sechzehn von uns ihr erstes Tertiat, das ist eine intensive Zeit der
Erneuerung. Die Tagung fand im wunderschön gelegenen Exer-
zitienhaus am Abhang des Kilimandscharo statt. Durch diese Woche führte uns ein amerikanischer Geistlicher, der bereits Erfahrung mit solchen vom Konzil gewünschten Erneuerungskursen
für Ordensfrauen hatte. Was am eindringlichsten bei mir haften
blieb, war die Einübung des Dialogs. Wir erfuhren eine für uns
neue Offenheit untereinander und lernten dabei gleichzeitig, uns
gegenseitig so anzunehmen, wie wir waren. Dann begannen wir
die notwendige Nacharbeit in den drei Schwerpunktniederlas-
sungen unserer Kongregation: Kifungilo, Moshi und Morogoro.
Monatlich trafen wir uns mit je einem Priester, der in der PHR-
Methode (Personality and Human Relation) ausgebildet war und
sie nun mit uns praktizierte. Dabei ging es darum, uns persönlich

als ganzheitlichen Menschen mit Gefühlen und Wünschen wahrzunehmen, uns im Blick auf Gott zu erkennen und anzunehmen und das Ganze in Gemeinschaft zu leben. Dafür war ein großer Vorschuss an gegenseitigem Vertrauen nötig; Missverständnisse mussten ausgeräumt werden. Aber das Ergebnis war das Erleben einer ganz neuen Wertschätzung füreinander. Für eine Erneuerung gab es also wunderbare Anreize.

In diesem Geist nahm ich das verantwortungsvolle Amt der Provinzoberin im September 1982 an. Von dieser Vision ließ ich mich während der fünf Jahre in Zimbabwe leiten. Als Hilfsmittel dienten wiederum die PHR-Methode und ähnliche Kurse, wie zum Beispiel das »Growing in love together«-Programm, das von irischen Dominikanern verbreitet wurde. Die Übungen waren so konzipiert, dass wir das Vorgegebene »nur« in die Tat umsetzen mussten. Es war beeindruckend, mit welchem Eifer besonders die jüngeren afrikanischen Mitschwestern sie praktizierten. So wurde zum Beispiel das Thema Vergebung angesprochen. Christus gab seinen Aposteln vor, dass sie nicht sieben, sondern siebenundsiebzig Mal zu vergeben hätten. Wird diese Aufforderung Jesu wörtlich genommen, kann sie wie eine Bombe einschlagen. Dazu steht in der Anleitung: Es ist nur möglich, dieses Ideal zu erreichen, wenn man sich selbst als von Gott bedingungslos akzeptiert weiß. Um diesen Glauben leben zu können, war es aber auch notwendig, menschliche Liebe und Annahme zu erfahren. Aber wie? Die Wunden der furchtbaren Erlebnisse während der Guerillakämpfe, bei denen viele der einheimischen Schwestern zwischen die Fronten geraten waren, waren noch längst nicht verheilt. Ihre Angehörigen waren brutal ermordet, sie selbst möglicherweise der Vergewaltigung ausgesetzt gewesen. Wir sprachen nicht darüber, wie üblich. Und dadurch war keinem geholfen. Doch jetzt bot sich diese einmalige Gelegenheit, die Vergangenheit aufzuarbeiten und eine neue Basis des gegenseitigen Verständnisses aufzubauen. Zwischen Schwarz und Weiß, Jung und Alt.

Doch auch dieser Wunschtraum platzte, und diejenige, die aus dem Gleichgewicht geworfen wurde, das war ich. Ich glaubte durch meinen Einsatz in der Ordensprovinz Zimbabwe alles gegeben zu haben, dessen ich fähig war und von dem ich wusste, dass es richtig war – dennoch wurde ich ständig gemaßregelt. Auf Dauer hält das kein Erwachsener aus. Also suchte ich erneut nach Heilmethoden, denn ich wollte im Orden bleiben, aber eben auch als die leben können, zu der ich mich im Laufe der Jahre entwickelt hatte.

Den von mir erbetenen mehrmonatigen Erneuerungskurs im Norden von Wales – genauer gesagt in St. Beuno's Ignatian Spirituality Centre – durfte ich erst während meiner Zeit im Mutterhaus in den Niederlanden machen, wohin ich im Anschluss an meine Beurlaubung kam. Insgesamt nahmen an ihm sechsunddreißig Personen teil, aus allen Erdteilen der Welt und unterschiedlichen Berufsgruppen, männlichen und weiblichen Geschlechts. Bei den Übungen ging es um Selbsterkenntnis und Vertiefung der Spiritualität u.a. durch die 30-tägigen ignatianischen Exerzitien. Dabei bekam ich einen Weinkrampf, wie ich ihn zuvor nie erlebt hatte. Mir wurde bewusst, dass ich so nicht weitermachen konnte. Und es ja auch nicht wollte. Ich suchte nach Möglichkeiten, mein Leben als Ordensfrau – aber auch als Mensch – angemessen zu leben. Ein Jesuit, der ausgebildeter Psychotherapeut war und zum Zentrum in Wales gehörte, bot mir ein Gespräch an. Daraus ergab sich, dass er in dieser Krisensituation weitere psychotherapeutische Begleitung für mich vorschlug. Aber noch wichtiger war mir, dass er die bevorstehende Versetzung nach Kanada – ich hatte das Visum bereits in der Tasche – befürwortete. Dort gab es ein sogenanntes Pastorales Zentrum der Jesuiten, ganz in der Nähe unserer ordenseigenen Einrichtung, wo ich weitere Kurse besuchen und Begleitung erfahren könnte.

Aber es kam ja anders, stattdessen wurde ich wieder nach Tansania versetzt. Ich hatte wohl diese zahlreichen Wege und scheinbaren Umwege nötig, um innerlich genügend Selbstvertrauen und Reife zu entwickeln, um mich endlich rückhaltlos meinem Gott anzuvertrauen. Denn bei all meinen Übungen und Erfahrungen, bei den jährlichen Exerzitien und den täglichen Gewissenserforschungen kam ich zu der Erkenntnis, dass ich nicht vom Wesen her im Ordensleben versagte, sondern dass ich mit dem rigorosen System, wie es meine Kongregation während meiner Mitgliedschaft vorschrieb, nicht weiterleben konnte. Eine erschreckende Erkenntnis.

Als ich nach meinem Aufenthalt in Nord-Wales wieder im Mutterhaus war, wurde ich nochmals in aller Härte in die Wirklichkeit des Klosteralltags zurückgeholt. Während eines regulären Unterrichts der Oberin gab diese zum Schluss bekannt: »Schwester Lauda muss sich während ihres Aufenthalts bei uns behandeln lassen.« Ich fühlte mich wie vom Blitz getroffen, bis ich sagen konnte: »Liebe Schwestern, ich halte es für richtig klarzustellen, dass ich nicht wegen einer Krankheit um Behandlung bat, sondern weil ich in der Vergangenheit viele schmerzhafte Erfahrungen gemacht habe, die ich durch therapeutische Begleitung aufarbeiten möchte. Ich bin nicht psychisch krank.« Einige nickten mir vorsichtig ihr Verständnis zu, andere zeigten sich eher abwertend oder skeptisch. Dennoch, meine Stellungnahme machte hellhörig. Die frühere Behauptung »Sie haben das auch nicht nötig« war ins Wanken geraten. Und die Parole, mit der wir aufgewachsen waren: »Wer fest in seiner Berufung steht, braucht keine Angst zu haben, der meistert alle Schwierigkeiten«, war schon lange unhaltbar geworden. Ich war nicht die einzige Ordensschwester, die an seelischen Wunden litt. Auch andere hatten erfahren, dass ständig gemunkelt wurde und man mehr oder weniger bewusst Fakten unter den Teppich kehrte. Echter Gemeinschaftsgeist wurde dadurch untergraben. Zu diesen Halbwahrheiten gehörte auch meine neuerliche Versetzung an den Kilimandscharo, die den von mir ersehnten Neuanfang in Toronto zunichte machte.

Solche oft willkürlich erscheinenden Versetzungen – sie wurden nicht nur bei mir praktiziert – fanden meist genau dann statt, wenn Erfolg und ein Sichwohlfühlen einsetzten. Sie sollten dazu dienen, dass Demut geübt wurde. Aber sie konnten genauso gut bewirken, dass alles Selbstwertgefühl zerbrach, aller Halt verloren ging, denn die Schwestern konnten dadurch nie etwas vorweisen, nicht zeigen, was sie geleistet hatten und weshalb sie wertvoll waren. In dieser Situation daran zu glauben, dass Gott allein genügt, ist für eine Ordensfrau ohne unterstützende theologische und psychologische Bildung kaum möglich. Ein großes Maß an Herzensbildung musste bei jeder von uns vorhanden sein, sonst hätten wir den Weg in den Orden niemals gemeistert. Das Fatale war eben, die Gesetze und Regeln an die erste Stelle zu setzen und Eigeninitiative weitgehend zu unterdrücken.

Bei einer solchen Werteordnung war es beinahe unausweichlich, dass die einzelne Nonne sich schuldig fühlte, wenn sie dem nicht entsprach oder sich kritisch dazu äußerte. (Noch heute agiere ich vorsichtig, ja übervorsichtig, weil ich glaube, ich dürfe nichts »falsch machen«. Dabei gehört es doch zum Leben, Fehler zu machen). Anders ausgedrückt: Unser Leben im Orden richtete sich nach vorgegebenen christlichen Normen. Sobald wir diesen nicht mehr entsprachen – ob tatsächlich oder aber aus falscher Beurteilung –, stellte sich nahezu automatisch ein Schuldgefühl ein. Für Ausgetretene bedeutet dies, ein Leben lang darum zu ringen, wieder ins richtige Lot zu finden. Genauso schwer ist es sicher für die Zurückgebliebenen, uns nicht zu verurteilen – aus dem gleichen Grund.

Aus spiritueller Sicht wissen wir Ausgetretenen, dass Gott größer ist als unser Herz. Somit kann ich ihm auch mein kleines zaghaftes Herz hinhalten und ihn bitten, mir diesen Glauben und dieses Vertrauen wieder zu schenken.

Ich spürte, wie mein Rücken schmerzte und gegen die harte Stuhllehne protestierte. Draußen war es stockfinster, nirgendwo brannte mehr ein Licht. Längst war Mitternacht vorbei. Für heute hatte ich genug erlebt, in meinem Herzen erwogen und mit dem Verstand durchdacht. Jetzt war es Zeit, ins Bett zu gehen.

Während ich mich streckte, schwor ich mir: Ich würde nicht damit aufhören, mich mit weiteren Ausgetretenen auszutauschen. Gemeinsam konnten wir uns stärken.

Und immer wieder die Vergangenheit

»Ich kann nicht mehr, mir reicht es!« Erschöpft setzte ich mich auf meinen Koffer. Seit dem frühen Morgen waren meine Freundin Ruth und ich unterwegs, um ans Ziel unserer Reise zu gelangen: auf die Insel Sylt. Fast hatten wir es geschafft, jedenfalls befanden wir uns auf dem Bahnhof von Westerland. Es war September 2011, die Luft roch wunderbar würzig, genau das, was ich mir vorgestellt hatte. Nach alldem, was mir in den vergangenen Monaten im Kopf herumgegangen war, brauchte ich eine Auszeit. Mein Arzt hatte dringend dazu geraten. Wie immer hatte sich mein Körper, wenn der Stress zu groß wurde, gemeldet. Ich war dabei, mein Leben nach dem Austritt aufzuschreiben. In diesem Prozess der Auseinandersetzung mit dem Vergangenen stiegen Gefühle in mir hoch, die viel intensiver waren, als ich es bislang hatte zulassen können. Äußerlich zeigte sich das an einer Art Nesselfieber mit intensiven Hautrötungen und starkem Juckreiz.

»Eine Woche Nordseeluft, das würde Ihnen gut tun, Frau Lenzen«, hatte der Mediziner empfohlen. »Ans Meer zu fahren, das ist das Beste, was Sie machen können.« Meer – das bedeutete für mich der Indische Ozean in Dar es Salaam, und den liebte ich. Die weich heranrauschenden Wellen dort hatten für mich immer etwas Beruhigendes gehabt, der weite Horizont hatte mich jedes Mal fasziniert. Die Nordsee sollte dagegen stürmisch sein, aber einen weiten Horizont gab es auch hier. Das erschien verlockend.

Wie auf Bestellung entdeckte ich preiswerte Angebote auf Sylt. Und Ruth, eine Krankenschwester, die ich auf einer Dürener Veranstaltung zum hundertjährigen Bestehen der Frauenbewegung kennengelernt hatte, erklärte spontan, sie könnte auch eine Pause von ihrem aufreibenden Alltag gebrauchen, wenn ich wolle, würde sie gern mitfahren. Ich wollte.

»Willst du jetzt auf deinem Koffer sitzen bleiben?«, fragte Ruth.

»Ja«, erwiderte ich bestimmt.

»Wie? Das Hotel liegt in der Nähe vom Bahnhof. Die hundert Meter bis in die Friedrichstraße wirst du doch noch bewältigen können, dein Koffer hat Rollen.«

»Ich hab doch gesagt, ich kann nicht mehr.«

»Du willst für die hundert Meter in ein Taxi steigen?« Ruth zog die Augenbrauen zusammen.

»Genau das will ich.«

»Schau, da hinten ist schon unser Hotel!« Ruth zeigte mit der Hand auf etwas, das tatsächlich nah zu sein schien.

»Okay, du hast mich überredet.«

Schritt für Schritt ging es weiter, in Richtung Zentrum von Westerland. Vor dem Hotel setzte ich mich wieder auf den Koffer. Ich überließ es Ruth, die jünger war, nämlich Anfang fünfzig, an der Rezeption die Formalitäten zu erledigen. Als sie schließlich mit den Schlüsseln für unsere Ferienwohnung zurückkam, gingen wir gemächlich weiter, bis wir die »Villa Stephan« erreichten. Schon hörten wir das Meer rauschen – die Ferien hatten begonnen.

Wir bezogen unsere Zimmer, und nachdem ich mich kurz hingelegt hatte, packte mich die alte Abenteuerlust. »Ruth, ich fühle mich wie umgewandelt, kommst du mit ans Meer?«, fragte ich meine Miturlauberin, während ich zu meinem Fotoapparat griff.

»Ich habe mein Outdoor-Outfit schon angezogen«, erklärte sie.

Das Meeresrauschen wurde lauter und lauter. Schließlich ging es eine Holztreppe zur Düne hoch. Keuchend kam ich oben an – und staunte. Da war sie, die wilde Nordsee, mit ihren unaufhaltsam kommenden und gehenden Wellen. Aus der Ferne rollte die Brandung fast bedrohlich auf uns zu, doch beim Näherkommen wurde sie schwächer und breitete sich kräuselnd über den Sandstrand aus.

»Was hast du? Warum stehst du hier wie angewurzelt?«, fragte Ruth.

»Sieh doch, genau das hatte ich mir erhofft«, sagte ich mit einem Seufzer, »dieser Wechsel von Ebbe und Flut, für mich ist es das Symbol des Lebens.«

»Sich diesem Rhythmus ausliefern zu können, es einfach geschehen zu lassen – ist es das, was du meinst?«

Ich nickte bestätigend.

»Aber wolltest du nicht die Sonne fotografieren, Majella?«

Ja, das wollte ich, deshalb gingen wir nun am Strand entlang, der Sonne entgegen.

»Sonnenuntergänge kann man nicht oft genug fotografieren«, entschuldigte ich mich, da ich Ruth für einige Momente nicht weiter beachtet hatte. »Hast du gesehen, wie sich der Abendhimmel ständig verändert? Diese wundersame Atmosphäre einzufangen ist fast unmöglich.«

Ruth lächelte nachsichtig.

Inzwischen war die Sonne gesunken, ihre letzten Strahlen erloschen. In den Psalmen wird die Macht der Sonne immer wieder gepriesen und Christus als Sonne der Gerechtigkeit verherrlicht, deshalb sagte ich: »So wie das Licht der Sonne alles, was auf ihrer Bahn liegt – wie vorhin auf dem Wasser – belebt und erhellt, so stelle ich mir das auch in meinem Leben vor. Wenn ich mich von Christus er- oder beleuchten lasse, dann wird alles heil.«

Bevor es ganz dunkel wurde, kehrten wir zu unserer bescheidenen Ferienwohnung zurück.

In diesen Tagen stapften wir noch viel durch den Sand. Muskelkater in den Oberschenkeln war vorprogrammiert. Doch hatten die Mühen auch positive Nebeneffekte: Zum einen fühlten wir uns hinterher wunderbar erschöpft, und sie erinnerten uns daran, dass es im Leben nicht anders war. Auch da gab es vor allem mühsames Vorwärtsstapfen.

Am nächsten Tag, im Hafen von List, am »Ellenbogen« der Insel, in der nördlichsten Gemeinde von Deutschland, fotografierte ich Schiffsmasten, die wie Kreuze aussahen, und kreischende Möwen. Einige von ihnen versuchten im Gleitflug schwindelerregende Höhen zu erreichen – wie in Richard Bachs *Die Möwe Jonathan*.

Ich fotografierte so viel, bis ich nichts mehr sehen konnte. Die Linse war versandet und durch die salzhaltige Meeresluft auch alles verklebt. Mir blieb nichts anderes übrig, als die kleine Kamera in meine Tasche zu packen und sie vom Fachmann reinigen zu lassen. Ruth hakte sich bei mir unter, das war nun möglich. Sie war vor einiger Zeit geschieden worden, und jetzt fanden wir Zeit, uns weiter auszutauschen, schon mehrere Male hatten wir eine Ehescheidung und einen Ordensaustritt miteinander verglichen. Für Ruth lag beides auf einer Ebene, während ich eher zurückhaltend darauf reagierte. Nonnen waren ja sogenannte Bräute Christi und schließlich zu Höherem berufen, wie man uns gelehrt hatte. War davon bei einer Ehefrau auszugehen? Auf der anderen Seite meine ich bei Paulus gelesen zu haben, dass er das »Geheimnis der Ehe« mit jenem von Christus und seiner Kirche vergleicht. Aber unabhängig davon: Wenn es zur Trennung kam, folgte eine traurige Ernüchterung. Dann waren die im Vorteil, die gesetzlich abgesichert waren oder vorgesorgt hatten. Ordensfrauen haben darauf keinen Einfluss. Und viele Ehefrauen auch nicht.

»Vergiss auch nicht«, warf Ruth nun ein, »bei einer Trennung – ob von Ehepartnern, die sich einmal aus Liebe die Treue versprochen hatten, oder wie bei dir im Orden – zerbrechen immer Lebensträume, Illusionen werden genommen. Das ist Fakt. Ich habe Jahrzehnte gebraucht, bis ich verstand, dass ich keine Partnerschaft auf Augenhöhe führte. Als ich endlich so weit war, das Fremdgehen meines Mannes als solches zu sehen und die Geringschätzung meiner Person nicht länger zu dulden, zeigte sich das wahre Gesicht der Situation. Erspare mir Einzelheiten, aber auch ich musste wieder bei null anfangen.«

Während wir diskutierten, nahm der Wind stetig zu. Der Strandhafer bog sich bereits und die Seemöwen flogen so schräg, als würden sie sich gegen die Windfront stemmen müssen.

»Ich erlebte den Austritt so traumatisierend«, erklärte ich, »dass ich ihn einmal mit dem Gewahrwerden einer unheilbaren Krankheit verglich. Es schmerzt noch manchmal, auch nach sechzehn Jahren, so wie hässliche Narben sich hin und wieder melden können. Aber ich bereue nicht, was ich getan habe. Im Gegenteil, ich danke Gott, dass er mir half, den Weg zu mir zu finden!«

Ruth drückte meinen Arm, dann wies sie zum Himmel: »Die Wolken fliegen nur so dahin, ich denke, wir sollten uns auf den Rückweg machen, bevor wir auch noch weggepustet werden.«

Ich nickte, obwohl ich gerade in einer Stimmung war, in der ich mich am liebsten gegen den Sturm gestemmt hätte, aus Übermut und Dankbarkeit. Der Wind drückte uns regelrecht nach vorne, so schnell waren Ruth und ich während unserer vergangenen Sylt-Tage nicht vorwärtsgekommen. Die Hosen blähten sich, die Kapuzen unserer Jacken klebten am Kopf, gut, dass wir einander festhalten konnten.

»Der Wind will es aber wissen«, meinte Ruth, ihre braunen Locken wirbelten unter der Kapuze in die Luft.

»Wind hin oder her – lass mich dir noch etwas aus der Heiligen Schrift erzählen. In den Sonntagsevangelien wurde von Heilungen gelesen, die mich hellhörig machten. Da war die Schwiegermutter des Petrus, die an Fieber erkrankte, und als Jesus sie davon befreite, schlüpfte sie prompt wieder in ihre alte Rolle und bediente die Gäste (Markus 1:29). Zugegeben, das war ihre Art des Dankes. Aber ein solcher Dank stimmte nicht mehr für mich. Also suchte ich weiter. Bei Johannes (5:1-9), dem Vierten Buch des Neuen Testaments, gibt es die Geschichte eines Mannes, der achtunddreißig Jahre lang krank war. Achtunddreißig Jahre war er gelähmt, weil ihm niemand rechtzeitig half, in die Zisterne Bethesda zu steigen. Dieser Teich in Jerusalem sollte heilende Kräfte haben, aber nur wenn das Wasser in Bewegung geriet. Christus fragte den Mann: ›Willst du gesund werden?‹, was dieser bejahte. Daraufhin befahl Jesus: ›Steh auf, nimm deine Bahre und geh!‹ Achtunddreißig Jahre hatte der Mann sich auf diesen Tag, auf diesen Augenblick vorbereitet. Er fand die Kraft aufzustehen, hob sein eigenes Bett auf und konnte wieder gehen. Mit diesem ehemals Gelähmten und nun Befreiten kann ich mich sehr gut identifizieren. Seine Geschichte half mir, den Schmerz darüber zu lindern, dass es so lange gedauert hat, bis ich den Austritt wagte. Damit tröste ich mich.«

Wir konnten jetzt wirklich nicht mehr reden. Die Wellen schlugen laut krachend auf den Strand und an die Buhnen, der

Wind tobte, jedes Wort erstarb in dem Lärm. Aber Ruth drückte mich erneut und gab mir dadurch zu verstehen, dass sie mich verstanden hatte. Schweigend ließen wir uns zurück in die schützende Wärme der »Villa Stephan« treiben.

Zu meinem Erstaunen hatte sich meine Haut schnell erholt. Ich hatte wieder den ruhenden Pol in mir gefunden. Es war weder nötig, der Vergangenheit nachzutrauern, noch mich schuldig zu fühlen. Der berühmte Humanist Erasmus von Rotterdam hatte einmal gesagt: »Die wesentliche Voraussetzung für Glück ist die Bereitschaft, der zu sein, der man ist!«

Die Reise hatte mir am Ende Klarheit verschafft, es war mir sogar möglich, mich von einigen kräftezehrenden Aufgaben zu verabschieden. In den vergangenen Monaten hatte ich mit Gleichgesinnten versucht, einen Verein für ausgetretene Nonnen zu gründen. Nun entschied ich: Diesen konnte es (noch) nicht geben. Zum einen lag es daran, dass die Betroffenen nur zögernd einem solchen beitreten wollten, zum anderen sollte ich die Vorsitzende sein. Doch ich wollte nicht das Zugpferd sein. Das sah ich nicht mehr als meine Aufgabe. Das mussten Jüngere übernehmen.

Der Verein – auf den Namen »Lebensnah« konnten sich die fünf Gründungsmitglieder immerhin einigen – war als eine Art Selbsthilfegruppe gedacht. Aber Solidarität war nicht das alleinige Ziel, es ging genauso um praktische Hilfe bei Behördengängen zur Eingliederung in das neue zivile Leben sowie um die gegenseitige Unterstützung bei Klagen, etwa um Nachversicherung seitens der Orden. Wir hatten finanzielle Mittel nötig, damit uns kundige Rechtsanwälte unterstützten. Dafür fehlte uns aber das Geld. Wir strebten nicht an, suchende Nonnen zum Austritt aus ihrem Orden zu bewegen. Im Gegenteil: Mein Traum blieb, einen gegenseitigen Dialog zu entwickeln.

Persönliche Enteignung

Obgleich ich den Verein für ausgetretene Ordensfrauen unter
»noch nicht« verbucht hatte, war es doch wichtig, weitere Lebens-
schicksale anderer Ehemaliger zu erfahren. Deshalb schrieb ich
einige an, von denen ich wusste, dass sie ausgetreten waren.

Mehrfach bekam ich zu hören, dass es schwierig sei, das Erlebte in Schriftform zu bringen. Doch vor kurzem erhielt ich eine
E-Mail von Eva-Marie, die mich sehr berührte. Sie war nach ihrem Austritt im sozialen Bereich tätig gewesen und schrieb:

Hallo Majella!
Was mich heute noch trägt, sind die Gelübde in abgewan-
delter Form. Denn die Gelübde der Armut, Ehelosigkeit
und des Gehorsams können sich auch verändern. Nie hätte
ich das gedacht. Meine Einsamkeit ist jetzt meine Form
der Armut. Die Forderung nach Ehelosigkeit führte bei
mir von Anfang an zu einer sehr harten Auseinanderset-
zung. Ein Leben ohne Familie, ohne Kinder, ohne Enkel
war ein Verlust. Jetzt geht es besser damit, kommt aber im-
mer wieder hoch. Gehorsam bedeutet für mich jetzt, das
Evangelium zu verheutigen, um ein »hörendes Herz« zu
bitten, immer wieder neu …
Inzwischen tut es nicht mehr so weh. Es ist eben das Lei-
den an dieser Kirche. So ganz verschwindet es nicht, ob-

wohl es schon besser geworden ist. Sie ist ja doch ein wichtiger Lebenspartner, obwohl mich keiner in ihr will.
Liebe Grüße, Eva-Marie

Während ich weiter über uns Ex-Nonnen reflektierte, sah ich plötzlich eine mir lieb gewordene Ehemalige vor mir. Gerda hatte mich ein Jahr nach meinem Austritt nach Konstanz eingeladen, wo sie mit ihrem Mann lebte. »Lauda, du hast ja keine Ahnung, wie wunderbar Sex ist«, sprudelte es bei meinem Besuch aus ihr heraus. »Es ist jedes Mal ein neues Erlebnis für mich, und mein Mann genießt es, mich in dieses frühere Tabuthema einzuweihen.«

»So wie du dich darüber ereiferst«, hatte ich ihr geantwortet, »bringt es für dich in der Tat ungeahnte Freude und Erfüllung. Ich wünsche dir, dass es lange anhält und eure gegenseitige Liebe befruchtet.« Diese Gefühlseruption hatte mich damals erstaunt, besser gesagt: Es hatte mich verwundert, dass Gerda das Bedürfnis hatte, sich mir auf diese Weise mitzuteilen. Wir kannten uns seit Jahrzehnten, wie das in der Mission leichter unter verschiedenen Ordensgemeinschaften möglich war. Wollte sie mich anspornen, mich nach einem Partner umzuschauen, auch wenn ich mir das so gar nicht vorstellen konnte? Nicht aus Abneigung, ich sah das eher realistisch. In meinen Augen muss Liebe, auch die Fähigkeit zu dieser Art von Liebe wachsen können und hat deshalb Zeit nötig. Bei Gerda traf das zu, denn sie hatte ihren Mann zufällig bei ihrer Arbeit kennengelernt. Solches Wachsen hatte ich mir – in Anbetracht unserer Gelübde – in der Vergangenheit versagt.

Es war aber auch denkbar, so überlegte ich jetzt, dass ihr impulsives Mitteilen aus einem Bedürfnis der Rechtfertigung herrührte, denn jedes Kreisen um unsere Vergangenheit rief die Frage nach dem Wesen der Berufung wach. Solange kein anderer Partner an die Stelle des »himmlischen Bräutigams« getreten war, hatte es den Anschein, als würde man als einstige Ordensfrau die Berufung auch außerhalb des Klosters weiterleben. Jedenfalls hat die Berufung für mich mit meiner Bindung an Gott zu tun. Sie schließt zwar eine irdische Zweisamkeit oder Partnerschaft nicht aus, kann sie sogar befruchten, aber das schien nicht mein Weg zu sein.

Zu einem bald darauf folgenden Einkaufsbummel traf ich mich in Köln mit einer anderen Ehemaligen. Viktoria war nach zwanzig Jahren Ordensleben ausgetreten, sie ist wesentlich jünger als ich, dennoch verstehen wir beide uns ausgezeichnet. Auch sie kam nicht damit klar, dass die Strukturen im Kloster nicht mehr zeitgemäß waren. »Wenn die Einzelne auch nur ein wenig mehr Achtung ihrer Person gegenüber erlebt hätte«, meinte sie auch jetzt bei unserem Treffen, »dann hätte es nicht so weit kommen müssen.« Bei dem Thema erhitzte sich ihr Gemüt und ihr lebendiger Gesichtsausdruck verriet die Wehmut, dass ihre moderne Vision des Ordenslebens nicht erfüllt wurde.

Wir beide suchten nach einem neuen Bekleidungsstück, und deshalb gingen wir in einen der Läden in der Innenstadt. Als wir in der Abteilung für Damenbekleidung vor einer unendlichen Auswahl standen, zeigte sie auf ihren in Falten gelegten beigefarbenen Rock, den sie trug, und fragte: »Majella, gefällt er dir?«

»Und ob, er steht dir ausgezeichnet. Du siehst weiblicher darin aus«, erwiderte ich. »Nach einem solchen solltest du wieder Ausschau halten.« Statt »weiblicher« hätte ich auch »normaler« sagen können. Denn als ich sie kennengelernt hatte, war sie in ihren Bewegungen alles andere als das gewesen. Wie bei vielen

Nonnen hatte sie diese etwas schief liegende Kopfhaltung, die wir spöttisch als »Frömmigkeitswinkel« abtaten. Leider deutete er jedoch auf die typische Demutshaltung hin, die uns buchstäblich eingebläut wurde. Denn es galt, sich selbst zurückzunehmen, vorsichtig zu sein, ja niemandem wehzutun und erst recht nicht aufzufallen. Mit dieser Haltung war es auch jetzt noch ein Leichtes, uns an den Rand zu drücken. Direkt nach dem Austritt hatte sie nur geschenkte Kleider getragen, die ihr nicht gepasst hatten, die Haare waren noch nicht vernünftig geschnitten gewesen, weil der Friseurbesuch zu teuer war. Sie war unscheinbar gewesen. Doch das war nun vorbei, auch durch die Tatsache, dass sie ihr eigenes Geld als Sozialarbeiterin verdiente. Jedes Mal, wenn wir uns trafen, leider nicht oft, erschien sie freier, befreiter und emanzipierter.

»Das sehe ich genauso«, bemerkte Viktoria, »aber trotzdem habe ich noch immer Probleme damit, Kleidungsstücke wie diese anzuziehen, weil sie mich auf eine seltsame Art an mein Ordenskleid erinnern.«

»Dieses ungute Gefühl kenne ich. Deshalb trage ich nur Hosen oder Hosenanzüge. Ich erlebe sie sogar als Schutz, weil ich glaube, mich ungenierter darin bewegen zu können.«

Viktoria lachte mich an. Sie hatte den Einstieg ins »normale« Leben schneller als andere Ausgetretene gefunden, weil sie eine Frau kennenlernte, die sie nicht nur bei sich aufgenommen, sondern sogar den Entschluss gefasst hatte, sie einmal zu heiraten. »Wundert dich das, Majella?«, hatte Viktoria damals gefragt, als sie von ihrer Freundin erzählte. »Dadurch können wir uns gegenseitig absichern. Hälst du das für falsch?«

»Im Gegenteil! Wenn durch die neuesten Bestimmungen für gleichgeschlechtliche Ehen der Staat das möglich macht, was die

Kirche ihren treuen Dienerinnen verwehrt, und wenn dann auch noch Zuneigung und Liebe im Spiel ist, was kann es da Schöneres geben! Viktoria, du machst mich glücklich!« Sie kam einen Schritt auf mich zu und umarmte mich. Jetzt suchte sie ein passendes Kleid für ihre Verlobung, das sie auch fand. Ich entdeckte für mich – natürlich – eine Hose.

Im Mai 2012 besuchte ich wieder eine der Frauen, die zum Kreis der Ausgetretenen gehörte. Augusta war zwei Jahre jünger als ich und hatte bis vor kurzem ehrenamtlich in einem Hospiz gearbeitet. Wie sie mir erzählte, war auch sie als Missionarin im Einsatz gewesen, allerdings in Asien.

»Meinst du nicht, dass der Blick zurück manches verklärt, so als würden wir es mit einer rosaroten Brille anschauen?«, warf ich bei diesem Treffen ein, als wir wieder in Erinnerungen schwelgten.

»Weißt du, Majella, ich habe alles andere als einen positiven Blick auf diese Jahre«, erwiderte Augusta. »Zwar glaube ich, dass ich mit der Vergangenheit abgeschlossen habe, aber das war sehr schwer für mich.«

»Magst du ein wenig davon erzählen? Noch längst kenne ich deine ganze Geschichte nicht.« Wir saßen auf ihrem kleinen Balkon im zwölften Stock eines Hochhauses, in dem sie wohnte, mit einem wunderbaren Ausblick über Bonn und den Rhein. Die Geranien in den Balkonkästen leuchteten in unterschiedlichen Rottönen, am Horizont zog ein Unwetter auf. Zu Augustas Füßen hatte Rudolf Platz genommen, der braun-schwarz-weiß gefleckte Beagle war ihr als Andenken an ihre Freundin geblieben, die vor zwei Jahren verstorben war. »Wenn Rosa mich nicht aufgefangen hätte, und zwar in buchstäblichem Sinn, hätte ich die Jahre nach dem Austritt nicht überstanden.« Ein nachdenklicher Schatten flog über Augustas noch jugendliche Züge. »Ich bin bereits während meines ersten Heimaturlaubs in Exklaustration gegangen, und 1971, ein Jahr danach, aus unserem einstigen Orden ausgetreten. Ich konnte es nicht mehr ertragen, wie mit mir umgegangen wurde.«

Sie erzählte mir, dass man sie schon in der Missionsschule zurückgesetzt hatte, weil ihre Eltern kein Schulgeld zahlen konnten. Deshalb musste sie in den Ferien im Internat bleiben und für das Kloster arbeiten. Ich bekam einen Schrecken, als ich das hörte. In diesem Moment erinnerte ich mich daran, dass ich in den Unterlagen meines Vaters einen Brief gefunden hatte, indem die damalige Leiterin unserer Schule sich bei ihm bedankte, dass er beim Schulgeld immer etwas mehr bezahlte, um anderen Mädchen, bei denen die Eltern finanziell in Schwierigkeiten waren, zu helfen. Es gab also Parallelen zwischen verschiedenen Orden. Als ich nun hörte, was Augusta sagte, war ich nicht nur betreten, sondern spürte Wut in mir aufsteigen. Was konnte sie dafür, dass sie aus einer kinderreichen Familie stammte? Wie stand es um die angebliche Wertschätzung unserer Berufung von Gott? War solch eine Hingabe nicht höher zu bewerten als der »schnöde Mammon«? So hatte man es uns jedenfalls gesagt. Anscheinend war dem aber nicht so, und schon zu Beginn unseres Ordenslebens zeigte sich, dass es ein zweigleisiges Denken gab.

Was mich jedoch noch mehr schmerzte, war die Tatsache, dass Augusta von Anfang an als nicht klug genug eingeschätzt wurde. Es fehle ihr an Begabung, hieß es. Dennoch wurde sie in die Mission geschickt und bewies, dass sie sehr wohl talentiert war. Sie holte die nötigen Examina nach und studierte schließlich Theologie. Leider litt sie weiter unter den Minderwertigkeitsgefühlen, die ihr über Jahre eingeimpft worden waren. Dazu kamen unbegründete Verdächtigungen, denen sie wiederholt ausgesetzt war, sowie haltlose Argumente, durch welche sie verunglimpft wurde. So wurde ihr zum Beispiel vorgeworfen, »sie mache zu viel mit Männern rum«, nur weil sie Priestern, mit denen sie studierte, ihr Kloster zeigen wollte. Blanker Hohn, aber leider das Übliche.

Fast gleichzeitig fuhren Augusta und ich uns über die Stirn, es war drückend heiß. Die dräuende Gewitterfront würde hoffentlich für Abkühlung sorgen, doch wenn wir Pech hatten, zog sie einfach weiter. Augusta wirkte so natürlich und offen, es wunderte mich kaum, dass sie viel früher als ich erkannt hatte, ihr Leben könnte nicht weiter von derart widersprüchlichen Regeln bestimmt werden. Doch ein Neuanfang ohne finanzielle Stütze in einem fremd gewordenen Heimatland und bei einer Familie, die ihr durch die Abwesenheit auch nicht mehr vertraut war, und ohne passende Berufsausbildung brachte sie in eine verzweifelte Lage. Da schickte der Himmel ihr Rosa, eine Ärztin, die sie nicht nur Schritt für Schritt begleitete, damit sie wieder Boden unter den Füßen fand, sondern die sie schließlich auch bei sich aufnahm und das mit ihr teilte, was sie selbst besaß. Rosa gab ihr ihre Würde als Mensch und Frau zurück.

Beim Abschied schaute mich Augusta strahlend an und sagte: »Majella, jetzt bin ich zwar allein, aber ich habe gemerkt, dass ich genau das, was ich erlebt habe, auch anderen mitteilen kann. Bei meiner Hospizarbeit konnte ich so manchen Menschen begleiten und ihm innere Ruhe vermitteln. Das machte und macht mich glücklich.«

»Und finanziell, wie geht es dir da?«, fragte ich.

»Seit Rosas Tod sieht es wieder eng aus, aber dafür bin ich mit mir im Reinen. Was will ich mehr?«

»Schön, dass du es so sehen kannst.« Herzlich umarmten wir uns.

Als ich auf den Zug nach Düren wartete, hörte ich das sonntägliche Glockengeläut zur Abendmesse von einer nahen Kirche. Mir fiel die Predigt der vergangenen Vorabendmesse ein. Der Pfarrer meinte in Anspielung auf Markus 3,21, dass Christus von seinen Angehörigen als von Sinnen oder verrückt angesehen wurde. Was Christus sagte und tat, wie er handelte, passte nicht zu ihnen, seiner Familie. Er war nicht nur anders, sondern forderte heraus, gab Anstoß, war schlagfertig und stellte neue Kriterien auf. Die Propheten der Neuzeit werden ebenso wie ihr Vorbild angegriffen, weil sie nicht den konservativen kirchlichen Doktrinen entsprechen. So gesehen, dachte ich, befinden wir Ex-Nonnen uns mit Christus in guter Gesellschaft.

Im selben Monat Mai erhielt ich Besuch aus Belgien, von Piet und seiner Frau Marylin, die mich das letzte Mal 1975 in London gesehen hatten. Piet war ehemaliger Ordenspriester, Marylin, eine gebürtige Amerikanerin, eine Gesundheitsexpertin mit weltweiten Betätigungsfeldern. Beide lernten sich in Tansania kennen, im Turiani-Krankenhaus, hatten geheiratet, nachdem Piet aus seinem Orden ausgetreten war, und zwei Kinder bekommen, einen Jungen und ein Mädchen, beide inzwischen erwachsen. Wie vor Jahrzehnten fanden wir auch jetzt einander sofort sympathisch. Es gab den geschwisterlichen Pax-Gruß, der mir im freundschaftlichen Umgang von der Mission her so bekannt war. Und dann erzählten wir unentwegt von früheren Menschen und Begebenheiten.

Marylin meinte plötzlich zu ihrem Mann: »Weltfremd bist du manchmal auch heute noch. Gib es zu!«

»Was meinst du damit?«, hakte ich nach, fühlte ich mich durch diese Aussage selbst ertappt. Letztlich aber unbegründet, denn Piet und ich waren auf eine etwas andere Weise weltfremd, wie ich nun gleich erfahren sollte.

»Ach, das betrifft Lebensgewohnheiten, die wir ›normale‹ Menschen schon von Jugend an entwickeln, spätestens aber in der Partner- und Elternschaft«, erklärte Marylin. »Wenn ich wieder für Wochen im Ausland tätig war, musste Piet sich alleine um unsere Kinder kümmern. Das hinterließ Spuren. Es war unaufgeräumt, wenn ich zurückkehrte …«

»Ja, ich weiß, ich habe den Schmutz einfach nicht gesehen«, sagte er mit ernstem Blick. »In der Mission hatten wir andere Probleme. Außerdem hatte ich eine vollkommen andere Ausrichtung für mein Leben erdacht – oder erträumt.« Zu mir gewandt meinte er: »In meiner Ausbildung in Holland wurden wir vom Geist des Zweiten Vatikanischen Konzils geprägt. Bei unserer Weihe gingen wir davon aus, dass der Zwang des Zölibats nicht mehr lange dauern würde. Es war nur eine Frage der Zeit, glaubte ich, und ich könnte auch als Geistlicher heiraten und eine Familie gründen. Das war jedenfalls immer mein Wunsch gewesen.«

Dass dem nicht so war, hat die Geschichte bewiesen. Aber es kam noch schlimmer für Piet, denn als er 1970 nach Tansania entsandt wurde, musste er feststellen, dass dort noch gar nichts vom Konzilsgeist angekommen war. Und dass die einzelnen Geistlichen auf weit entfernte Missionsstationen geschickt wurden, wo sie ganz auf sich gestellt waren und keine Ansprechpartner hatten, wo es kein Telefon und keinen Strom gab, höchstens rationiert von einem eigenen Generator. Die nächste Stadt, Morogoro, lag drei und mehr Autostunden entfernt.

»Wie ausgehungert wir waren, zeigte sich damals auch an der Fruchtbarkeitsrate im Umkreis der Missionsstationen«, erklärte er mit leichtem Spott in der Stimme. »Einige Frauen legten es regelrecht darauf an, ein Kind von einem weißen Pater zu bekommen. Das hob ihren Status in der Dorfgemeinschaft und brachte manchmal sogar noch finanzielle Vorteile.«

»Weißt du noch, wie man auch dir ein Kind anhängen wollte? Dabei warst du zum Zeitpunkt der Empfängnis schon gar nicht mehr im Land«, warf Marylin ein.

»Und ob.« Piet lächelte nachsichtig. »Nur gut, dass mein Nachfolger sich nicht von Gerüchten leiten ließ, sondern Klarheit schaffte. Schade aber war, dass wir mit all unseren Fragen so allein gelassen wurden. Und eine Reform durch das Konzil schien immer unwahrscheinlicher. Wer interessierte sich in der Mission schon dafür?«

»Euren Orden habe ich als ebenso rückständig wie unbeweglich erlebt.« Marylin schaute mich an.

»Das kann ich nur bestätigen«, konstatierte ich. »Wir bekamen im Turiani Hospital ja kaum eine Chance, privat miteinander zu sprechen. Das hast du richtig in Erinnerung.«

Danach erzählten wir uns amüsantere Geschichten. Zum Abschluss ihres Besuchs gingen wir zusammen in ein Restaurant. Während wir noch viel lachten, musste ich zwischendurch daran denken, dass ich nach meinem Austritt aus dem Orden von vielen weiter als diejenige akzeptiert wurde, die ich jetzt war, denn der Mensch Majella und die Nonne Lauda waren eine Person. So schrieb mir ein afrikanischer Arzt, mit dem ich in Turiani zusammengearbeitet habe: »Schwester Lauda, für uns sind Sie diejenige, als die wir Sie während Ihrer Zeit in Afrika kennengelernt haben. Sie haben uns angespornt, Turiani zu unserer neuen Heimat

zu machen. Das haben wir getan. Ich bin noch immer hier, und auch meine Familie hat hier ihr Zuhause gefunden. Und wir, die wir damals lernten, unseren Dienst für die Kranken zu tun, freuen uns sehr von Ihnen zu hören. Wir hatten keine Ahnung, was aus Ihnen geworden war, bis Ihr Brief kam und Sie von Ihrem Austritt sprachen. Wir haben ein Sprichwort, das besagt: ›Berge werden sich nie treffen, aber Menschen können es.‹ Ich glaube daran.«
Es war schön gewesen, solch bejahende Rückmeldungen zu bekommen. Trotz aller negativen Erfahrungen wusste ich, dass der damalige Missionseinsatz das Beste aus mir herausgeholt hatte. Und auch bei Piet hatte ich den Eindruck gewonnen, dass er seine Jahre in der Mission nicht missen wollte – selbst wenn ihn Marilyn als »weltfremd« bezeichnet hatte.

Ähnlich schön wie der Besuch von Piet und seiner Frau war der von Chipo, einer früheren afrikanischen Mitschwester, die mir ihren Mann vorstellen wollte. Ich war entzückt von dieser Symbiose zwischen einer Schwarzafrikanerin und einem Deutschen. Beim Abschied sprachen die beiden eine Einladung in die USA aus, denn dort lehrte sie gerade an einer Universität. Später erklärte sie mir in einer E-Mail, dass sie das gleichsam als Familienmitglied ausgesprochen habe. Sie hätte selbst miterlebt, wie wir im Orden den Kontakt zu unseren Ursprungsfamilien verloren. Und weil Freundschaften überhaupt versagt wurden, hätte sie es nach ihrem Austritt sehr schwer gehabt, ein neues soziales Netz zu knüpfen. Mir wäre es bestimmt nicht anders ergangen. Welch liebenswerte Geste einer ehemals als schwierig eingestuften, eigenständigen und sehr wissbegierigen jungen Klosteranwärterin, die mich als ihre frühere Oberin – ich hätte gut ihre Oma sein können – nicht im Stich lassen wollte. Und die vielleicht von einer neuen Familie träumte, die auch über Ländergrenzen hinweg Halt und Geborgenheit vermitteln kann.

Als ich beim nächsten Telefonat mit meiner Freundin Immaculata von diesem Besuch erzählte, erinnerte sie mich an eine Tagung im österreichischen Gmunden, zu der sie mich mitgenommen hatte. Diese hatte im Juli 1996 stattgefunden, und es war meine erste Berührung mit feministischer Theologie. Mir fiel ein, wie verloren ich mich zwischen diesen Frauen fühlte. Erst vor kurzem war ich ausgetreten, und hier wurde offensichtlich, dass ich nicht mehr dazugehörte. Immaculata war damals noch Nonne, sie war also in Ordenstracht erschienen, ich war in ziviler Kleidung an ihrer Seite.

»Entsinnst du dich der Ordensfrau, die Rock und Bluse trug, aber einen Schleier aufgesetzt hatte? Sie erkannte mein rotes Band am Kreuz und erzählte, dass sie in unserem Orden, während unseres Generalkapitels, Dolmetscherdienste versehen hätte.« Meine Freundin riss mich mit ihrer Frage aus meinen Gedanken. Ich musste erst überlegen, wen sie mit ihrer Beschreibung meinte, dann fiel mir ein, dass diese Nonne, die wohl in unserem Alter war, mir zeigen wollte, dass sie mich verstand. Es hatte sie nämlich nicht verwundert, dass ich nicht mehr im Orden war. »Bei euch vom Kostbaren Blut ist doch noch gar nichts von der Erneuerung des geistlichen Lebens angekommen«, meinte sie. »Bei euch könnte man direkt von einer mumifizierten Kirche sprechen.«

Dem konnte ich zustimmen, auch ihre Meinung hatte mich bestätigt. Für uns Ausgetretene war es so wichtig, immer wieder Akzeptanz und Respekt zu erfahren. Fast waren wir süchtig danach – was zeigte, wie sehr wir verletzt worden waren.

Nachdem ich das Gespräch mit Immaculata beendet hatte, fiel mir die Dissertation von Martina Gugglberger ein. Nach drei

Jahren Forschungsarbeit mit dreiundzwanzig Interviewpartnerinnen in unserem Gründungskloster im südafrikanischen Mariannhill hatte sie diese 2009 an der Universität Salzburg eingereicht. Die Studie trug den Titel: »*Ich wollte immer nach Afrika!« Lebensgeschichten deutschsprachiger Missionsschwestern (vom Kostbaren Blut) nach 1945.* In ihr wurde der geschichtliche Ursprung meines einstigen Ordens aufgezeichnet. Sie gab auch einen guten Einblick in seine weitere Entwicklung. Die Interviews machten mich betroffen, da viele der anonymisierten Schwestern – alle über sechzig – zum ersten Mal über sich und ihre Erfahrungen sprechen konnten. Dabei berichteten sie über Großartiges und Heroisches, aber auch über Menschliches. Unvorbereitet wurden sie zu Pionierinnen, die sich mühsam und voller Entbehrungen in ihrer neuen afrikanischen Heimat zurechtfinden mussten. »Manchmal kennen auch wir die Resultate und Früchte nicht«, so die Feststellung der befragten Schwester Maria-Ruth. Wahrscheinlich sprach sie stellvertretend für die vielen anderen, die sich im Dienste ihrer Mission aufgerieben hatten und zugleich aber für sich darin ein erfülltes Leben gefunden hatten.

Ein weiteres Beispiel: Ursula, auch eine ehemalige Mitschwester, kam zu mir nach Düren. Wir konnten uns austauschen, zuhören, bestätigen, ergänzen – ein Geschenk, das sich nur zwei Menschen geben können, die für die Eigenheiten des anderen offen sind und gleichzeitig über weite Strecken in einem ähnlichen System beheimatet waren. Der Bischof hatte Ursula einschüchtern wollen. Er warnte sie, sagte, dass sie kein Recht auf ein kirchliches Begräbnis hätte, würde sie auch noch aus der Kirche austreten wollen. Warum sie solch einen Austritt überhaupt in Erwägung gezogen oder welchen Beruf sie ausgeübt hatte, spielte für ihn keine

Rolle, zumindest gab es keine Fragen zu ihrer Person. Dennoch beantwortete sie diese nicht gestellten Fragen. In ihrem Brief an den Bischof hieß es unter anderem: »Sind wir im Orden die letzten Leibeigenen der modernen, demokratischen Gesellschaften? Sobald selbstständiges Denken, Handeln, ja emanzipiertes Leben versucht wird, beginnt der Verrat an der Einzelnen, die als Störung der allgemeinen Ordnung erlebt wird. Dann ist es ein Leichtes, diese fallenzulassen, um das System zu erhalten.« Wir Ausgetretenen kamen alle zu diesen Schlüssen, als wir diese Behandlung durchlebten, die meisten aber wagten es kaum, dies in Worte zu fassen.

Ausblick –
Der Mut wächst

Der Morgen ist regnerisch, der Himmel verhangen, aber zwischen den Ästen einer Tanne springt ein Eichhörnchen munter umher, wie ich von meinem Fenster aus erkennen kann. Der Anblick des eifrigen kleinen Tieres, das sich vom trüben Tag nicht beeindrucken lässt, spornt mich an. Jetzt macht es einen Satz auf die grüne Grasfläche und verschwindet behände im nächsten Gestrüpp. Diese quirligen, luftigen Sprünge lassen eine unbändige Lebenslust erahnen. Ich bewundere, wie das Eichhörnchen seine Lebensfreude zelebriert. Es scheint zufrieden mit dem, was jeder Tag ihm bietet, und passt sich den verschiedenen Situationen seines Lebens an, ganz gleich, ob die Sonne vom Himmel brennt oder kalter Regen niederpeitscht. Dieses bescheidene Tier, das jetzt versteckt im Dickicht der Hecke kaum wahrzunehmen ist, lebt in der ihm gegebenen Daseinsmöglichkeit. Für mich ein Vorbild.

Beim Betrachten dieser Szene werde ich aber auch nachdenklich. Ist das Leben für die meisten Menschen nicht genau das Gegenteil von dem, was ich hier erfahre? Vincent van Gogh, der außergewöhnliche Maler, stellte einmal fest: »Wandlung ist notwendig wie die Erneuerung der Blätter im Frühling« – doch dieses Umwandeln und Neuwerden scheint eine Kunst zu sein, auf die wir Menschen uns nur schlecht verstehen.

Trotz vierzigjährigen Ordenslebens, täglicher Meditation und dem kirchlichen Stundengebet ist mein Glaube nicht theologisch fundiert, sondern von dem geprägt, was meine Eltern mir mitgaben. Von diesem Glauben, den ich bewusst lebte und vertiefte, weiß ich mich auch heute getragen. Ob meine frühere Ordensgemeinschaft mir dieses sichere Fundament zugesteht, das vermag ich nicht zu sagen. Aber das Stigma der Abtrünnigen bekam ich zu spüren, weil ich zuließ, dass die Ordensregeln nicht mehr mein Leben bestimmen sollten – und nach meiner Auffassung im Prinzip grundsätzlich geändert werden müssten. In der noch größeren Glaubensgemeinschaft unserer Kirche ist es ähnlich. Denn fünfzig Jahre nach dem erhofften Aufbruch durch das Zweite Vatikanische Konzil ist der Wandel zu einem erneuerten Christentum noch immer nicht zu spüren.

Viele Menschen sehnen sich nach einer lebendigen Kirche, nach einer Gemeinschaft, in deren Mitte Christus daheim sein kann. Wir warten auf eine Kirche, die zu den unsäglichen Missbrauchsfällen ihrer Kinder nicht so lange schweigt oder die sich nicht erst verspätet und gezwungenermaßen entschuldigt. Wir erwarten Empathie und Hilfe für die Opfer. Und wir hoffen: Gott möge verhüten, dass die Diener der Kirche ihre wahren Aufgaben und Grenzen nicht mehr wahrzunehmen wissen.

Ist dies jedoch der Fall, wird das Beichtgeheimnis zur Farce, wenn ein Geistlicher, der gleichzeitig als Geliebter auftritt, auch die »Lossprechung« geben kann. Und die Versetzung eines »gefallenen« Priesters wird zum Hohn, wenn er »um seines Amtes willen« nicht zu seiner Liebe und zu seinen möglichen Kindern stehen kann oder will. Es werden höchstens Alimente gezahlt; ich hörte davon, dass die Kirche dies bei bis zu drei Nachkommen tun würde.

Nicht weniger heikel ist auch das: Wie kann eine Kirche es zulassen, dass die ihr treu dienenden Nonnen, die von männlichen Geistlichen geschwängert werden, außer ihrer Berufung noch ihren Beruf, ihre Arbeitsstelle und ihr Ansehen verlieren und meist mittellos und als alleinerziehende Mütter ein neues Leben beginnen müssen? Ganz anders aber wird mit den geistlichen Erzeugern umgegangen: Durch ihre Versetzung an einen anderen Ort, durch umfassende Verschwiegenheit können sie letztlich so weiterleben, als wäre nichts passiert, als wären sie nicht Vater geworden. Noch dazu mit der Möglichkeit, wiederum »schwach« zu werden, wie es gern genannt wird. Da ist doch etwas aus dem Gleichgewicht geraten, so hat es den Anschein. Das Ungleichgewicht, das zwischen der Institution Kirche und dem Glauben besteht, scheint längst Teil unseres Lebens geworden zu sein.

Ich empfinde es als erschreckend, dass sich in der Kirche noch immer nichts grundlegend geändert hat. Hat das damit zu tun, dass wir vergessen haben, bei uns selbst zu beginnen? Wir können unsere eigene Einstellung zum Leben, ja auch zu Gott ändern, um all das zuzulassen, das einen Neuanfang ermöglicht. Dafür ist keine Erlaubnis von außen nötig, weder von einem Kirchenoberhaupt noch von einer weltlichen Macht. Selbst noch so gut gemeinte Gesetze können diesen Neuanfang nicht festlegen. Das kann nur die eigene innere Stimme, von der man bedrängt wird. Sie weist darauf hin, was für mich persönlich im Hier und Jetzt notwendig und deshalb richtig ist. Die Kirche spricht doch davon, dass wir unserem eigenen Gewissen folgen sollen. Warum tun wir es dann nicht?

Kein Mensch darf über einen anderen urteilen, denn jeder ist ein Einzelwesen, einmalig und als Gottes Ebenbild erschaffen, so wie die Bibel es lehrt. Von dieser Basis aus haben nicht nur Frau und Mann die gleiche Würde, sondern beide sind frei in ihrer Gewissensentscheidung und in ihrer individuellen Entwicklung, diese gemäß der inneren Bereitschaft und den gegebenen Umständen zu vollziehen. So wie meine Rose auf dem kleinen Balkon nur wachsen und sich zu voller Schönheit entfalten kann, wenn die Erde bewässert und genährt wird und sie Luft und Sonne bekommt.

Doch wovor haben wir Furcht? Warum fangen wir nicht an, etwas zu ändern? Meine Mutter gab mir als Vermächtnis für meinen weiteren Weg außerhalb des Klosters diesen Satz mit: »Ich glaube, dass es möglich ist, immer neu zu beginnen.« Oder wie es eine befreundete Ehemalige sagte: »Ein neuer Weg ist immer ein Wagnis. Aber wenn wir den Mut haben loszugehen, dann ist jedes Stolpern und jeder Fehltritt ein Sieg über unsere Ängste, unsere Zweifel und Bedenken.« So werde ich auch in Zukunft weiter nach innerem Gleichgewicht suchen – aber auch nach mehr Gerechtigkeit und einer menschlicheren Kirche.

Danksagung

Ich danke allen, die mich auf meinem bisherigen Weg der Verwandlung zu größerer innerer Freiheit begleitet und unterstüzt haben.

Besonderer Dank gilt meinen Lektorinnen Tanja Rauch und Regina Carstensen, ohne deren Mithilfe das Buch so schnell nicht fertig geworden wäre.

Bei DuMont bin ich immer gern gesehener Gast – das beflügelt mich und gibt mir Antrieb, weiterzumachen.

Allen wünsche ich: Heri na baraka – Glück und Segen!

Gerne möchte ich Sie zu Spenden für das RAFIKI-Projekt aufrufen. Bitte unterstützen Sie die bewundernswerte Arbeit von Ida Naiso!

Spenden überweisen Sie bitte unter dem Stichwort »Rafiki-Projekt« an:

Arbeitskreis 3. Welt Neuenrade e.V.
Vereinigte Sparkasse im Märkischen Kreis
Konto-Nr. 93501328
BLZ 45851020